世界と日本のアスパラガス

― 国際化時代の日本のアスパラガス栽培 ―

元木　悟 編著

養賢堂

まえがき

　本書の原型は，雑誌「農業および園芸」において，世界のアスパラガスの主要生産国における生産の現状と課題を把握し，それと対比させながら，日本国内のアスパラガス生産の現状と課題，今後の方向性を検討することを目的として，国内外のアスパラガス生産地で取材し，情報収集を行いながら連載論文として掲載してきたものです．連載25回の内訳は，第1部海外編が2011年7月～2012年6月の12回，第2部国内編が2013年1～10月の10回，第3部追加編が2014年3～5月の3回，計25回になります．本書は，雑誌の連載掲載時の情報を編集したものであり，古くなった情報も一部にありますが，多くは掲載時のデータをそのまま使っています．ご容赦いただければ幸いです．

　ところで，雑誌の連載前半の第1部海外編では，過去の「国際アスパラガスシンポジウム」(International Asparagus Symposium，以下，IAS)に参加して入手した情報や個人的な来訪で得たアスパラガス主要生産国の情報などを参考に，各国のアスパラガス生産に関わる最新情報を交えながら12回にわたって連載しました．雑誌の連載の情報源の一つであるIASは，世界各国からアスパラガスに関係する研究者や生産者，食品産業関係者，種苗業者，流通関係者などが集い，4年ごとにアスパラガスの主要生産国が持ち回りで開催するアスパラガスに関わる最も大きな国際会議です．最新の研究成果やマーケット情報などの研究発表が行われるとともに，IASに併せて開催されるプレツアーおよびポストツアーでは，開催国のアスパラガスの生産圃場やカット野菜工場などの調製加工施設，集出荷施設，農産物市場などの現地視察が行われ，さまざまな視点から開催国のアスパラガスや主要野菜などの情報収集が可能です．日本は1985年の第6回(カナダのゲルフ)からIASに参加しています．その後IASは，1989年の第7回がイタリア共和国のフェラーラ，1993年の第8回がニュージーランドのパーマストンノース，1997年の第9回がアメリカ合衆国(以下，アメリカ)のパスコ，2001年の第10回が日本の新潟，2005年の第11回がオランダ王国(以下，オランダ)のフェンロー，2009年の第12回がペルー共和国(以下，ペルー)のリマ，2013年の第13回が中華人民共和国(以下，中国)の南昌で開催

され，日本からも毎回，多くの関係者が参加してきました．

連載の第1部海外編では，世界のアスパラガスの主要生産国における農業事情などを交えながら，各国におけるアスパラガス生産の歴史や栽培管理，流通システム，消費動向などの状況，将来展望を踏まえ，各国のアスパラガス生産の現状と課題を報告してきました．

1. 世界および日本のアスパラガス生産の動向

    元木　悟・前田智雄・井上勝広・山口貴之・渡辺慎一・松永邦則・尾崎行生・浦上敦子・甲村浩之・佐藤達雄・荒木　肇・北澤裕明 2011. 農及園 86（7）: 775-783.

2. ホワイトアスパラガス生産の先進国，オランダにおけるアスパラガス生産

    前田智雄・元木　悟・井上勝広・園田高広・松永邦則・尾崎行生・佐藤達雄・甲村浩之・荒木　肇・浦上敦子・山口貴之 2011. 農及園 86（8）: 874-878.

3. 急速に拡大するペルーのアスパラガス生産

    元木　悟・渡辺慎一・山口貴之・松永邦則・前田智雄・尾崎行生・竹内陽子・荒木　肇・地子　立・井上勝広・佐藤達雄・浦上敦子 2011. 農及園 86（9）: 961-972.

4. ペルーとの国際競争を終えて，南アメリアのアスパラガス生産

    元木　悟・尾崎行生・竹内陽子・山口貴之・渡辺慎一・松永邦則・前田智雄・荒木　肇・佐藤達雄・浦上敦子 2011. 農及園 86（10）: 1044-1056.

5. 世界最大のアスパラガス輸入国，アメリカのアスパラガス生産の今後

    佐藤達雄・甲村浩之・浦上敦子・荒木　肇・山口貴之・松永邦則・前田智雄・元木　悟 2011. 農及園 86（11）: 1118-1127.

6. 北半球のオフシーズンをターゲットに，オセアニアのアスパラガス生産

    甲村浩之・元木　悟・佐藤達雄・浦上敦子・松永邦則・荒木　肇・山口貴之・前田智雄・園田高広 2011. 農及園 86（12）: 1196-1204.

7. アメリカの自由貿易協定で拡大したメキシコのアスパラガス生産

    甲村浩之・元木　悟・浦上敦子・尾崎行生・佐藤達雄・松永邦則・荒木　肇・山口貴之・前田智雄・園田高広 2012. 農及園 87（1）: 102-111.

8. 世界第1位のアスパラガス生産国，中国のゆくえ

    尾崎行生・元木　悟・柴田雅人・竹内陽子・園田高広・荒木　肇・山口貴之・松永邦則・前田智雄・佐藤達雄・浦上敦子・井上勝広 2012. 農及園 87（2）: 262-269.

9. 古参産地「台湾」の盛衰と新興産地「韓国」の戦略，東アジアのアスパラガス生産

    元木　悟・浦上敦子・松永邦則・山口貴之・園田高広・甲村浩之・尾崎行生・井

上勝広・荒木　肇・前田智雄・佐藤達雄 2012．農及園 87（3）：327-345．
10. 周年供給と輸出，東南アジアのアスパラガス生産

山口貴之・元木　悟・松永邦則・前田智雄・井上勝広・兼子まや・甲村浩之・佐藤達雄・園田高広・浦上敦子・荒木　肇 2012．農及園 87（4）：441-450．
11. 遺伝資源としてのアスパラガス，ポーランドの取り組みと世界各国で行われた国際品種比較試験

浦上敦子・元木　悟・佐藤達雄・荒木　肇・前田智雄・尾崎行生・山口貴之・松永邦則・園田高広 2012．農及園 87（5）：536-544．
12. 国際競争に対応した日本のアスパラガス生産の戦略と方向性

元木　悟・北澤裕明・浦上敦子・前田智雄・山口貴之・渡辺慎一・松永邦則・甲村浩之・尾崎行生・佐藤達雄・園田高広・荒木　肇 2012．農及園 87（6）：635-641．

連載の第 2 部国内編では，日本国内のアスパラガス産地を取材し，その取材で得た情報を，海外産地と対比しながら提供するとともに，日本国内のアスパラガス産地の現状と課題，さらに今後の方向性について，それぞれの分野の専門家が過去の研究成果を交えながら，10 回にわたって報告してきました．

13. アスパラガスの国内生産および輸入，消費の動向

井上勝広・元木　悟・前田智雄・尾崎行生・渡辺慎一・園田高広・浦上敦子・佐藤達雄・山口貴之・甲村浩之・重松　武・小川恭弘・北澤裕明・池内隆夫・松永邦則 2013．農及園 88（1）：4-13．
14. 単収世界一を誇る国内暖地のアスパラガス生産と地球温暖化への対応

井上勝広・元木　悟・尾崎行生・園田高広・重松　武・渡辺慎一・小川恭弘・甲村浩之・池内隆夫 2013．農及園 88（2）：252-268．
15. 世界および国内各地で問題となる茎枯病対策．－発生生態とタイおよび国内産地の対策事例－

園田高広・元木　悟・甲村浩之・尾崎行生・瀧澤民雄・山口貴之・松永邦則 2013．農及園 88（3）：341-349．
16. 国内におけるホワイトアスパラガスおよびムラサキアスパラガスなどの流通事情と先進地オランダから学ぶホワイトアスパラガス生産の展開

前田智雄・元木　悟・井上勝広・園田高広・松永邦則・三浦信一・甲村浩之・地子　立・荒木　肇・山口貴之 2013．農及園 88（4）：433-441．
17. 日本特有の「伏せ込み促成栽培」における現状と今後の方向性

山口貴之・元木　悟・小泉丈晴・松永邦則・渡辺慎一・前田智雄・浦上敦子・荒木　肇 2013. 農及園 88（5）: 571-578.

18. 国内および海外のアスパラガス産地における株の「力」を引き出す「かん水」と「土づくり」

元木　悟・井上勝広・前田智雄・松永邦則・渡辺慎一・植野玲一郎・山口貴之・浦上敦子 2013. 農及園 88（6）: 678-689.

19. アスパラガスの連作障害とその対策．－国内と海外産地の歴史および要因，対策法と今後の方向性－

浦上敦子・元木　悟・西原英治・池内隆夫 2013. 農及園 88（7）: 741-753.

20. 栄養価，機能性成分，収穫後の品質特性および新たな食材としての可能性

北澤裕明・元木　悟・前田智雄・松永邦則・甲村浩之・尾崎行生・佐藤達雄・浦上敦子・山本（前田）万里 2013. 農及園 88（8）: 852-863.

21. 国内および海外の品種動向と今後の方向性

皆川裕一・元木　悟・園田高広・浦上敦子・甲村浩之・池内隆夫・北澤裕明・松永邦則 2013. 農及園 88（9）: 927-938.

22. 世界と日本におけるアスパラガス生産の現状と課題，今後の方向性

元木　悟・前田智雄・甲村浩之・山口貴之・浦上敦子・井上勝広・佐藤達雄・尾崎行生・園田高広・北澤裕明・皆川裕一 2013. 農及園 88（10）: 1019-1026.

　連載の第 3 部追加編では，第 2 部の連載終了後も独自に取材を続け，タイ王国（以下，タイ）に連載後も毎年，連続して再訪するとともに，IAS が開催された中国とラオス人民民主共和国（以下，ラオス）のアスパラガス生産地においても取材する機会を得ました．それらの国々の取材を通じて，新たに得た最新情報を 3 回にわたって報告してきました．

23. 世界最大のアスパラガス生産国，中国の最新事情．－第 13 回アスパラガスシンポジウムの現地視察から－

元木　悟・尾崎行生・二階堂華那・甲村浩之・松永邦則・山口貴之・園田高弘・前田智雄・鈴木　卓・菅野　明・井上勝広・荒木　肇 2014. 農及園 89（3）:383-398.

24. 周年安定供給と気候変動との戦い．－タイおよびラオスにおけるアスパラガス生産の現状と今後の方向性－

山口貴之・元木　悟・園田高広・松永邦則 2014. 農及園 89（4）：453-464.
25. 第13回国際アスパラガスシンポジウムの最新情報
尾崎行生・元木　悟・頼富亮典・菅野　明・園田高広・前田智雄・甲村浩之・山口貴之・松永邦則・井上勝広・鈴木　卓・荒木　肇 2014. 農及園 89（5）：589-594.

　ところで，春秋の年2回行われる園芸学会の定例大会に合わせて，会員有志が発起人となり，アスパラガス研究小集会（以下，小集会）を1990年から開催してきました．2001年IASの日本開催を機に，アスパラガス研究が日本各地で盛んに行われるようになり，小集会にも多くの人数が集まり，活発な交流が行われるようになりました．小集会では，通常，午前中に現地視察を兼ねた研修会が行われ，午後にアスパラガスに関する最新情報の講演のほか，各産地間の情報交換などが行われます．アスパラガスの主要産地における開催実績では，長崎県で150名超，香川県で80名超，秋田県で50名超の参加者が現地の視察研修から出席されており，活発な議論が交わされました．小集会は，アスパラガスに興味がある方の参加は大歓迎ですので，是非参加していただき，全国各地のアスパラガス関係者との情報交換を楽しんでいただきたいと思います．また，小集会の参加メンバーが中心になり，アスパラガスの研究や生産，交流のためのホームページ「AsparagusNet」（https://sites.google.com/site/asparagusnet/）を開設しています．アスパラガスに関する幅広い情報交換を行うためのメーリングリストも紹介されていますので，是非お立ち寄り下さい．

　最後に，雑誌の連載ならびに本書の製作に当たり，アスパラガスの研究者や指導者，生産者などの多くの方々にご支援いただき，先行する多くの研究者の業績も参考にさせていただきました．この場をお借りして，厚く御礼申し上げます．また，養賢堂編集部様には，雑誌の連載および本書の企画の段階からたいへんお世話になりました．併せて御礼申し上げます．

2016年3月　著者を代表して
明治大学　　元木　悟

目次

まえがき …………………………………………………………………………… iii

第 1 章　世界のアスパラガス生産の動向 ………………………………………… 2
1. 世界各地で栽培されるアスパラガス ………………………………………… 2
2. 「世界のアスパラガス生産の現状と展望」の書籍化に当たって ………… 6
3. 世界のアスパラガス生産の動向 ……………………………………………… 7

第 2 章　ホワイトアスパラガス生産の先進国，オランダにおけるアスパラガス生産 ………………………………………………………………………… 14
1. はじめに ………………………………………………………………………… 14
2. オランダのアスパラガスの生産量の 98％はホワイト …………………… 14
3. オランダにおけるホワイト栽培の先進技術 ………………………………… 16
4. 日本でも導入可能なべたがけ栽培や深耕栽培 ……………………………… 19
5. オランダにおけるホワイトの旬 ……………………………………………… 20

第 3 章　急速に拡大するペルーのアスパラガス生産 …………………………… 22
1. はじめに ………………………………………………………………………… 22
2. 世界最大の生鮮アスパラガスの輸出国 ……………………………………… 22
3. 海岸砂漠で 1t どり ……………………………………………………………… 23
4. ペルーにおけるアスパラガスの生産拡大の背景 …………………………… 27
5. ペルーにおけるアスパラガス生産の現状 …………………………………… 32
6. 強い国際競争力で欧米各国に輸出 …………………………………………… 36
7. 日本もターゲットに，今後の動きに注目 …………………………………… 38
8. 謝辞 ……………………………………………………………………………… 38

第 4 章　ペルーとの国際競争を終えて，南アメリカのアスパラガス生産 …… 40
1. はじめに ………………………………………………………………………… 40

2. 南アメリカにおけるアスパラガスの生産拡大の背景 …………………… 41
　　3. パラグアイの農業とアスパラガス生産の現状 …………………………… 46
　　4. アルゼンチンの農業とアスパラガス生産の現状 ………………………… 51

第 5 章　世界最大のアスパラガス輸入国，アメリカのアスパラガス生産の今後
………………………………………………………………………………………… 58

　　1. はじめに ……………………………………………………………………… 58
　　2. アメリカにおけるアスパラガス生産と輸出入の現状 …………………… 58
　　3. 第 9 回 IAS 報告 ……………………………………………………………… 64

第 6 章　北半球のオフシーズンをターゲットに，オセアニアのアスパラガス生産 …………………………………………………………………………………… 68

　　1. はじめに ……………………………………………………………………… 68
　　2. 日本をターゲットにしたオセアニア地域のアスパラガス生産 ………… 68
　　3. 日本への世界第 2 位の輸出国，オーストラリアのアスパラガス生産 ‥ 69
　　4. 再起をめざすニュージーランドのアスパラガス生産 …………………… 74
　　5. 欧州以外の初の IAS の開催地，ニュージーランド …………………… 77

第 7 章　アメリカとの自由貿易協定で拡大したメキシコのアスパラガス生産
………………………………………………………………………………………… 80

　　1. はじめに ……………………………………………………………………… 80
　　2. アメリカの動向に左右されるメキシコのアスパラガス生産 …………… 80
　　3. アメリカの影響を受けたメキシコにおけるアスパラガスの産地形成 ‥ 85
　　4. メキシコにおける栽培品種と日本への輸出 ……………………………… 89

第 8 章　世界最大のアスパラガス生産国，中国のゆくえ ……………… 92
　　1. 世界第 1 位のアスパラガス生産国 ………………………………………… 92
　　2. 中国におけるアスパラガス栽培の現状と課題 …………………………… 96

第9章 世界最大のアスパラガス生産国，中国の最新事情 ─第13回IASの現地視察から─ ……………… 100
1. はじめに ……………………………………………… 100
2. 中国におけるアスパラガス生産の最新情報 ……… 100
3. 中国市場に向けた輸出の動き ……………………… 117
4. おわりに ……………………………………………… 118

第10章 古参産地「台湾」の盛衰と新興産地「韓国」の戦略，東アジアのアスパラガス生産 ……………………………………… 120
1. はじめに ……………………………………………… 120
2. 台湾における農業生産 ……………………………… 120
3. 台湾におけるアスパラガス生産の歴史と現状および課題 ……… 124
4. 韓国における農業生産 ……………………………… 134
5. 韓国におけるアスパラガス生産の現状と課題 …… 137

第11章 周年供給と輸出，東南アジアのアスパラガス生産 ……………… 150
1. はじめに ……………………………………………… 150
2. 東南アジアにおける立茎栽培による周年供給体制 ……… 150
3. タイにおける農業生産 ……………………………… 153
4. タイにおけるアスパラガス生産の現状と課題 …… 155
5. 体系化されたタイの集荷および販売体系 ………… 163
6. フィリピンにおけるアスパラガス生産の現状と課題 ……… 164
7. 謝辞 …………………………………………………… 165

第12章 周年安定供給と気候変動との戦い ─タイおよびラオスにおけるアスパラガス生産の現状と今後の方向性─ ……………………… 166
1. はじめに ……………………………………………… 166
2. 岐路に立つタイのアスパラガス生産 ……………… 167
3. 新たな産地形成が進むラオスのアスパラガス生産の現状と課題 ……… 173

第13章　遺伝資源としてのアスパラガス，ポーランドの取り組み ……… 184
　1．はじめに …………………………………………………………… 184
　2．ポーランドにおけるアスパラガス遺伝資源保存の取り組み …… 184
　3．アスパラガス属遺伝資源における世界的データベース構築の現状 …… 186
　4．アスパラガス遺伝資源に関わる今後の課題 ……………………… 188

第14章　アスパラガスの品種および育種の動向と今後の方向性 ………… 190
　1．はじめに …………………………………………………………… 190
　2．日本国内におけるアスパラガスの品種育成と栽培品種の特性 …… 190
　3．世界各国で行われた IACT の日本国内の試験結果 ……………… 198
　4．海外における品種育成 …………………………………………… 204
　5．アスパラガスの耐病性育種に対する取り組み ………………… 212
　6．おわりに …………………………………………………………… 212

第15章　日本におけるアスパラガスの生産，輸入および消費の動向 …… 214
　1．日本におけるアスパラガス栽培の歴史とその生産動向 ………… 214
　2．日本におけるアスパラガスの輸入と消費 ……………………… 222

第16章　日本国内におけるホワイトおよびムラサキの流通事情と先進地オランダから学ぶホワイト生産の展開 ……………………………………… 230
　1．はじめに …………………………………………………………… 230
　2．日本におけるホワイトの生産状況 ……………………………… 230
　3．日本におけるホワイトの栽培技術 ……………………………… 231
　4．日本におけるムラサキの栽培および流通状況 ………………… 239
　5．ホワイトとムラサキを組合せた販売戦略 ……………………… 240

第17章　平均単収世界一を誇る日本の暖地を中心としたアスパラガス生産と流通および販売戦略，地球温暖化への対応 ……………………… 244
　1．はじめに …………………………………………………………… 244

2．平均単収世界一を誇る日本の暖地を中心とした日本国内の長期どり栽培技術 …………………………………………………………………………… 244
　3．アスパラガスの経営安定対策と流通および販売戦略，今後の方向性 · 252
　4．アスパラガス生産における地球温暖化への対応 ………………………… 259

第18章　日本特有の「伏せ込み促成栽培」の現状と今後の方向性 ……… 264
　1．はじめに ………………………………………………………………… 264
　2．伏せ込み促成栽培の基本的な栽培体系 ………………………………… 265
　3．周年出荷実現に向けた端境期におけるアスパラガス生産の取り組み · 271
　4．おわりに ………………………………………………………………… 273

第19章　世界および日本各地で問題となる茎枯病と連作障害対策 ……… 274
　1．はじめに ………………………………………………………………… 274
　2．茎枯病の発生生態と対策事例 …………………………………………… 275
　3．連作障害の歴史と要因，その対策および今後の方向性 ……………… 281

第20章　国際競争に対応した日本のアスパラガス生産の戦略と展開 …… 298
　1．日本産のアスパラガスの生産および消費拡大に向けて ……………… 298
　2．日本産のアスパラガスの今後のカギを握るのは端境期の生産態勢 … 300
　3．日本国内の消費拡大対策も国産アスパラガスの生産拡大戦略の一つ · 305
　4．日本産アスパラガスを世界へ …………………………………………… 306
　5．日本産アスパラガスの生産拡大に向けて ……………………………… 307

引用文献 ………………………………………………………………………… 308

著者一覧 ………………………………………………………………………… 321

第1章　世界のアスパラガス生産の動向

1. 世界各地で栽培されるアスパラガス

アスパラガス（*Asparagus officinalis* L.；写真1-1）の原産地はヨーロッパから温帯西部アジアとされ（皆川 1993），ヨーロッパでは2000年以上前からすでにアスパラガスが栽培されていたと伝えられる（高井 1977）．アスパラガスは古くからヨーロッパで伝統野菜として栽培され，冷涼で比較的乾燥した気候を好むが，高温多

写真1-1　アスパラガスの萌芽（元木撮影）

湿にも適応できることから，2011年現在，ヨーロッパ北部やカナダ，アメリカ北部，中国北部などの寒冷地域から，メキシコ合衆国（以下，メキシコ）や中国南部，東南アジアなどの熱帯・亜熱帯地域まで幅広く栽培されている（表1-1）．近年では，世界第1位のアスパラガス生産国である中国のほか，ペルーなどの砂漠地域でも盛んに栽培され，世界の60か国以上でおよそ20万ha（2009年）の栽培面積がある（図1-1；Benson 2012）．

表1-1　世界におけるアスパラガスの生産状況（元木 2015）

1. アスパラガスの生産目的	
①輸出・加工用が中心	中国やペルー，メキシコなど
②国内消費・生鮮用が中心	残りの国々
2. おもなアスパラガス生産地域の気候	
①寒冷地域	ヨーロッパ北部やカナダ，アメリカ北部，中国北部，日本寒冷地など
②温暖地域	スペインやイタリア，ギリシャ，中国温暖地，日本温暖地，アメリカ温暖地，オーストラリアなど
③熱帯・亜熱帯地域	アメリカ南部やメキシコ，中国南部，東南アジアなど
④砂漠地域	ペルーやアフリカなど

第1章 世界のアスパラガス生産の動向　3

アスパラガスの生産量は中国が最も多く，次いでペルーの生産量が多い．この2か国では，世界各国に対する輸出用の換金作物の一品目としてアスパラガス栽培が拡大し，生産量も1990年代後半から急速に増加した（表1-2，図1-2）．ペルーでは，砂漠地域で点滴灌漑により1年を通じて栽培される

写真 1-2　砂漠地域におけるアスパラガスの点滴灌漑栽培（ペルーTrujillo，元木撮影）

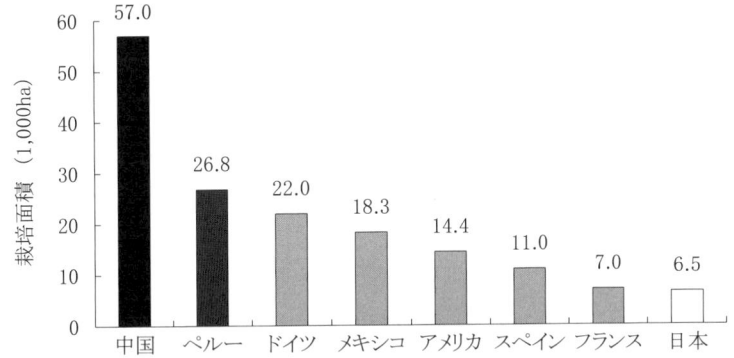

図1-1　世界におけるアスパラガス栽培面積（2009）
　　　　Benson（2012）のデータから元木作図．

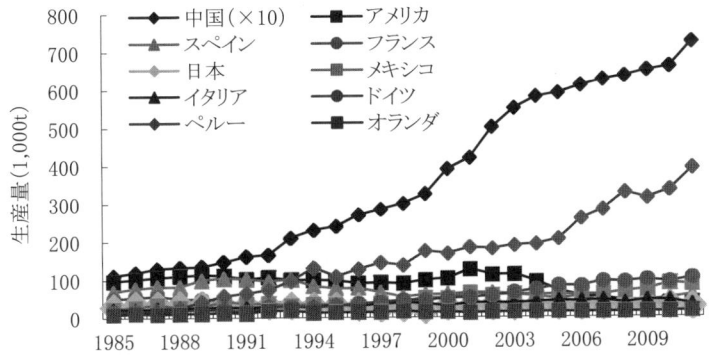

図1-2　アスパラガスの主要生産国における生産量の推移（1985-2011）
　　　　FAOSTAT Data.から元木作図．

表 1-2　アスパラガスの生産量上位 10 か国の推移（1985-2011）

年次	1位	2位	3位	4位	5位	6位	7位	8位	9位	10位
1985	中国	アメリカ	スペイン	フランス	日本	メキシコ	イタリア	ドイツ	ペルー	オランダ
1986	中国	アメリカ	スペイン	フランス	日本	メキシコ	イタリア	ドイツ	ペルー	オランダ
1987	中国	アメリカ	スペイン	フランス	メキシコ	日本	イタリア	ペルー	ドイツ	オランダ
1988	中国	アメリカ	スペイン	フランス	日本	メキシコ	ペルー	イタリア	ドイツ	オランダ
1989	中国	アメリカ	スペイン	フランス	ペルー	日本	メキシコ	イタリア	ドイツ	オランダ
1990	中国	アメリカ	スペイン	ペルー	メキシコ	フランス	日本	イタリア	ドイツ	オランダ
1991	中国	スペイン	アメリカ	ペルー	フランス	メキシコ	日本	イタリア	ギリシャ	チリ
1992	中国	アメリカ	スペイン	ペルー	フランス	メキシコ	日本	イタリア	ドイツ	ギリシャ
1993	中国	スペイン	アメリカ	ペルー	フランス	メキシコ	日本	ドイツ	イタリア	ギリシャ
1994	中国	ペルー	アメリカ	スペイン	フランス	メキシコ	日本	イタリア	ギリシャ	ドイツ
1995	中国	ペルー	アメリカ	スペイン	メキシコ	フランス	イタリア	ドイツ	日本	ギリシャ
1996	中国	ペルー	アメリカ	スペイン	ドイツ	イタリア	フランス	メキシコ	日本	ギリシャ
1997	中国	ペルー	アメリカ	スペイン	ドイツ	メキシコ	イタリア	フランス	ギリシャ	日本
1998	中国	ペルー	アメリカ	スペイン	ドイツ	メキシコ	イタリア	ギリシャ	フランス	日本
1999	中国	ペルー	アメリカ	スペイン	メキシコ	ドイツ	イタリア	フランス	ギリシャ	日本
2000	中国	ペルー	アメリカ	スペイン	ドイツ	メキシコ	イタリア	ギリシャ	日本	フランス
2001	中国	ペルー	アメリカ	スペイン	メキシコ	ドイツ	イタリア	ギリシャ	日本	フランス
2002	中国	ペルー	アメリカ	スペイン	メキシコ	ドイツ	イタリア	日本	ギリシャ	フランス
2003	中国	ペルー	アメリカ	ドイツ	メキシコ	スペイン	イタリア	日本	ギリシャ	フランス
2004	中国	ペルー	アメリカ	ドイツ	メキシコ	スペイン	イタリア	日本	ギリシャ	フィリピン
2005	中国	ペルー	ドイツ	アメリカ	メキシコ	スペイン	イタリア	日本	フィリピン	ギリシャ
2006	中国	ペルー	ドイツ	メキシコ	スペイン	アメリカ	イタリア	日本	フィリピン	チリ
2007	中国	ペルー	ドイツ	メキシコ	アメリカ	スペイン	イタリア	日本	フランス	ギリシャ
2008	中国	ペルー	ドイツ	メキシコ	タイ	スペイン	アメリカ	イタリア	日本	フランス
2009	中国	ペルー	ドイツ	メキシコ	タイ	スペイン	イタリア	アメリカ	日本	フランス
2010	中国	ペルー	ドイツ	メキシコ	タイ	スペイン	イタリア	アメリカ	日本	フランス
2011	中国	ペルー	ドイツ	メキシコ	タイ	スペイン	アメリカ	イタリア	日本	フランス

FAOSTAT Data.から元木作表．

（写真 1-2）．ペルーは，アメリカやヨーロッパ諸国など北半球のアスパラガスの供給量が少なくなる夏から冬の時期に供給することにより，近年，生産量および輸出量を急速に拡大させている（元木ら 2008，2010）．

ところで，アスパラガスは栽培方法によってグリーンアスパラガス（以下，グリーン）とホワイトアスパラガス（以下，ホワイト）の双方を生産可能である．日本ではアスパラガスといえばグリーンであるが，世界ではグリーンとホワイトの生産割合はほぼ 3：2 で，南北アメリカやオセアニア，中国を除くアジア諸国ではグリーンを中心に，ヨーロッパや中国ではホワイトを中心に栽培されている（図 1-3；Benson 2012）．中国を除くアジア諸国やヨーロッパでは，アスパラガスはおもに生鮮用として栽培されるが，中国や中南米，アフリカなどでは缶詰や冷凍などの加工用としての栽培も多く見られる（図 1-4；Benson 2012）．

そのように，アスパラガスは原産地の半乾燥地域に近い環境だけでなく，高温多湿の環境でもよく育ち，耐寒性や耐暑性，耐塩性などにも強いことから，

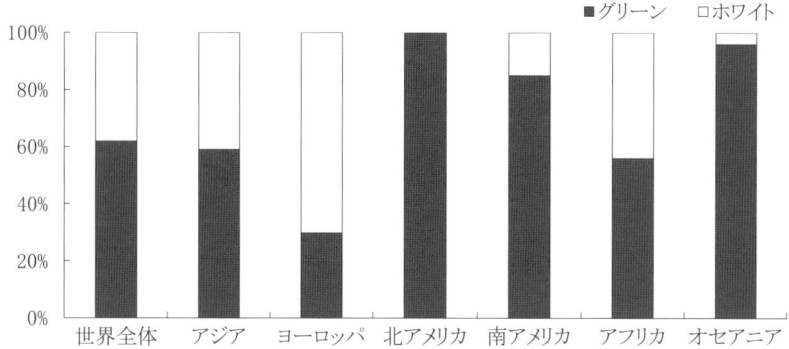

図 1-3　世界におけるグリーンとホワイトの栽培比率（2009）
　　　　Benson（2012）のデータから元木作図.

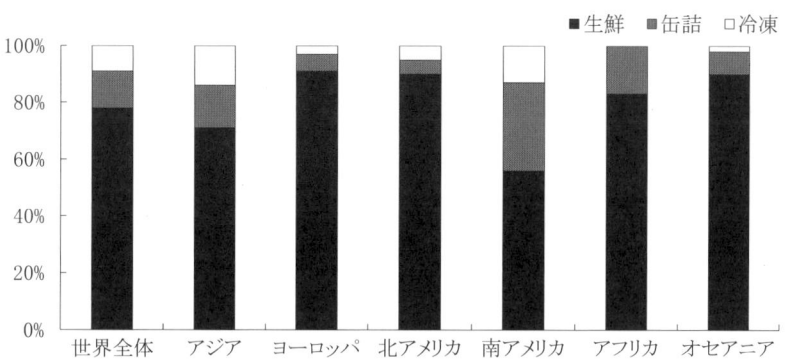

図 1-4　世界におけるアスパラガスの利用形態（2009）
　　　　Benson（2012）のデータから元木作図.

世界中の多様な気候帯で栽培されている（表 1-1）．しかし，株の経済寿命は栽培地域により大きく異なる．熱帯および亜熱帯地域における株の寿命は寒冷地域に比べて極端に短く，経済栽培は 2〜3 年程度という地域もある（Onggo 2001, 2009）．寒冷地域では養分の蓄積，転流，休眠および萌芽を毎年繰り返しながら株が成長するのに対し，熱帯および亜熱帯地域では冬場の休眠が起こらず，年間を通じて地上部が成長し，若茎が収穫され続けるため，株の消耗が激しいことが原因の一つであると考えられる．

　日本国内でも，九州や中国，四国などの暖地や温暖地では，北海道や本州寒

冷地に比べて株の寿命が短く，新植からアスパラガスを栽培していた圃場への新しい株の定植（以下，改植）までの経済栽培の年限が短い．日本国内の主力品種である「ウェルカム」（以下，UC157）の経済栽培は，暖地で8年程度，本州寒冷地では12年程度である．その経済栽培年限の差は，養分の蓄積や休眠のほかに，地下茎の伸長の影響などによるものである．

2.「世界のアスパラガス生産の現状と展望」の書籍化に当たって

世界各国からアスパラガスに関係する研究者や生産者，食品産業関係者，種苗業者，流通関係者などが集うIASは，4年ごとにアスパラガスの生産国が持ち回りで開催している（表1-3）．日本は1985年開催の第6回のカナダから参加しており（浦上 1987），2001年の第10回は日本で開催された（元木 2001a，2001b）．本書では，過去のIASに出席して得た情報や個人的な来訪で得たアスパラガスの生産地の情報などをもとに，世界および日本のアスパラガス生産の現状と今後の方向性について，最新情報を伝えていきたい．

表1-3 IASの開催年，開催国，開催地および参加者数

開催回	開催年(年)	開催国	開催地	参加人数(概数)	日本からの参加
1	1950年代	フランス？	？	—	—
2	1959	ドイツ	ハノーファー	—	—
3	1961	ドイツまたはフランス	？	—	—
4	1973	フランス	ベルサイユ	—	—
5	1979	ドイツ	ガイゼンハイム	70	0
6	1985	カナダ	ゲルフ	90	1
7	1989	イタリア	フェラーラ	160	4
8	1993	ニュージーランド	パルマストンノース	130	7
9	1997	アメリカ	パスコ	250	10
10	2001	日本	新潟	100	31
11	2005	オランダ	フェンロー	200	14
12	2009	ペルー	リマ	350	11
13	2013	中国	南昌	330	16
14	2017	ドイツ	未定	未定	未定

浦上（1987）およびIASの配布資料を参考に前田および元木作表．

3. 世界のアスパラガス生産の動向

(1) 生産面積と生産量
①中国を除くアジアと南アメリカではやや増産傾向，中国とアメリカでは減産，ほかは横ばい

　2008～2009年の統計をみると，世界の60か国以上でアスパラガスが生産されており，総生産面積はおよそ20万haである（図1-5；Benson 2012）．ここ数年，世界第1位のアスパラガス生産国である中国の生産面積の減少（2009年は2005年からおよそ3万5千ha減少）に伴い，2009年の世界のアスパラガス生産面積も2005年に比べて4か年でおよそ3万haが減少した（図1-5）．2009年のアスパラガス生産面積の上位5か国は，中国が5万7千haで世界第1位，次いでペルーが2万7千ha，ドイツ連邦共和国（以下，ドイツ）が2万2千ha，メキシコが1万8千ha，アメリカが1万4千haの順であった（図1-1）．ちなみに2009年の日本のアスパラガス生産面積は，2005年から200ha減少して6,500haとなっているが，それでも世界第8位のアスパラガス生産国である（図1-1）．

　アスパラガスは，1990年頃から2000年代の初頭にかけて中国およびペルー

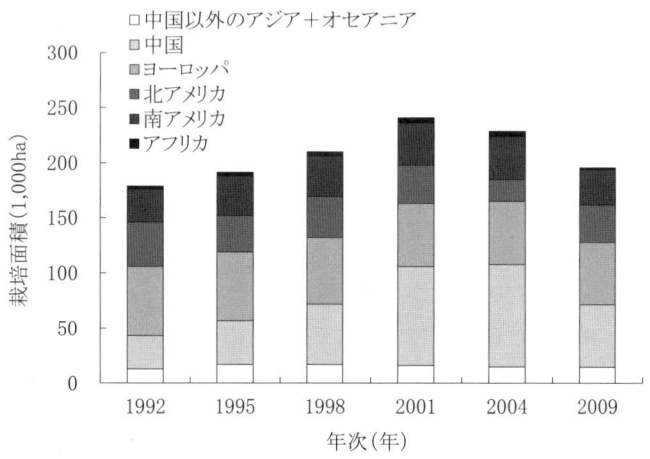

図1-5　世界におけるアスパラガスの栽培面積の推移（1992-2009）
　　　Benson（2012）のデータから元木作図．

の2大生産国を中心に，世界的に生産面積が拡大してきたが（表1-2，図1-2），ここ数年の中国の減産の影響を受けて，このところは横ばいかやや減少傾向で推移している（図1-5）．地域別にみると，中国を除くアジア諸国と南アメリカでは同等かやや増加傾向にあるが，ヨーロッパとオセアニア，アフリカはほぼ横ばい，北アメリカは大産地であるアメリカの減産が響いて減少傾向となっている．さらに世界最大のアスパラガス生産国である中国も，ここ数年の中国国内の好調な経済成長による産業構造の変化に伴い，アスパラガスの生産面積は急激に減少している．

②ヨーロッパではホワイト中心，日本などそのほかの国々ではグリーン中心

興味深いのは，国や地域ごとにアスパラガスの生産内容が大きく異なる点である（図1-3，図1-4）．アスパラガスの生産内容がグリーンかホワイトか，あるいは生鮮用か加工用かということは，その国の食生活や換金作物としての輸出状況によるところが大きい．ヨーロッパでは，グリーンを好むイギリス王国（グレートブリテンおよび北アイルランド連合王国，以下，イギリス）やアイルランドを除いて，ホワイトの消費がほとんどである．そのため，ヨーロッパでは生産の多くがホワイトであり，さらに生鮮用が多い．また，中国の缶詰用のホワイト栽培が多いのは，ヨーロッパ諸国への輸出量が多いためである．一方，北アメリカや日本，オセアニアなどでは，消費のほとんどがグリーンである．そのため，それらの国々では生鮮市場向けのグリーンの生産がほとんどであり，さらにアメリカや日本への輸出で生産量を伸ばしてきたメキシコも，同様にグリーン生産が主体となっている．ペルーでは輸出用の栽培が中心であり，グリーンとホワイトの比率がほぼ半々で，さらに生鮮と加工の比率もほぼ半々とバランスのとれた構成となっている（元木ら 2008）．

(2) 輸出入の状況

①日本のアスパラガスの輸入量は減少傾向

2008年の世界における生鮮アスパラガス輸出国の上位5か国は，ペルーが11万tで世界第1位，次いでメキシコが6万4千t，アメリカが2万6千t，ギリシャ共和国（以下，ギリシャ）が1万5千t，スペインが1万4千tの順であった（図1-6，写真1-3）．また，2008年の世界における缶詰アスパラガス輸出量は，中国が7万6千tで世界第1位，次いでペルーが6万6千tであり，この2

か国で世界全体の90%を占める（図1-7）．続いてドイツが6千t，スペインが4千t，オランダが3千t，ベルギー王国が2千tの順であり，ヨーロッパ以外では，アスパラガスの2大生産国である中国およびペルーがヨーロッパ諸国に向けて輸出している（写真1-4）．

アスパラガスの輸出上

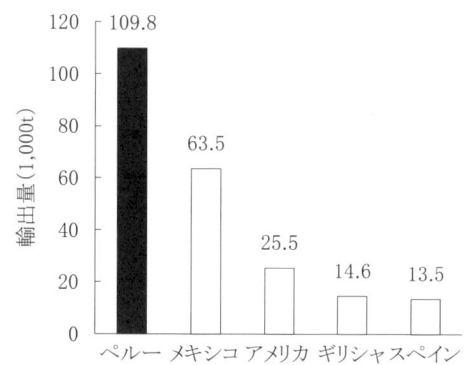

図1-6 世界における生鮮アスパラガスの輸出国上位5か国（2008）
FAOSTAT Data.から竹内作図．

写真1-3 輸出用のペルー産およびオランダ産アスパラガス（いずれも元木撮影）
ペルー産の日本向けグリーン（左：ペルーIca，品種「Atlas」）とオランダ産の生食用ホワイト（右：オランダHorst，品種「Gijnlim」）．

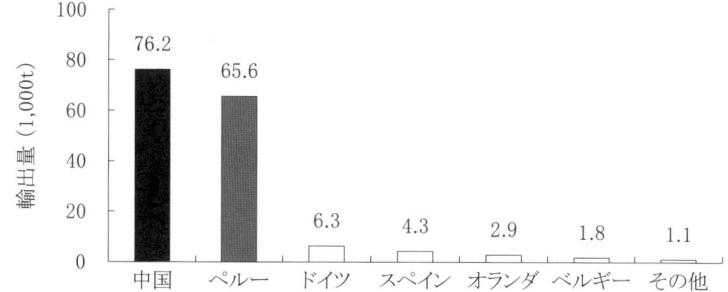

図1-7 世界における缶詰アスパラガスの輸出国上位6か国（2008）
Gal'Lino（2009）の報告から前田作図．

位国のなかでも注目されるのが，生鮮を中心に世界中へ輸出を行っているペルーの動向である．中国は2011年現在，缶詰によるヨーロッパ諸国への輸出がほとんどであるが，今後は冷凍や生鮮の輸出が増える可能性もある．メキシコはアメリカと日本向けの輸出で生産量を増やしてきた．アメリカは輸出量も多いが，一方で輸入量が世界第1位であり，アメリカの国内生産はペルーやメキシコの台頭の影響を受けて競争力を失い，ここ数年は急速に減少している（表1-2，図1-2）．

写真 1-4　輸出用のペルー産缶詰アスパラガス（鵜川良一撮影）

一方，2007年のアスパラガスの輸入量が多い国としては，アメリカが12万4千tで断トツの世界第1位，次いでドイツが2万4千t，フランス共和国（以下，フランス）が1万8千t，カナダが1万8千tの順であり，日本が1万3千tでそれらの国々に続く（図1-8，写真1-5）．日本は，2004年にはアメリカに次ぐ世界第2位のアスパラガスの輸入大国であったが（元木ら 2008），近年は国産に根強い人気が集まり，国内消費量に対する輸入品の割合は，年々減少している（第15章）．しかし2007年においても，日本は世界第5位のアスパラガスの輸入国であり（図1-8），世界的なアスパラガス輸入国の一つであることには変わりない．

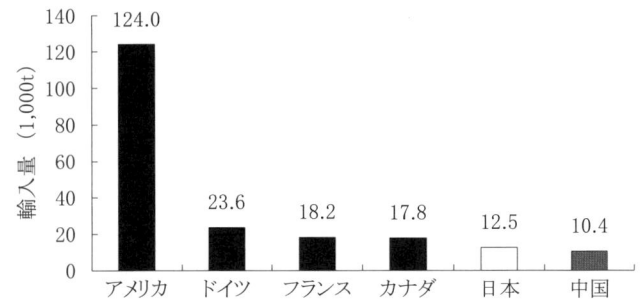

図 1-8　世界におけるアスパラガスの輸入国上位6か国（2007）
FAOSTAT Data.から元木作図．

写真1-5　世界を駆け巡るアスパラガス
アイルランドのダブリンのスーパーマーケットに並ぶペルー産のグリーン（左：二本松政則撮影）と宮城県仙台市青葉区の「仙台朝市」で販売されるメキシコ産のグリーン（右：元木撮影）．

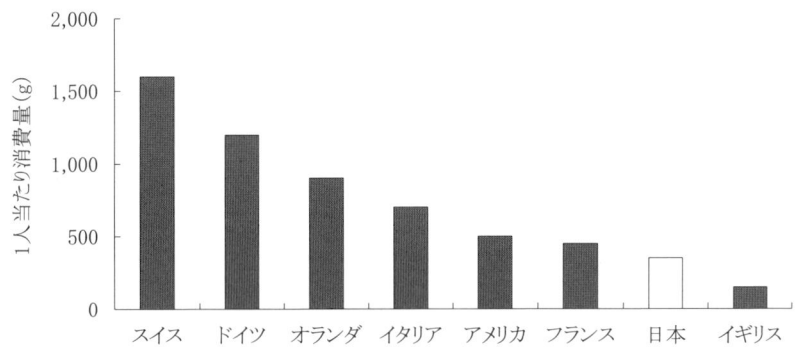

図1-9　世界における1人当たりのアスパラガス消費量（2005）
Behr（2005）のデータから前田作図．

（3）消費の動向

①日本の国内消費は横ばい，しかしまだ増える余地も

　アスパラガスの世界的な生産量および消費量は2000年代初頭まで拡大傾向であったが，このところ横ばいとなっている．アスパラガスの1人当たりの年間消費量が多い国はスイス連邦（以下，スイス）が1,600gで世界第1位，次いでドイツが1,200g，オランダが900gとヨーロッパ諸国が上位に並ぶ（図1-9；元木ら 2008）．しかも上位のヨーロッパ諸国のほとんどは，春の短い期間に収穫されるホワイトだけの消費量である．その時期だけに限れば，日本の10〜15

倍程度のアスパラガスを消費していることになる．一方，世界最大のアスパラガス輸入国であるアメリカは，1人当たりの年間消費量は意外に少なく，500gで世界第5位，日本は350gで世界第7位である．350gと言えば販売形態の100g束にすれば4束にも満たない．

ところで，日本国内におけるアスパラガスの消費量は，料理の手軽さやおいしさ，健康野菜といった理由から着実に伸びてきた．日本における1996年の年間1人当たりのアスパラガス消費量は365gであり，その20年前の1976年に比べて1.5倍に増えたが(元木 2003)，その後の10年は横ばい傾向が続いている．国内産の夏秋どりアスパラガスや輸入品も含め，年間を通じてアスパラガスが市場に出回る日本では，アスパラガスが好きな人はもっと食べているだろうから，日本にはまったくアスパラガスを食べない人が，まだまだたくさんいると考えてよい．日本は近年，かつて経験したことがないような高齢化社会を迎えており，高騰する医療費の国費負担を少しでも抑制するため，日常生活における高齢者の健康維持の必要性が認識されている．近年のさまざまな食品の機能性に関する研究から，食生活と生活習慣病には密接な関係があり，食生活の改善によって生活習慣病のリスクが軽減されることが明らかになってきている．特に緑黄色野菜には，ビタミン類や抗酸化物質など，生活習慣病のリスク軽減に貢献すると期待される成分が含まれており，なかでもアスパラガスはいわゆる機能性成分を含む野菜として認知されつつある．このところの日本のアスパラガス消費量は，世界の動向と同じように横ばい傾向であるが，アスパラガスの栄養価や機能性成分，おいしさなどをもっとアピールできれば，日本国内におけるアスパラガスの消費量はもっと増える可能性がある（元木ら 2008）．

また，世界的に見れば，中国やインド共和国，ブラジル連邦共和国（以下，ブラジル）などの新興国でも，好調な経済成長に伴い，アスパラガスの消費量が今後増える可能性がある（Chen 2009）．今後の世界のアスパラガスの生産と消費の動きに注目していきたい．

第 2 章 ホワイトアスパラガス生産の先進国, オランダにおけるアスパラガス生産

1. はじめに

　第 11 回 IAS は, 2005 年 6 月 16～19 日にかけて, オランダ (人口 1,653 万人, 2009 年オランダ中央統計局) Limburg 地方の Horst および Venlo で開催された. 世界中から, アスパラガスに関係する研究者や生産者, 食品産業関係者, 種苗業者, 流通関係者など約 200 名が参加し, 最新の研究成果やマーケット情報などの研究発表が行われた. また, プレ (2005 年 6 月 13～15 日) およびポスト (2005 年 6 月 20～22 日) シンポジウムツアーでは, オランダおよびドイツ国内のアスパラガス生産圃場や加工施設, 集出荷施設, 農産物市場, 野菜カット工場などの現地視察が行われた. 本章では現地視察や研究発表で入手した情報 (元木・前田 2007, 元木ら 2008) をもとに, ホワイト生産の先進国であるオランダにおけるアスパラガス生産の概要を紹介する.

2. オランダのアスパラガス生産量の 98%はホワイト

　オランダの面積は 4 万 1,864km^2 であり (図 2-1), 九州と同程度 (4 万 4,467km^2) であるが, 農産物および農産加工食品の輸出金額の合計は, 世界でも常に上位

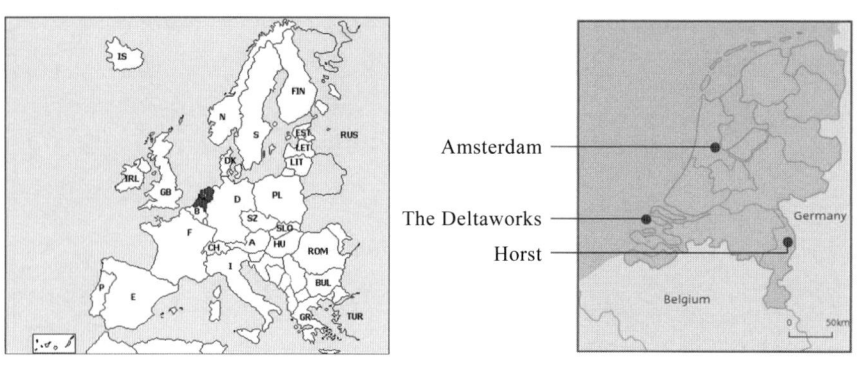

図 2-1　オランダの位置と訪問先 (2005, 第 12 回 IAS 実行委員会提供)

にランクされる農業・食品大国である．ちなみにオランダの人口は1,653万人であり，九州の人口（1,458万人，いずれも2009年）と類似している．

2004年におけるオランダのアスパラガス生産は，栽培面積が約2,400ha，生産者数は約1,000名であり，年間1万5千t程度を生産している．10a当たりの平均単収は，春どりだけで約620kgと高いレベルにある（表2-1，写真2-1；元木ら

表2-1 オランダにおけるアスパラガス生産の概要（2004）

生産者数	1,000名	ほとんどが法人形態
栽培面積	2,400ha	うちホワイトが約98%
生産量	15,000t	
平均単収	620kg/10a	春どり
主要品種	Gijnlim	約80%がGijnlim

Lavrijsen（2005）の報告から前田作表．

写真2-1 オランダにおけるホワイトの栽培風景（オランダHelden，元木撮影）

2008）．アスパラガスの生産者は集出荷施設を備えた大規模な法人が多い（写真2-2）．オランダで生産されるアスパラガスの98%はホワイトであり，ほとんどが生鮮用として市場に出荷されている．品種は全雄F_1品種の「ガインリム」（以下，Gijnlim）が主体であり，本品種は日本でも北海道におけるグリーンおよびホワイトの主力品種となっている（元木ら 2008）．

写真2-2 オランダにおけるアスパラガスの集出荷施設（左：オランダNeer，佐藤撮影．右：オランダHelden，元木撮影）

オランダにおけるホワイトの収穫期間は3～6月であるが，早い時期ほど価格が高いため，ハウス栽培やトンネル栽培，さらには豊富な天然ガス資源を利用した温湯管による圃場のヒーティング技術など，さまざまな方法で収穫時期の前進化が図られている．

3. オランダにおけるホワイト栽培の先進技術

(1) 馬ふん堆肥や緑肥などで入念な土づくり

オランダにおけるアスパラガスの主産地である Limburg 地方は砂質土壌で，多くの圃場では作土層が1m以上と非常に深いことが特徴的である（元木ら2008）．ホワイトの栽培圃場では，作付けの1年前から準備を行い，定植前年の春に馬ふん堆肥やマッシュルーム（写真2-3）の廃培地堆肥などを施用し，さらにシロガラシなどを緑肥とし

写真 2-3 炭を混合した培地を使ったマッシュルーム栽培（オランダ Helden，元木撮影）

て栽培して，入念に土づくりを行う．オランダでは，アスパラガスの苗育成と栽培が分業化されており，定植に用いる苗は種苗業者から購入した1年養成株を用いるのが一般的である．そのため，苗育成を専門に行う企業もある（写真2-4）．栽植密度はうね幅170cm×株間25cm程度が一般的であり，1年養成株を定植した翌年（通常栽培では3年株に相当）から3週間程度の収穫を行う．

(2) 白黒フィルムのべたがけ栽培

ホワイトの栽培圃場の多くは，若茎頭部の着色防止および省力化，さらにベッド（培土）温度の管理を目的として，厚さ約0.1mmの白黒2面フィルムのべたがけ栽培が行われている（写真2-5；元木ら2008）．そのフィルムは光をほとんど通さず，若茎がベッド上に伸長しても着色しないため，収穫はべたがけフィルムをめくり，伸長した若茎のみを収穫する．培土の割れ目を頼りに地中の若茎を収穫する従来のホワイト栽培に比べて，簡単かつ省力的に収穫を行う

第2章　ホワイトアスパラガス生産の先進国，オランダにおけるアスパラガス生産　17

写真 2-4　1年養成株の苗養成圃（左）と1年養成株（中），1年養成株の定植の様子
　　　　　（オランダ Neer，右は Hans Kalter 撮影，ほかはいずれも元木撮影）

写真 2-5　白黒フィルムを利用したホワイトのべたがけ栽培（左）と収穫風景（右）
　　　　　（オランダ Helden，いずれも元木撮影）
　　　　　左写真は奥が白黒フィルムの黒，手前が白，中央はフィルムなし（裸地）．

ことができる．また，気温が低い時期には黒色面を表にし，逆に気温が高い時期には裏返して白色面を表にすることにより，ベッド内の温度を制御したり，収穫が一時期に集中することを防いだりする（写真 2-5 左）．

(3)　専用農業機械も多い

　オランダでは，トラクター脱着型培土機や，白黒フィルムのべたがけ栽培のために用いるマルチャーが広く普及している（元木ら 2008）．最近ではより省力化を図るために，自走式のフィルム持ち上げ機の開発が行われ，今後の普及が見込まれる（写真 2-6）．また，オランダでは収穫期間が終了しても，ベッドは崩さずそのままとするため，栽培管理には専用の管理用高足トラクター（写真 2-7）やカルチベータが使われている．

(4)　収穫直前からの透明マルチや超深耕栽培

　収穫時期の前進化を目的として，収穫開始前の透明マルチ（写真 2-8）やト

18　第2章　ホワイトアスパラガス生産の先進国，オランダにおけるアスパラガス生産

写真 2-6　自走式フィルム持ち上げ機（元木撮影）

写真 2-7　管理用高足トラクター（元木撮影）

写真 2-8　透明マルチを利用した収穫時期の前進化（Hans Kalter 撮影）

写真 2-9　エアドーム型簡易ハウスによる収穫時期の前進化（Hans Kalter 撮影）

ンネル被覆などが用いられている（元木ら 2008）．透明マルチは崩壊性のフィルムでできており，アスパラガスの若茎はマルチを突き抜けて伸長できる．また，豊富な天然ガス資源を利用したエアドーム型簡易ハウス（写真2-9），圃場への温湯管の敷設（写真 2-10），フェンロー型大規模ハウスを利用した冬期収穫（写真2-11）など，コストがかかる技術も実際の栽培現場では行われている．

　オランダにおけるアスパラガス栽培の特徴的な技術として，作土が深いことを利用した超深耕栽培があげられる．これは，90cm の深さを耕起できる大型プラウ（写真2-12）や，100cm の深さまで耕起できる深耕ロータリー（写真2-13）を用いた超深耕栽培であり，アスパラガスの根系が大きく発達し（写真2-14），

写真 2-10 温湯管を利用した圃場のヒーティングによる収穫時期の前進化（オランダ Helden, いずれも元木撮影）
アスパラガスの地下茎の下に設置されている温湯管（左）とその敷設機（右）.

写真 2-11 フェンロー型大規模ハウスを利用した冬期収穫（Hans Kalter 撮影）

写真 2-12 超深耕栽培のための大型プラウ（佐藤撮影）

長期間にわたって収量が安定する効果がある.

4. 日本でも導入可能なべたがけ栽培や深耕栽培

　生食用ホワイトは，日本では市場ニーズが高いにもかかわらず，ほとんど栽培が行われていない（元木 2008，元木ら 2008）．しかし，オランダで使用されている白黒フィルムを用いた省力的な収穫技術を日本に導入すれば，熟練技術を必要とせずに露地のホワイト栽培ができ，高収益が期待できる（写真 2-15）．

また、ホワイトは、培土することにより根圏の土壌改良が容易になり、グリーン栽培よりも雑草管理がしやすくなるなど、副次的なメリットもある（元木 2003）。日本の土壌はオランダほど作土層が深くないため、90cm も深耕できる畑は少ないが、できるだけ深く起こすことにより長期間にわたって収量が安定するという考え方はアスパラガス栽培の基本であり、高品質多収生産の手本である。また、オランダでは多くの生産者は法人形態をとっており、経営資金を銀行から調達することにより高価な機械や設備への投資が可能となっている。そうした経営形態も日本での参考になる点が多い。

写真 2-13　超深耕のための深耕ロータリー（元木撮影）

写真 2-14　アスパラガス 2 年株の発達した根系（元木撮影）

5. オランダにおけるホワイトの旬

ホワイトの本場であるオランダのアスパラガス栽培農家では、ホワイトの旬の時期になると、アスパラガスの農場を大々的に宣伝する（写真 2-16）。農場に立ち寄ると、ちょっとした休憩所もあり（写真 2-17）、日本の観光農園的な雰囲気である（元木ら 2008）。

ヨーロッパでは、アスパラガスが春に萌芽し始めると、それぞれのレストランに、こぞってアスパラガスのメニューが登場してくる（写真 2-18）。甘くてみずみずしい、力強い生命力を感じさせるアスパラガスを主役にした料理が、たくさんテーブルにならび、舌を楽しませてくれる。採れたてのアスパラガス

第2章　ホワイトアスパラガス生産の先進国，オランダにおけるアスパラガス生産　21

は，びっくりするほど甘くて，味も最高級である．アスパラガスの産地に立ち寄ったら，ぜひ畑から採ったばかりのアスパラガスを食べてみて欲しい．生産者一人ひとりの愛情がこめられた美味しいアスパラガスを，多くの皆さんにたくさん食べていただくことを心から願っている．

　2017年の第14回IASはドイツでの開催が決定している．新たなホワイトの展開に注目するとともに，ヨーロッパの旬のホワイトを存分に味わってみたい．

写真 2-15　生食用ホワイトの最高級品（オランダ Horst，元木撮影）

写真 2-16　オランダのアスパラガス農場（オランダ Neer，元木撮影）看板の「SPARGEL」はオランダ語でアスパラガスを意味する．

写真 2-17　休憩所は日本の観光農園的な雰囲気である（オランダ Helden，元木撮影）

写真 2-18　ホワイトのバターソースと生ハム（オランダ Venlo，元木撮影）

第3章　急速に拡大するペルーのアスパラガス生産

1. はじめに

　第12回IASは，2009年10月29日〜11月1日にかけて，ペルー（人口2,908万人，2010年 United Nations）の首都であるリマ（人口894万人）のMolina農業大学で開催された（元木ら 2010）．世界中からアスパラガスに関係する研究者や生産者，食品産業関係者，種苗業者，流通関係者など約350名が参加し，最新の研究成果や生産・流通情報などの研究発表が行われた．また，プレ（ペルー北西部のトルヒーヨ，2009年10月27〜28日）およびポスト（南西部のイカ，2009年11月1〜2日）シンポジウムツアーでは，アスパラガスの大規模生産農場や加工施設などの現地視察が行われた．本章では現地視察や研究発表で入手した情報（元木ら 2010）などをもとに，生鮮アスパラガスの世界最大の輸出国であるペルーにおけるアスパラガス生産の概要を紹介する．

2. 世界最大の生鮮アスパラガスの輸出国

　国際市場において，ペルーは世界最大の生鮮アスパラガス輸出国である（図1-6；第1章）．生鮮アスパラガスの輸出量は，世界第1位の11万t（世界全体の約40％，2008年）であり，缶詰アスパラガスの輸出量でも，中国（7万6千t）に次いで世界第2位の6万6千t（世界全体の約41％，2008年）である（図1-7；第1章）．ところで，中国は，2008年の国際金融危機の影響により，2009年のアスパラガス輸出量が2008年対比53％に激減する一方で，中国国内の富裕層の増加などから北京や上海，広州など大都市におけるアスパラガスの国内市場が急速に拡大した（Chen 2009）．中国における1997年の生鮮アスパラガスの国内消費量はわずか1％であったが，2009年には初めて輸出量を上回り，63％となった（Chen 2009）．中国では，今後もアスパラガスの国内消費の急速な拡大が見込まれることから，ペルーのアスパラガス輸出国としての世界的地位はさらに高まることが予想される．

3. 海岸砂漠で1tどり

　アスパラガスは，ペルーにおいて最も重要な輸出用の換金作物の一つである．ペルーにおける企業的なアスパラガス生産が本格的に始まったのは1980年代とごく最近ではあるが（清水 2006, 2007），コスタ（海岸砂漠地域）の温暖で乾燥した気候は，かん水によってアスパラガスの生育期間と休眠を制御するというペルー独特の生産方法に適し，アスパラガスの生産量は急速に増えた．一方で，収量，品質ともに優れたペルー産のアスパラガスが，わずか十数年という短期間でアメリカのアスパラガス市場を席巻したことから，そのあおりを受けるかたちでアメリカのアスパラガス産地は大きなダメージを被った（第1章）．ペルーにおける2007年のアスパラガスの栽培面積は，中国に次ぐ世界第2位の約2万7千haであり，1990年（約9千ha）に比べて3倍に増えた（図3-1）．FAOSTAT Data.によると，ペルーのアスパラガスの生産量は2007年には28万tを超えている．ペルーでは，10a当たりの平均単収も1t程度と高い水準にあり（図3-2），最も多収の生産者では年1.5～2作で2tに達する．2000年代に入ってからの一時期，栽培面積は横ばいになったが，2000年代半ば以降は再び増加する傾向にある（図3-1）．ペルーにおけるアスパラガス生産の発展は，それま

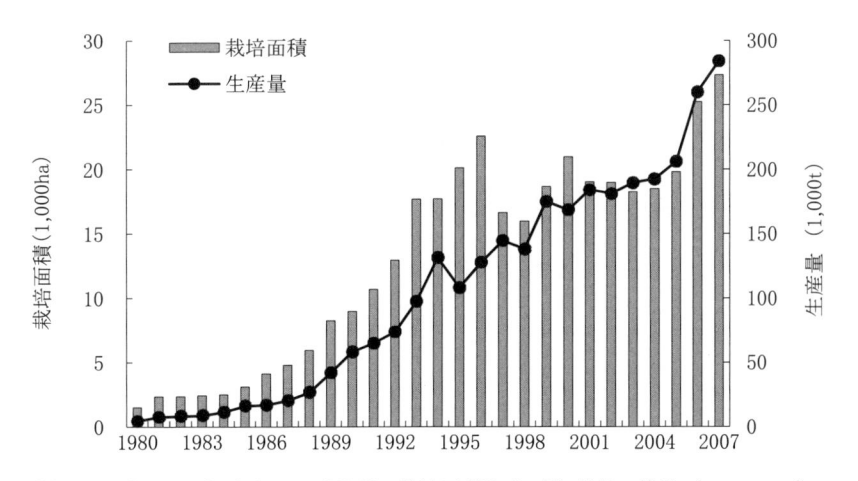

図3-1　ペルーにおけるアスパラガス栽培面積および生産量の推移（1980-2007）
　　　　FAOSTAT Data.から元木作図．

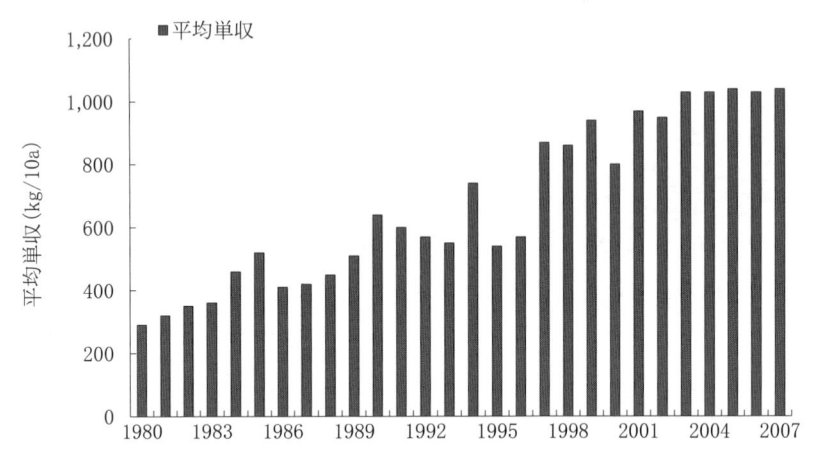

24　第3章　急速に拡大するペルーのアスパラガス生産

図 3-2　ペルーにおけるアスパラガスの平均単収の推移（1980-2007）
　　　　FAOSTAT Data.から元木作図.

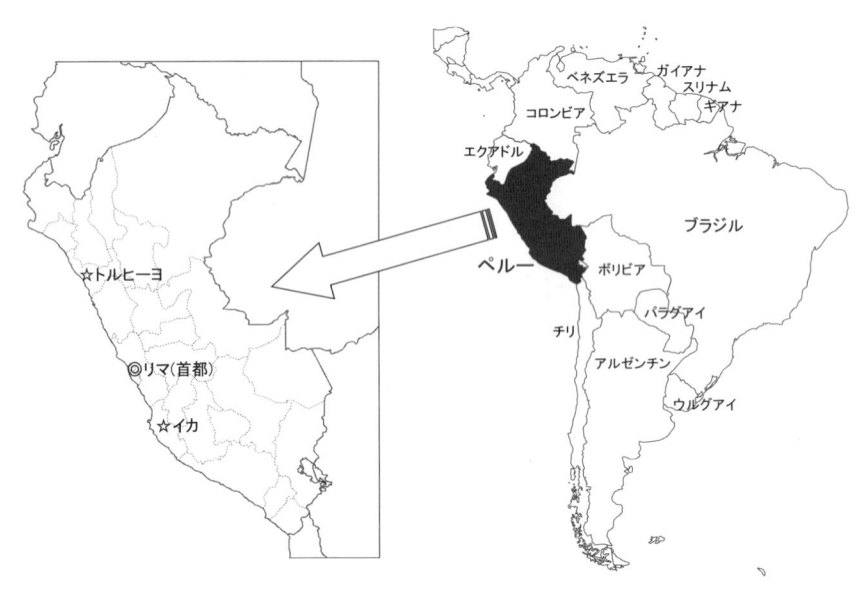

図 3-3　ペルーのアスパラガス栽培地域
　　　　渡辺作図.

で違法なコカ（麻薬の原料）栽培で生計を立てていたシエラ（アンデス山岳地域）の低所得者層に新たな雇用を創出した．ペルーではアスパラガス産業の発展により，コカの栽培面積は推定で75%減少したとされている（元木ら 2008）．

第 3 章 急速に拡大するペルーのアスパラガス生産　25

写真 3-1 プレツアーで訪れたペルー北西部地域（ペルーTrujillo，いずれも元木撮影）
宿泊したホテルの周辺（①）と海岸砂漠（②）の様子．治安の関係でツアーバスは終始警察による先導（①③）が行われた．Trujillo 近郊には，1100 年頃からインカに征服されるまで栄えていたチムー王国時代のチャンチャン遺跡（1986 年に世界文化遺産に登録）がある（④⑤）．

　ペルーにおけるアスパラガスのおもな産地は，北西部のトルヒーヨ（Trujillo, 人口約 150 万人，写真 3-1）および南西部のイカ（Ica, 人口約 15 万人，写真 3-2）であり（図 3-3），アスパラガス生産は広大な砂漠を利用した露地栽培で行われている．コスタの年間の平均最低気温は 15.1℃，月ごとの平均降水量はわずか 3mm と少なく，いわば広大な天然の温室で栽培されているようなものである（図 3-4，写真 3-3）．
　ペルーのアスパラガス栽培で最も特徴的なものは，かん水による生育の制御

写真 3-2 ポストツアーで訪れたペルー南西部地域（ペルー Ica，いずれも元木撮影）
Ica の中心部（①）およびパンアメリカン・ハイウェイ沿いの海岸砂漠に現れる町並み（②③④）．2007 年に起きたペルー大地震による家屋などの被害は，2009 年の訪問の際も各地で見られた（④）．海岸砂漠の平坦な場所（⑤）は，灌漑設備さえ整えば町（②③）や農地（⑥）に変わっていく．

である．アスパラガスはすべて点滴灌漑によって栽培され，株の生育もかん水量によって制御される（写真 3-4）．アスパラガスは土壌が乾燥状態になると地上部が枯れ，生育が休止する．そして再度かん水によって，土壌がアスパラガスの生育に適する条件になると，若茎の生産を再開する．それを利用して，ペルーでは圃場ごと，あるいは区画ごとに生育時期をずらして周年出荷を行うことが容易であり，一年中品質のよい若茎の生産が可能となる（図 3-5）．また，作業性のよい砂質土壌と安価で豊富な労働力（写真 3-5）は，グリーンだけで

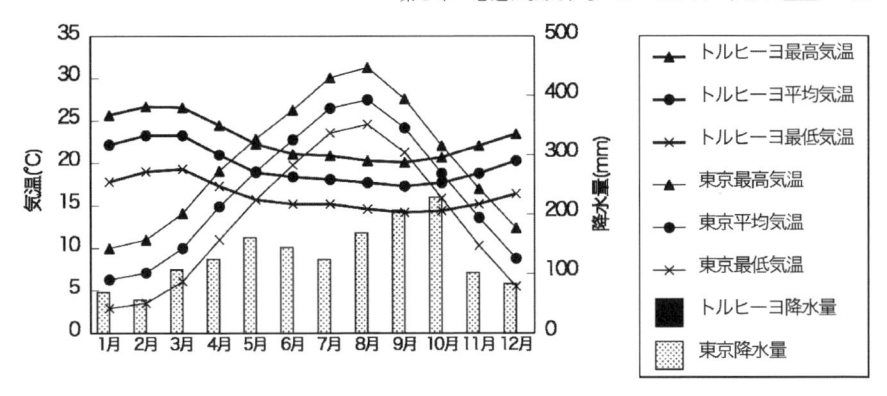

図 3-4 ペルーのアスパラガス栽培地域であるコスタ（海岸砂漠地域）の気候
トルヒーヨについては NNDC CLIMATE DATA ONLINE，東京については農林水産基礎数値データベース（農林水産研究情報総合センター）の数値から渡辺作図．2001〜2010 年の平均値．ただし，2004 年 10 月の東京の降水量(780mm)を除く．

写真 3-3 ペルーにおけるアスパラガスの大規模生産農場（左：Camposol 社，ペルーTrujillo，右：Agrokasa 社，ペルーIca，いずれも元木撮影）

なく，ホワイトの生産にも都合がよい（写真 3-6）．ペルーのアスパラガス生産はグリーンとホワイトがほぼ半々とバランスがとれた構成となっており，そのことも国際的な競争力を高める結果となっている（元木ら 2008）．

4. ペルーにおけるアスパラガスの生産拡大の背景

　南アメリカ各国では，1980 年頃から輸出用の換金作物として，新たな生鮮農産物の輸出品目の開発が試みられてきた（清水 2007）．ペルーでも，それまで主要な輸出農産物であった綿花やサトウキビに代わり，アスパラガス（世界第

写真 3-4 ペルーにおけるアスパラガスの点滴灌漑システム（②③は元木撮影，④は渡辺撮影，ほかはいずれも鵜川良一撮影）
整地された海岸砂漠に数 km にわたって点滴チューブが敷設される（①②③）．灌漑を管理するポンプ室では，ポンプの稼働時間やバルブの開け閉めによって水の量を調整する．自動で液肥も加えることができる（④）．海岸砂漠の農業地帯には，かん水用の貯水池（⑤）および点滴灌漑装置（⑥）が散在し，無線による遠隔操作で点滴灌漑のポンプやバルブを調整する．

2位，2007 年 FAOSTAT Data.，以下，出典は同じ）のほか，パプリカ（トウガラシを含む，世界第 3 位），アーティチョーク（世界第 3 位），ソラマメ（世界

区画

1
2
3
4
5
6
7
・
・

図 3-5　ペルーにおけるアスパラガスの周年生産体系のイメージ図
　　　　渡辺作図，竹内一部加筆．

写真 3-5　ペルーの大規模生産農場におけるグリーンの収穫風景（ペルーIca，左は元木撮影，右は渡辺撮影）
　　　　　収穫期を逃さないために人海戦術を用いる（右）．

第8位），リョウリバナナ（世界第6位），アボカド（世界第9位，写真3-7），マンゴー，ブドウなど，さまざまな野菜や果物の生産や輸出が試みられている．そのうち，アスパラガス，パプリカ，アボカドおよびマンゴーの4品目は，ペルーにおける戦略的な輸出用の換金作物として，生産が増加している．2009年現在，ペルーは世界最大の生鮮アスパラガスの輸出国であるが，アボカドの世界最大の輸出国でもある．アボカドは，オランダおよびスペインを中心に，イギリスやフランスなどのヨーロッパに向けて輸出される．ちなみに，アボカド

の世界最大の輸入国は，アスパラガスと同様，アメリカであるが，2011年現在，そのほとんどをメキシコから輸入している．また，ペルーは，ブラジル，アルゼンチン，チリに次ぐ南アメリカ第4位の農産物輸出国であり，近年，その地位は向上している．

ところで，ペルー北西部の海岸地域にホワイトが導入されたのは1950年代であるが（清水 2006, 2007），ペルーにおける企業的なアスパラガス生産は，1985年にアメリカのベンソン博士（当時カリフォルニア州立大教授）がペルーを訪れたことから始まる．当時，ペルーに導入された品種は「メリーワシントン500W」（以下，MW500W）であっ

写真 3-6　ペルーにおけるホワイトの収穫風景（Andres Casas 撮影）

た．1990年代前半に「UC157」が試作栽培され，ペルーの気象条件に適応したことから，1990年代後半からは本格的に導入された．天然の温室と呼ばれるアスパラガス栽培に適した気候と土壌（砂壌土），そして安価で豊富な労働力が，アスパラガスの生産拡大を促した．年間を通じて寒暖の差が小さいため（図3-4），季節を問わずにアスパラガスが栽培でき，水さえあれば年1.5〜2作の収穫が可能である（図3-6）．水資源の確保については，政府が水路の整備を行い（写真3-8），企業に農地を売却してきた．最近では，自社で井戸を掘り，さらに安く土地を入手する企業もある．

また，同時に整備されたコールドチェーン（低温を保持したままの物流シス

写真 3-7　輸出用のアボカドの大規模生産農場（ペルーTrujillo，いずれも元木撮影）

第3章 急速に拡大するペルーのアスパラガス生産　31

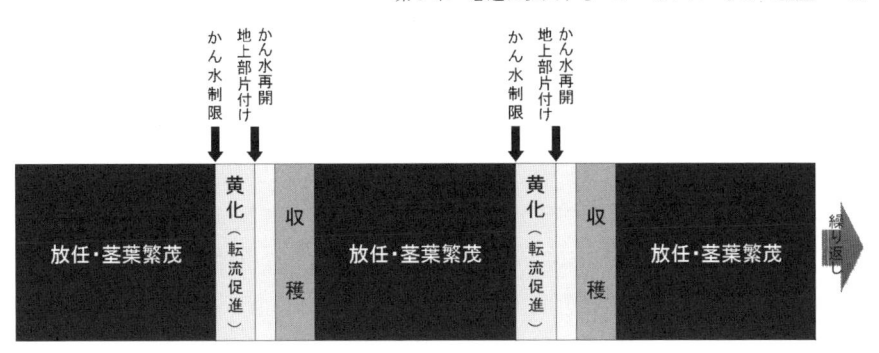

図3-6 ペルーにおける年1.5〜2作のアスパラガス栽培体系のイメージ図
視察資料と聞き取りにより渡辺作図.

写真 3-8 砂漠を貫く用水路とかん水用の貯水池（①はペルーIca，鵜川良一撮影，ほかはペルーTrujillo，⑤のみ渡辺撮影，ほかはいずれも元木撮影）

テム）により，生鮮の状態を保ったまま数千キロメートルも離れた他国への輸送が可能となった．近年は，収穫・調製後に1日程度予冷（室温1〜2℃，湿度90％以上）したあと，航空便（2008年現在，ペルーにおけるアスパラガスの輸出の71％を占める）や船便を使って輸出される．2009年現在，アスパラガスは

生鮮の状態を保ったまま，ヨーロッパなどの主要国でも，航空便であれば 38 時間以内に到着するように出荷が可能である．さらに，ペルーでは，北半球のアスパラガス産地では収穫できない秋から冬にかけて栽培することにより，アスパラガス生産が拡大している．

ペルーの農業系企業は，経済自由化によって土地や資本が調達しやすくなったことを受けて，土壌や気候，労働力などの生産面の優位性もあることから，野菜や果物の生鮮輸出に特化して農業に参入してきた（清水 2007）．そのため，アスパラガス生産において，ペルーの優位性は当面続くと予測されるが，将来的には水供給の安定性や改植，塩類集積などが課題となると考えられる．

5．ペルーにおけるアスパラガス生産の現状

視察先（表 3-1）である Camposol 社（Trujillo）と Agrokasa 社（正式名称は Sociedad Agricola Drokasa SA, Ica），Agricola Chapi 社（Ica）の事例を紹介しながら，ペルーにおけるアスパラガス生産の現状を見ていくことにする．

表 3-1　ペルーにおける視察先の企業情報（2009，ペルー）

Camposol 社（Trujillo）	
品目名	栽培面積 (ha)
アスパラガス	2,800
アボカド	2,000
マンダリン	800
（新規圃場）	800
マンゴー	500
パプリカ	500
ブドウ	100
合計	7,500

Agricola Chapi 社（Ica）	
品目名	栽培面積 (ha)
アスパラガス	498
アボカド	108
ブドウ	108
合計	714

Agrokasa 社（Ica）		
農場名	品目名	栽培面積 (ha)
サンタ・リタ	アスパラガス	73
	ブドウ	97
	（新規圃場）	25
ラ・カタリナ	アスパラガス	796
	ブドウ	287
	アボカド	26
	（新規圃場）	545
ラス・メルセデス	アスパラガス	873
	アボカド	464
	（新規圃場）	1,276
	合計	4,462

IAS のプレおよびポストツアーの視察資料と聞き取りにより元木および渡辺作表．

ペルーにおける2009年のアスパラガスの栽培品種の構成は，休眠が比較的浅い「UC157」が約80%，「Atlas」や「Cipres」など，そのほかの品種が約20%であり，アメリカ西海岸育成の品種が栽培のほとんどを占める．栽植密度はうね幅180〜200cm×株間20〜25cm程度であり，区画ごとに1年間に1.5〜2作の収穫を行うのが一般的である（図3-5，図3-6）．収穫はすべて手作業で行われ（写真3-5，写真3-6），グリーンでは，労働者1名当たり，1日に1ha程度の収穫を行う．若茎の穂先が開かないように，同じ圃場を1日に朝昼夕の3回程度巡回して収穫するのが一般的である．若茎長が28cm程度で収穫を行い，農場からそのまま加工施設に若茎を持ち込む．加工施設でも収穫作業と同様，基本

写真 3-9　アスパラガスの加工施設への搬入と工場内の選別作業（①〜③はペルーTrujillo，いずれも元木撮影，④〜⑧はペルーIca，いずれも渡辺撮影，⑨はペルーLima，鵜川良一撮影）
　収穫されたアスパラガス（①）は圃場内に仮設した日除けに集められ（②），劣化を防ぐために1時間以内に加工施設まで運ばれる（Camposol社，③）．加工施設では，基本的に人海戦術で収穫物の選別や結束などを行っている（Agricola Chapi社，④⑤）．パッキングハウスで出荷調製されたアスパラガスは，1〜2℃の冷蔵庫で保存され，出荷を待つ（Agricola Chapi社，⑥）．⑦〜⑨はペルーにおけるアスパラガスの製品の事例．

的に人海戦術で収穫物の選別や結束などを行っている（写真3-9）.

　視察先の一つである Camposol 社では，長さや太さ，色，先端の締まり具合，曲がり，傷の有無などにより 22 種類の規格に選別を行い，輸出の相手先によって長さや太さも変えている．若茎の先端から 24〜25cm 長にカットしたグリーンのうち，最も太いものが日本向け，それに次ぐ太さで収穫割合が最も多いものがアメリカ向け，そのほかの細いものがイギリス向けや加工原料となる．日本における太ものの市場ニーズ（元木ら 2008）を受けて，日本向けに特化した太もの品種として「Atlas」（Motoki ら 2008）の作付けが増えているという．処理されたアスパラガスは，1〜2℃の冷蔵庫で保存され，収穫した日の夜には冷蔵トラックでリマの国際空港に運ばれる．そして収穫の翌日にはアメリカやヨーロッパの空港に到着し，そこから冷蔵トラックで各地に配送される（清水 2007）．

　アスパラガスの農場はいずれも大規模であり，点滴チューブによる灌漑が行われている．完熟堆肥の投入により土づくりがしっかりできている圃場では，地表面から 120〜150cm の深さまで水分が到達しており，貯蔵根も水分のある場所まで伸びている（写真 3-10）．訪問先の一つであり，アスパラガス貯蔵根を見せていただいた Agrokasa 社ラ・カタリナ農場（表 3-1）の 11 年株の圃場では，地表面から 30〜60cm 程度の深さに貯蔵根が多く，60cm の深さまでに貯蔵根の 70%程度が分布していた．

　ペルーは温暖で乾燥した気候であり，降水量が少ないことから，日本で問題となっている茎枯病や斑点病などの病害の発生は極めて少ない．また，点滴かん水による水は作物の根だけに届くため，うね間やあぜに雑草が育ちにくく，除草のための労働力も少なくてすみ，除草剤も必要ない．一方，害虫はアザミウマ類を中心に被害が多い．害虫対策として，3 種類（光，色およびフェロモン）の害虫誘引法により捕殺するとともに（写真 3-11），カゲロウ類など 2〜3 種類の天敵を放飼することにより害虫をコントロールしている（写真 3-12）．

　Agrokasa 社では株の年生が 10 年を超える古い圃場が多く（写真 3-13），最も古いサンタ・リタ農場（表 3-1）における 10a 当たりの平均単収は 0.6〜0.7t 程度とやや少ないが，Agrokasa 社が所有する農場のなかには平均単収が 2.2t 程度の圃場もあるという．ちなみに，ペルー全体の 10a 当たりの平均単収は 1〜1.2t

第3章　急速に拡大するペルーのアスパラガス生産　35

写真 3-10　砂漠における土づくりと点滴灌漑システムでの根張りの状態（①はペルーTrujillo, ほかはペルーIca, ④⑤は渡辺撮影，ほかはいずれも元木撮影）
完熟堆肥（①）の投入により土づくりができている圃場では，深さ120〜150cm程度まで水分が到達しており（②③），貯蔵根も水分のある場所まで伸びている（④⑤）．

程度であり（図 3-2），ペルーのアスパラガス栽培の技術レベルは高い．

36 第3章 急速に拡大するペルーのアスパラガス生産

写真 3-11 農場の至るところに設置されているフェロモントラップ（ペルーIca，いずれも元木撮影）

写真 3-12 天敵昆虫飼育室（左）と天敵のカゲロウ類（ペルーIca，いずれも元木撮影）

写真 3-13 改植間近のアスパラガスの 14 年株の圃場（ペルーIca，Agrokasa 社サンタ・リタ農場，いずれも元木撮影）

6. 強い国際競争力で欧米各国に輸出

　ペルーのアスパラガス栽培は，導入当初からアメリカを始めとする世界各国への輸出を念頭に行われてきた．ペルーのアスパラガスの輸出は，大きく二つに分けられる．一つは生鮮市場向けのグリーンであり，その 7 割以上がアメリ

カ向けである．もう一つはホワイトであり，生食のほか，缶詰や冷凍などに加工されてスペインやオランダなどのヨーロッパ諸国に輸出される．

1990年代半ばまでは缶詰がペルーにおけるアスパラガスの輸出の大半を占めていたが，1990年に3千t程度であった生鮮輸出量は，2000年頃から急速に増加し，2007年には約9万6千tに達し，さらに増加傾向が続いている（図3-7）．ペルーのアスパラガスは，一年を通してある程度の品質を維持して出荷できることと，あらゆるマーケットに対応できることから国際競争力が非常に高いと

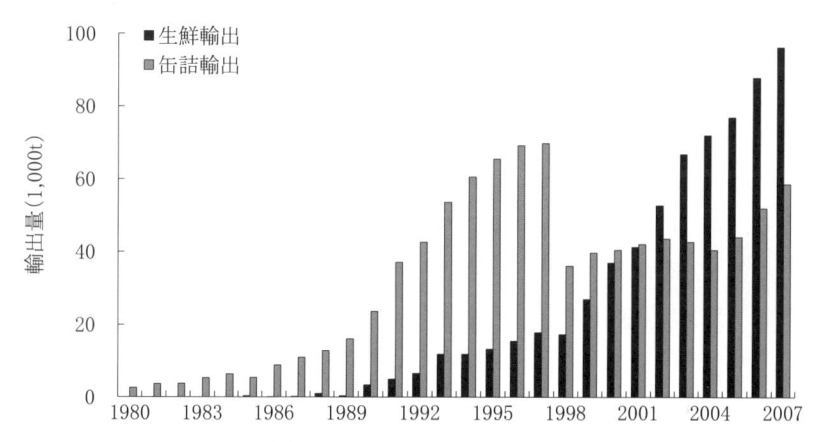

図3-7 ペルーにおける生鮮および缶詰アスパラガスの輸出の推移（1980-2007）
FAOSTAT Data.および清水（2007）のデータから元木作図．

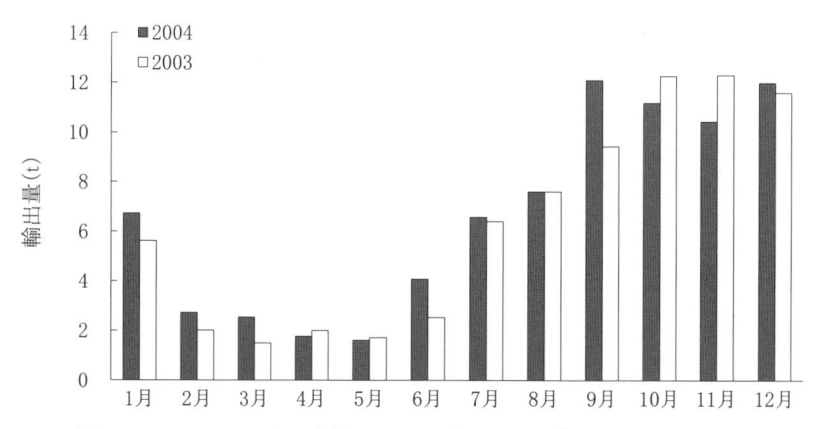

図3-8 ペルーにおける生鮮アスパラガスの月別輸出量（2003-2004）
Behr（2005）の報告から前田作図．

言える．時期ごとの輸出量の変動については，主要輸出相手国であるアメリカのオフシーズンに当たる6～1月にかけて多く，とくに北半球の生産が難しい9～12月が最も多い（図3-8）．

7. 日本もターゲットに，今後の動きに注目

　世界には，ペルーのように一年中同じ品質を維持して生産を行える国は，タイやフィリピンなど東南アジアの一部の国を除いてほとんどなく（第1章），アスパラガスの輸出市場においてペルーが今後も優位であることは間違いない．2009年現在，ペルーから日本へのアスパラガスの輸出量は年間1,000t弱であるが，今後は日本の端境期に当たる11～2月頃を皮切りに，日本や中国などのアジア市場をターゲットにしてくる可能性が高い．

　ただし，長期的な視点から判断すると，次のような問題も考えられる．ペルーはセルバ（熱帯雨林地域）やシエラが国土のほとんどを占めるが，アスパラガスの大規模栽培が行われているコスタは海岸砂漠である．そのため，アスパラガスの栽培圃場には灌漑設備を整える必要があることから，アスパラガスの栽培に適する農地には限りがある．また，ペルーにおけるアスパラガス生産は，高い収量を誇る反面，休眠が不十分で株にかかる負担が大きいことから，株の経済寿命は通常の露地栽培に比べて短くなると予想される．さらに，ペルーでは，この先多くの圃場で改植期を迎えるが，その際にアレロパシーや病害虫の集積などの改植問題が顕在化する可能性がある（元木ら 2008）．それらの問題に対し，ペルーがどう対処していくかという点も踏まえながら，世界第1位の生鮮アスパラガスの輸出国であるペルーの今後の動きに注目していきたい．

8. 謝辞

　ペルーで開催された第12回IAS（元木ら 2010）に参加するに当たり，日本貿易振興機構アジア経済研究所の清水達也氏に「ペルーにおけるアスパラガス産業の発展」と題して小集会でご講演いただくとともに，ペルーにおけるアスパラガス生産の最新情報をご提供いただいた．ここに記して謝意を表したい．

第 4 章 ペルーとの国際競争を終えて，南アメリカのアスパラガス生産

1. はじめに

2009年10月29日～11月1日に開催された第12回IAS（元木ら 2010；第3章）に合わせて，ペルー，パラグアイ共和国（以下，パラグアイ，人口646万人，2010年 United Nations），ブラジル（人口1億9,495万人，2010年 United Nations）およびアルゼンチン共和国（以下，アルゼンチン，人口4,041万人，2010年 United Nations）の農産物市場や農場などを訪問する機会を得た（表4-1，図4-1）．

本章では，訪問先で入手した情報（元木 2010）などをもとに，パラグアイおよびアルゼンチンの農業生産とアスパラガス栽培の現状を中心に，南アメリカのアスパラガス生産の概要を紹介する．

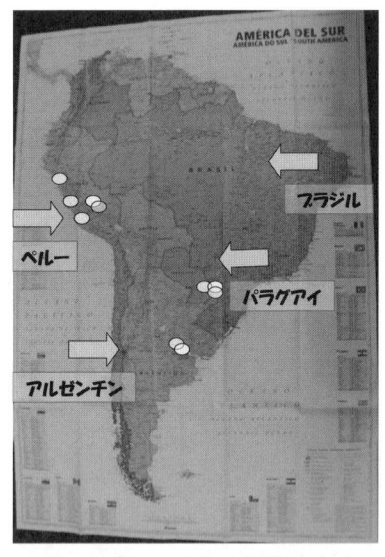

図 4-1 南アメリカの訪問国（→）と訪問先（●）（2009）
購入した地図に元木加筆．

表 4-1 南アメリカの訪問国の面積，人口および人口密度

	面積 千ha	調査年	順位	人口 千人	調査年	順位	人口密度 人/km^2
ブラジル	845,942	2005	5	194,946	2010	5	23
アルゼンチン	273,669	2005	8	40,412	2010	33	15
ペルー	128,000	2005	9	29,077	2010	42	23
パラグアイ	39,730	2005	58	6,455	2010	101	16
（参考）日本	36,450	2005	60	126,536	2010	10	335

食料の世界地図（大賀 2009）から元木作表．人口は United Nations（2011）から最新データを加筆した．

2. 南アメリカにおけるアスパラガスの生産拡大の背景

近年，南アメリカ各国では新たな農産物輸出を開発しようという試みが行われている（清水 2007）．生鮮野菜や果物，その加工品などの輸出農産物を多様化することにより伝統的農産物（写真 4-1）への依存を減らすことが狙いである．南アメリカ各国では，1980年頃から輸出用の換金作物として，新たな生鮮農産物の輸出品目の開発が試みられてきた（表4-2）．その多くは地場の企業が主導しており，政府もさまざまな奨励措置をとっている（清水 2007）．そのような新たな農産物輸出の例として，1980年代のチリ共和国（以下，チリ，人口1,680万人，2008年世銀）の果物に始まり，同国のワイン，南アメリカ各国におけるアメリカ向けの生鮮野菜や果物，コロンビア共和国およびエクアドル共和国の切り花などをあげることができる（清水 2007）．

世界最大の生鮮アスパラガスの輸出国であるペルーでも，1980年代まで主要な輸出農産物であった綿花やサトウキビに代わり，アスパラガス（世界第2位，2007年 FAOSTAT Data.，以下，出典は同じ）のほか，トウガラシ・ピーマン（世

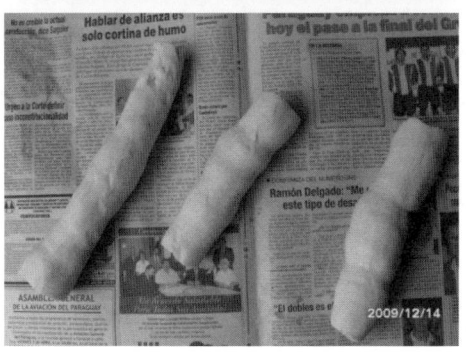

写真 4-1 南アメリカの熱帯地域の重要な食材であるキャッサバ（星川英里撮影）
キャッサバは熱帯低木で，マニオクやマジョルカ，ユカなどとも呼ばれる．芋はタピオカの原料となる．作付面積当たりのデンプン質の生産効率が高く，熱帯地域の貴重な栄養源である（山本 2007）．

表 4-2　南アメリカ訪問国の農業生産における世界 10 位以内の品目（2007）

順位	ブラジル	アルゼンチン	ペルー	パラグアイ
1	サトウキビ			
1	コーヒー豆			
1	パパイヤ			
1	乾燥豆			
1	オレンジ			
1	マテ茶			
2	ダイズ	2 天然ハチミツ	2 ルピナス	
2	タバコ	2 マテ茶	2 アスパラガス	
2	ライコムギ			
2	牛肉			
2	トウガラシ・ピーマン			
2	パイナップル			
3	鶏肉	3 レモン・ライム	3 トウガラシ・ピーマン	3 マテ茶
3	バナナ	3 ダイズ	3 アーティチョーク	
3	ヒマシ油種子	3 ヒマワリ種子		
3	ミカン			
3	鳥の卵（other）			
4	綿実（seed）	4 牛肉		
4	ココナッツ	4 ベニバナ種子		
4	スイカ	4 馬肉		
4	レモンとライム	4 アーティチョーク		
4	カキ	4 セイヨウナシ		
4	トウモロコシ			
4	ソバ			
4	カイコの繭			

界第 3 位）やアーティチョーク（世界第 3 位），ソラマメ（世界第 8 位），リョウリバナナ（世界第 6 位），アボカド（世界第 8 位），マンゴー，ブドウなど，さまざまな野菜や果物の栽培が試みられている（表 4-2；第 3 章）。一方，ペルー以外の訪問国の主要農産物としては，野菜では，ブラジルがトウガラシ・ピーマン（世界第 2 位）やスイカ（世界第 4 位），トマト（世界第 8 位），タマネギ（世界第 9 位），メロン（カンタロープを含む，世界第 10 位）など，アルゼンチンがアーティチョーク（世界第 4 位）やサヤインゲン（世界第 9 位），ニンニク（世界第 9 位）などの生産が多い（表 4-2）．また，果物では，ブラジルがパパイヤやオレンジ（いずれも世界第 1 位），パイナップル（世界第 2 位），バナナ，ミカン（以上，世界第 3 位），レモンとライム，カキ（以上，世界第 4 位），アボカド，マンゴスチン（以上，世界第 7 位），イチジク（世界第 9 位）など，アルゼンチンがレモンとライム（世界第 3 位）やセイヨウナシ（世界第 4 位），ブドウ，グレープフルーツ（以上，世界第 8 位），リンゴ，モモとネク

第4章 ペルーとの国際競争を終えて，南アメリカのアスパラガス生産　43

5 キャッサバ 5 Other bastfibres 5 ココア豆 5 綿毛（lint） 5 七面鳥の肉	5 トウモロコシ 5 タバコ		
6 カシューナッツ 6 アブラヤシの実 6 牛乳	6 羊毛	6 トウモロコシ 6 リョウリバナナ 6 根と塊茎（nes） 6 マメ科野菜（nes）	6 ヒマシ油種子
7 アボカド 7 鶏卵 7 マンゴスチン	7 コムギ 7 ラッカセイ		
8 熱帯果物（nes） 8 豚肉 8 トマト 8 エン麦	8 ブドウ 8 グレープフルーツ	8 アボカド 8 エンドウ 8 ソラマメ	8 ゴマ
9 ジュート 9 タマネギ 9 イチジク	9 サヤインゲン 9 アマ種子 9 ニンニク 9 茶	9 コーヒー豆	
10 コメ 10 メロン（含カンタロープ） 10 ヤシ油 10 野菜（nes） 10 馬肉	10 リンゴ 10 乾燥豆 10 エン麦 10 モモとネクタリン 10 鹿肉		

▨：野菜類，■：果物類，■：2か国以上にまたがる作物．
FAOSTAT Data.から元木作表．

タリン（以上，世界第10位）などの生産が多く（表4-2），野菜や果物の栽培は多品目にわたる（写真3-7，写真4-2）．また，南アメリカでは，飼料となるトウモロコシやダイズかすなどの供給が十分にあることから，近年では畜産も盛んに行われ，世界的にも生産量，消費量および輸出量が上位10位以内に入るまでに成長している（表4-2，写真4-3）．

ところで，アスパラガスの「UC157」の育成者であるアメリカのベンソン博士は，IASにおいて世界各国のアスパラガス生産状況を調べている（Benson 2002a, 2008, 2012）．ベンソン博士によれば，1997年において，アスパラガスの生産面積が最も大きかったのは中国であり，次いでアメリカ，スペイン，ペルー，フランス，ドイツ，メキシコが続き，日本は世界第8位であった．1997年以降，ペルー，メキシコおよびドイツではアスパラガスの生産面積は拡大しつつあるが，それに相まってアメリカの生産面積は急速に減少しつつあり，スペインやフランスでも減少傾向にある．2009年における世界のアスパラガスの生産面積は中国が5万7千haで世界第1位であり，次いでペルー，ドイツ，メ

44　第 4 章　ペルーとの国際競争を終えて，南アメリカのアスパラガス生産

写真 4-2　南アメリカにおける園芸生産（①〜③は星川英里撮影，ほかはいずれも元木撮影）
リョウリバナナ（①〜③）は熱帯で広く栽培され，蒸し焼きやフライにする．パパイヤやブドウ（④⑤），アボカド（⑥および写真 3-7）などの果物の生産も多い．

キシコ，アメリカ，スペイン，フランス，日本（第 8 位，6,500ha）と続いている（図 1-1；第 1 章）．そのほか，2011 年現在，アスパラガスの生産面積が増加傾向にあるのはタイやインドネシアなどであり，逆にチリやオーストラリア，南アフリカ，ニュージーランド，フィリピンなどでは減少傾向にある．世界最大の生鮮アスパラガス輸出国であるペルー（元木ら 2010，第 3 章）を除く南アメリカ各国におけるアスパラガス生産は，ペルーとの国際競争を終えて，近年はそれぞれの国独自の生産振興が図られている．例えば，アルゼンチンにおけるアスパラガスの生産量は，1992 年の 8,700t（生産面積は 3,200ha）がピークであり（図 4-2），ペルーとの国際競争に敗れたあとは，2005 年の 3,800t（同 1,150ha）まで減少した（Castagnino ら 2012）．訪問先の一つである国際協力事

写真 4-3　南アメリカの畜産（⑥は星川英里撮影，ほかはいずれも元木撮影）
　　　　　南アメリカでは畜産も盛んであり，牛（①），豚（②），鶏（③④），馬などの糞尿は，腐熟堆肥として農産物生産に利用される（写真 3-10 の①）．ほかにも鹿や七面鳥，トカゲなどの肉もよく食べられている（⑤〜⑦）．

業団（以下，JICA）アルゼンチン事務所（2011 年 4 月より駐在員事務所）の情報によると，アルゼンチンにおける 2008 年のアスパラガスの生産量は 3,700t（同 1,300ha）であり，1990 年代後半からは 1,000〜1,300ha 程度の栽培面積を維持している．

　また，アンデス山脈を挟んだ隣国のチリにおいても，1991 年のアスパラガスの生産量は世界第 10 位（同年のペルーは世界第 4 位）であったが（表 1-2；第 1 章），アルゼンチンと同様，ペルーとの国際競争に敗れたあとは，1990 年代後半から減少した．しかし，チリのアスパラガス生産は，ペルー同様，海岸砂漠を利用した大規模灌漑栽培により，2006 年には再び世界第 10 位（同年のペルーは世界第 2 位）まで回復している（表 1-2；第 1 章）．1990 年代にはブラジル

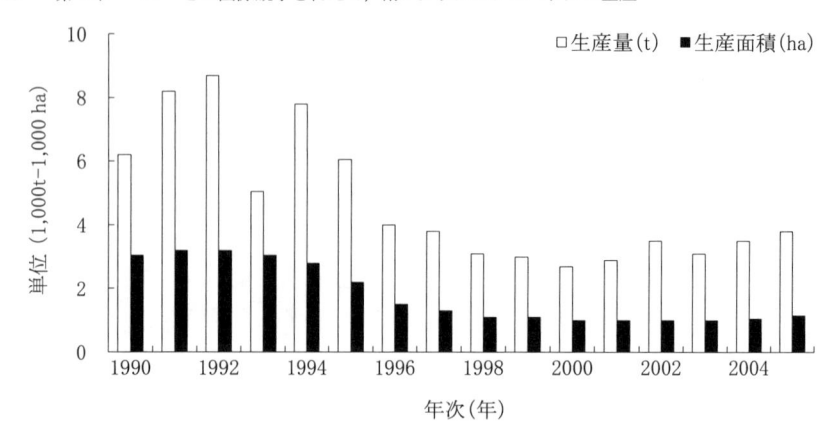

図 4-2 アルゼンチンにおけるアスパラガスの生産量と栽培面積の推移（1990-2005）Castagnino ら（2012）のデータから元木作図．

においてもアスパラガスの産地が存在していたが，2011 年現在，消滅している．1990 年代当時は，南アメリカのいずれの国においても，アスパラガスは輸出用の換金作物としての位置付けで栽培され，そのほとんどがアメリカに向けて輸出されていた．

2011 年現在，南アメリカには，世界最大の生鮮アスパラガスの輸出国であるペルー（元木ら 2010，第 3 章）という一大生産地があるため，アルゼンチンやチリなど近隣諸国ではペルーと類似した気象条件の地域を有しているが，アスパラガス生産の急速な拡大は難しいと考える．しかし，「南米のパリ」と称され，アスパラガスの消費量が多いアルゼンチンの首都のブエノスアイレス（人口 303 万人，都市圏人口は 1,297 万人）の存在や，近年の経済発展が著しい新興国のブラジルなどにおいて，今後アスパラガスの需要が増える可能性があり，将来的に南アメリカ全体のアスパラガスの生産拡大に繋がることも考えられる．そのような点も考慮しながら，ペルーを含めた南アメリカ各国のアスパラガス生産における今後の動きに注目していきたい．

3．パラグアイの農業とアスパラガス生産の現状

パラグアイ西部のアルトパラナ県イグアス市（人口 8,800 人，うち日系人口

930人)を訪問した(図4-3).イグアス市は,世界最大の水力発電所であるイタイプー発電所で栄え,パラグアイ第2の都市に発展したシウダー・デル・エステ市(人口32万人)からも42kmと近い.シウダー・デル・エステ市は中国系(おもに台湾系)移民が多く,フリーポートであることから「南米の香港」とも呼ばれ,隣国のブラジルやアルゼンチンなどからの多くの買い物客で賑わっている(写真4-4).イグアス移住地への日本人の入植は1961年に始まり,イグアス市には2007年現在,200世帯930人ほどの日系人が暮らしている(パラグアイ日本人会連合会編 2007).訪問後の2011年には,パラグアイの独立200周年とともに,イグアス市への日本人入植50周年を迎えた.

　パラグアイの産業の中心は農業である.パラグアイはアメリカ,ブラジル,アルゼンチンに次ぐ世界第4位のダイズ輸出国であり,その生産量は世界第6

図4-3　パラグアイにおけるイグアス市の位置
イグアス農協提供の資料に元木加筆.

写真4-4　パラグアイ第2の都市であるシウダー・デル・エステ市(いずれも元木撮影)

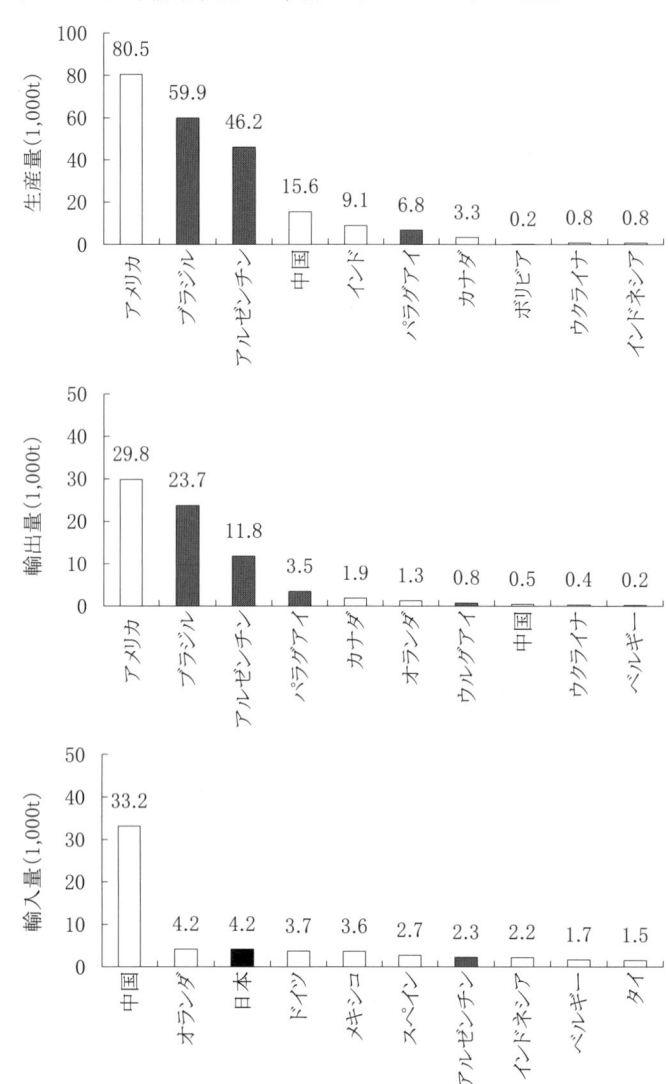

48　第4章　ペルーとの国際競争を終えて，南アメリカのアスパラガス生産

図4-4　ダイズの生産量，輸出量および輸入量上位10か国（2007-2008）
FAOSTAT Data.から元木作図.

位である（図4-4）．パラグアイの輸出品目はダイズのほか，コムギと畜産がおもである．特にダイズは，隣国のブラジルやアルゼンチンなどと合わせて世界最大の生産地を形成し，CARGILL社やBUNGE社などの世界的な穀物メジャー

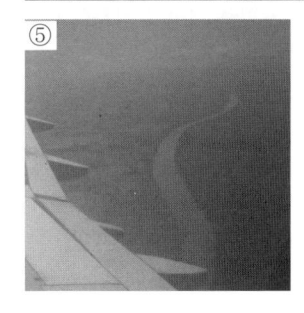

写真 4-5　パラグアイにおけるダイズの大規模栽培（いずれも元木撮影）
地平線まで広がるダイズ畑（①②，パラグアイ Distrito Yguazú）．穀物メジャーのダイズ集荷場（③：CARGILL 社，④：BUNGE 社，いずれもパラグアイ Ciudad del Este）．アルゼンチンとの国境のパラナ川を挟んで，写真左側のパラグアイ側には大規模農場が広がり，写真右側のアルゼンチン側には熱帯雨林（セルバ）が広がる（⑤）．

による大規模栽培も行われている（写真 4-5）．イグアス市に暮らす日系の農業者は，「イグアス農業協同組合」（以下，イグアス農協，組合員 95 名，2009 年）を構成している．

　食品の安全性が問われるなか，イグアス農協では JICA のパラグアイ農業総合試験場（Cetapar）の協力を得て，パラグアイ初の国産ダイズ品種である「Aurora」を開発した．本品種は非遺伝子組換えの食品用ダイズであり，イグアス農協が栽培し（写真 4-6），日本にも輸出されている（パラグアイ日本人会連合会編 2007）．

　パラグアイのアスパラガス栽培は，最初にパラグアイにアスパラガスを導入した生産者が本州寒冷地の長野県野菜花き試験場で元木から技術習得したことから，日本の本州寒冷地に準じた栽培技術（うね幅 150〜180cm×株間 30cm 程度，元木 2003）で行われている（写真 4-7）．しかし，亜熱帯地域特有の高温多湿に加え，雨期と乾期の存在や，害虫の発生などの課題も多く（写真 4-8），パラグアイの気象条件に対応したアスパラガスの栽培技術の再構築が成功のカギを握る．また，パラグアイは経済的に貧しい国家であるため，園芸作物の国

写真 4-6 パラグアイにおける大型機械による大規模なダイズ生産（パラグアイ Distrito Yguazú，いずれも星川英里撮影）
トウモロコシの後作としてのダイズ播種（上左）とその収穫作業（上右および下左）．

内消費は少なく，野菜のなかでも高級品目であるアスパラガスの販売先は限られる．2011年現在，イグアス産のアスパラガスは，イグアス市内にある日系スーパーマーケット（写真 4-9）や前述のシウダー・デル・エステ市などで，日系や中国系，アラブ系移住者などを対象に販売されている．

パラグアイでは，日本からの移住者を中心に，日本の栽培技術（元木 2003）に準じてアスパラガス栽培を試みているものの，東南アジアなどと同様，熱帯および亜熱帯地域特有の休眠性の問題（元木ら 2008）など，日本とは異なる問題を抱えている．パラグアイにおいても，ペルーの成功例（元木ら 2010, 第3章）に見られるような独自の新しい栽培技術の再構築が必要である．今回の南アメリカ訪問では，ブラジルやアルゼンチンの熱帯および亜熱帯地域も視察させていただいたが，それらの地域でアスパラガスの栽培を続けるには，高温多湿の気象条件に加えて乾期と雨期が存在することから，アスパラガスの生理生態に合わせた新しい栽培技術の開発が必要となる．

写真 4-7　パラグアイにおけるアスパラガス栽培（パラグアイ Distrito Yguazú，①②は星川英里撮影，ほかはいずれも元木撮影）
かん水チューブを設置した定植後の株の様子（①②）．アスパラガス圃場の土壌 pH 値は 5.96．2 年株の雨除け栽培（③）と露地栽培（④）．トウモロコシの皮などを利用したうね上被覆も見られる（⑤）．

4. アルゼンチンの農業とアスパラガス生産の現状

アルゼンチンでは，温帯（湿潤パンパ）のブエノスアイレス州および亜熱帯地域の熱帯雨林（セルバ）が広がるミシオネス州を訪問した．アルゼンチンの主要輸出品目はコムギやトウモロコシ，牛肉，ワインなどの農産物に加え，パタゴニアの石油である．近年は天然ガスなどの地下資源や風力などの自然エネルギーも有望視されている．アルゼンチンにおける園芸品目の生産量の上位はタマネギおよびニンニクで，野菜や果物などの園芸作物の栽培（写真 4-10）や畜産も盛んであり（表 4-2），アルゼンチンの食糧自給率は 93％と高い（写真 4-11）．

アルゼンチンのアスパラガス生産は，2009 年現在，栽培面積が 1,300ha，生産量が 3,700t である．生産地のうち，アンデス山脈東麓の温暖で乾燥したサン

写真 4-8　パラグアイ特有のアスパラガス栽培の課題（パラグアイ Distrito Yguazú，上 2 枚は元木撮影，下 2 枚は星川英里撮影）
改植期を迎えたアスパラガスの 10 年株の圃場（上左右）．パラグアイでは，温暖なため露地でも育苗が可能であるが，鳥やハキリアリの被害が大きく，囲いをして育苗する（下左）．雨期には茎枯病が発生する（下右）．

写真 4-9　イグアス市内の日系スーパーマーケット（パラグアイ Distrito Yguazú，元木撮影）

ファン州やメンドーサ州，トゥクマン州などでは，ペルーと同様（元木ら 2010，第 3 章），点滴灌漑システムが導入され，高品質な太もののアスパラガスが生産されている（写真 4-12）．一方，湿潤パンパのブエノスアイレス州やコルドバ州では，日本に準じた栽培技術で行われている（写真 4-13；元木 2003，元木

第 4 章　ペルーとの国際競争を終えて，南アメリカのアスパラガス生産　53

写真 4-10　アルゼンチンの中央卸売市場に入荷した野菜（アルゼンチン Buenos Aires，いずれも元木撮影）
アルゼンチンの中央卸売市場には，アルゼンチン全土から農作物が運ばれてくる（上左：アルゼンチンにおける生産額第 1 位および第 2 位のタマネギとニンニク，上中：生産量世界第 4 位のアーティチョーク，上右：Buenos Aires 産のアスパラガス）．隣国のブラジルからの輸入農産物も多く見られる（下左：パプリカ，下中：トマト，下右：アボカド）．

写真 4-11　都市圏人口 1,297 万人のブエノスアイレス市の食生活を支えるアルゼンチンの中央卸売市場（Mercado Central de Buenos Aires，アルゼンチン Buenos Aires，いずれも元木撮影）
総面積 540 万 m^2（東京大田市場は 40 万 1,925m^2）の広大な敷地のなかで，水産物や青果物，食肉などの生鮮食料品などが取り扱われる．

54　第4章　ペルーとの国際競争を終えて，南アメリカのアスパラガス生産

写真 4-12　アルゼンチン産のアスパラガス（アルゼンチン Buenos Aires，いずれも元木撮影）
アルゼンチン中央卸売市場に入荷した Mar del plata 産の最高級アスパラガス（①②）．Mar del plata では，砂地でペルーと同様の点滴灌漑システムで栽培される．以前はアメリカへ向けて輸出されていたが，2009 年現在，ほとんどがブエノスアイレス市内で消費される．ブエノスアイレス市街におけるアスパラガスの販売風景（④）．ブエノスアイレス市内では，San Juan 産のアスパラガスをよく見かけた（③⑤）．San Juan は，アルゼンチン産ワインで有名な Mendoza の北に位置し，チリやボリビアとの国境に近いアンデス山脈東麓の標高 1,000m の街である．乾燥気候であり，降水量が少なく，アスパラガスはペルーに準じた栽培方式（元木ら 2010，第 3 章）で生産される．

ら 2008）．

　視察させていただいたブエノスアイレス市近郊の青木農園の経営者は，岐阜県出身の日系一世のご夫婦である．1963 年に入植後，養鶏や花きなど，経営品目の試行錯誤を経て，2009 年現在，野菜専作農家（果樹を一部栽培）に落ち着いている．アスパラガスのほかにも，オオバやクウシンサイ，ニラ，ネギ，シュンギク，ハクサイなどの葉菜類，キュウリやトマトなどの果菜類，ダイコンなどの根菜類，カキやナシなどの果樹といった具合に，農産物の多品目複合経

写真 4-13 アルゼンチンの湿潤パンパ地域におけるアスパラガス栽培（アルゼンチン Buenos Aires の青木農園，いずれも元木撮影）
日本に準じた栽培技術（元木 2003，元木ら 2008）で行われている．

営を行っており（写真 4-14），契約栽培とアルゼンチンの中央卸売市場に併設される生産者市場（朝市）への直接販売（写真 4-15）で農産物のすべてが売れる．病害防除のための薬剤散布を行わない青木農園の野菜類は評価が高く，経営的に安定していることが伺えた．ブエノスアイレス近郊は温暖であるが，青木農園では温度確保による周年出荷のため，ハウス栽培も行っている．

青木農園のアスパラガス圃場では，オランダと同様（元木・前田 2007，第 2 章），馬ふんの腐熟堆肥を利用した土づくりを行っており，かん水チューブを利用した点滴かん水で栽培している（写真 4-13）．腐熟堆肥を十分に投入しているため，化学肥料の施肥も年 1 回だけである．また，ブエノスアイレス市近郊は雨天日数が月 3 回程度と降水量が極端に少ないため，病害の発生は少なく，薬剤散布を行わなくても問題はないという．青木農園のアスパラガス栽培は，日本の本州寒冷地に準じた栽培技術（うね幅 180cm×株間 25～30cm 程度；元木 2003）で行われている．

56　第4章　ペルーとの国際競争を終えて，南アメリカのアスパラガス生産

写真 4-14　青木農園の多品目複合経営（アルゼンチン Buenos Aires，いずれも元木撮影）
　　　　　左から順に，オオバ（上左），クウシンサイ（上中），ニラ（上右），キュウリ（中左），カキ（中中）．青木農園では，馬ふんの腐熟堆肥を利用した土づくりに力を入れており（中右），数品目の種子を自家採種する（下左）．

写真 4-15　アルゼンチンの中央卸売市場には，公設市場に加えて，直売の生産者市場が併設されている（アルゼンチン Buenos Aires，いずれも元木撮影）
　　　　　生産者市場では，必要な日に区画をレンタルし，自分で農産物の価格を決めて販売できる．税金がかからず，量り売りも可能である．

　2005年におけるアルゼンチンのアスパラガス生産は，アンデス山脈東麓のサンファン州と湿潤パンパのブエノスアイレス州の2州で国内生産の約80%を占

めており，その55%がアメリカに向けて輸出され，残りがアルゼンチン国内で消費される．品種は休眠が浅い「UC157」が全国的に使われているが，試作栽培の結果，イタリア育成品種の「Zeno」が有望であるとされ（Castagninoら 2012），現地実証試験も始まっている．アルゼンチンのアスパラガス生産は露地栽培が中心であるが，近年，ブエノスアイレス州のAZUI大学でハウス半促成栽培の試験（うね幅140cm×株間25～35cm）が始まり，作期拡大の検討も行われている（Castagninoら 2012）．

第 5 章　世界最大のアスパラガス輸入国，アメリカのアスパラガス生産の今後

1. はじめに

　アメリカは，1980年代までは中国に次いで世界第2位，年間約10万tのアスパラガスの生産量を誇っていたが，1990年代に入りスペイン，続いてペルーの台頭によりシェアを落とし，特に2000年代中頃から生産高も大きく減少させている（第1章）．一方，アスパラガスの消費量は増加の一途をたどっており，生産に対する輸入の比率が増している．また，西海岸には California Asparagus Seed and Transplants Inc.（以下，CAST社）というアスパラガス専門の種苗会社があり，長い間，世界のアスパラガス（特にグリーン）の種苗供給の相当部分を担ってきた．最近では東海岸の育種拠点から有望な全雄品種がリリースされた．本章では，米国農務省（United States Department of Agriculture，以下，USDA）が公表している，アメリカのアスパラガスに関する統計情報などから生産および消費の状況を紹介する．

2. アメリカにおけるアスパラガス生産と輸出入の現状

　アメリカのアスパラガス消費量は年間1人当たり500gであり（第1章），日本の350gに比べてやや多い．スーパーマーケットではホワイトも見られるが（写真5-1），生産の大半はグリーンである（第1章）．アメリカにおけるアスパラガスの生産量は長い間，年間10万t内外であり，その半分程度をカリフォルニア州，そのほかワシ

写真 5-1　市販されているアスパラガス（2004，アメリカ New York City，佐藤撮影）

第5章　世界最大のアスパラガス輸入国，アメリカのアスパラガス生産の今後　59

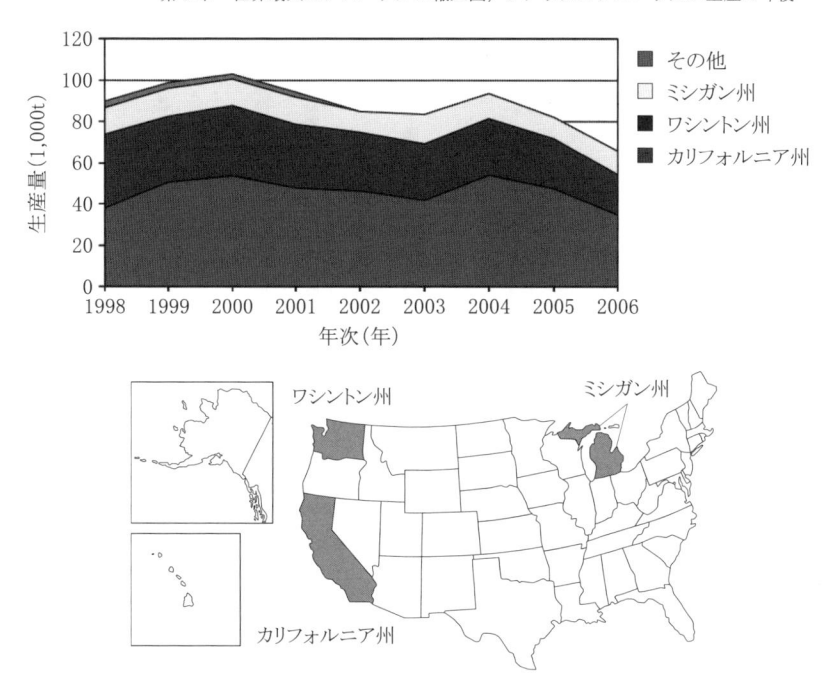

図 5-1　アメリカにおけるアスパラガスの生産量の推移（上）と位置
　　　　図 5-1 ～ 図 5-13 までいずれも，USDA Foreign Agricultural Service OGA/ISA/SCFB, The U.S. and World Situation: Fresh and Processed Asparagus. （2007 年 6 月）から佐藤が日本語に改変の上，引用．
　　　　出典：USDA　国立農業統計局．備考：青果ならびに加工用．

ントン州およびミシガン州が占めていたが，2000 年代に入り，いずれの産地も減少してきている（図 5-1）．生鮮アスパラガスの市場動向をみると，1997 年には輸入量に対して 2 倍以上の生産量があったが，2002 ～ 2004 年にかけて輸入量が追いつき，2005 年以降の生産量の減少とあいまって 2006 年には輸入量が生産量を大きく上回った（図 5-2）．一方，その期間の消費量は，輸入量とほぼ同じペースで増加を続けており（図 5-3），2006 年の輸入品の比率は 70% 程度であった（図 5-2）．輸出をみると，2001 年以降，生産の落ち込みの影響を受けて輸出量も減少しているが，輸出の比率はそれ以前に対して数 % 程度の低下であり，それほど大きな変化はない（図 5-4）．生産減少の原因は生産者価格である．年によってかなり大きな変動があるものの，全体的な単価は低下傾向であり（図 5-5），生産意欲の低下に結びついているものと考える．

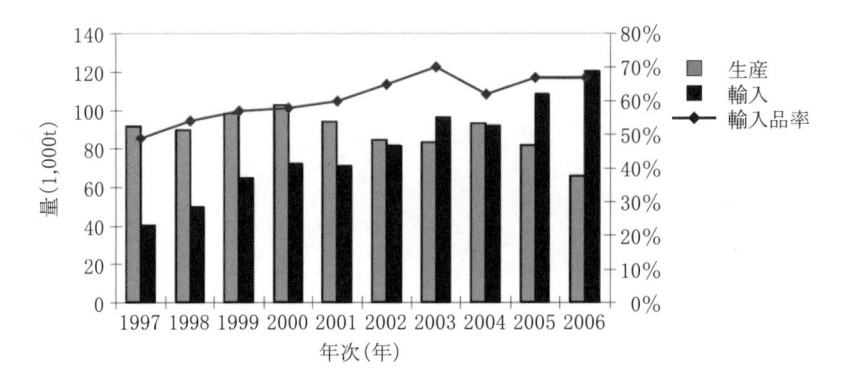

図 5-2　アメリカで消費されるアスパラガスに占める輸入品の推移
　　　　図 5-2, 図 5-3 ともに, 出典：USDA　国立農業統計局, 商務省　国勢調査局.

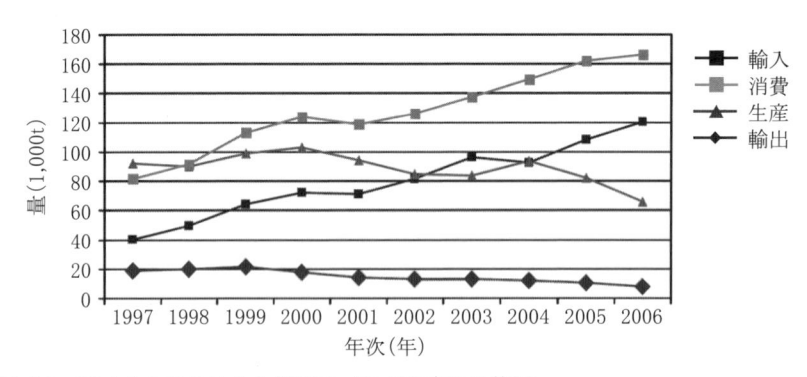

図 5-3　アメリカにおける生鮮アスパラガス市場の推移
　　　　備考：生産データは青果ならびに加工用を含む. 2006 年の消費は経済調査局
　　　　による予測値.

　輸出入の差である純貿易量については, 年を追うごとに直線的に輸入が超過している（図 5-6）. 2000 年の輸出量および輸出額が調査期間中, ピークとなっているのは（図 5-7）, 図 5-4 の生産量および図 5-5 の生産者価格から判断して, 豊作によるアメリカ産の価格低迷により, 輸出が増えた可能性が考えられる. その反動か, 翌 2001 年には収量が落ち込み, 価格が高騰して, 輸出が減少したものと思われる. それ以降は全体として減少傾向である. アメリカ産のアスパラガス生鮮品の輸出先は, 1997～2006 年まで隣国のカナダが年間 6,000t 前後で推移しており, ほとんど変化していない（図 5-8）. ワシントン州やミシガン州など, カナダと国境を接した北方の産地からは陸路で輸送できるため, ペルー

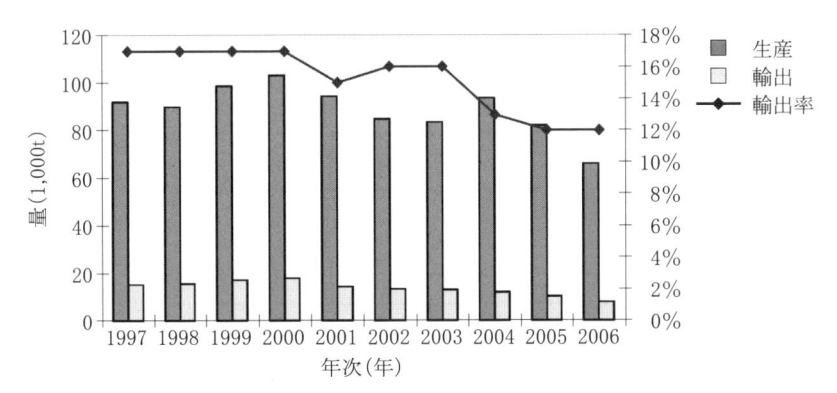

図5-4 輸出されたアメリカ産の生鮮アスパラガスの割合の推移
出典：USDA 国立農業統計局および経済調査局，商務省 国勢調査局．備考：生産データは青果ならびに加工用を含む．2006年の消費は経済調査局による予測値．

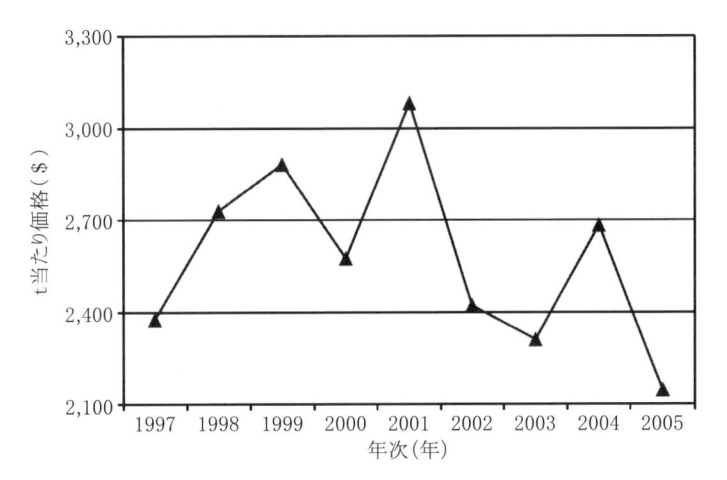

図5-5 アメリカにおける生鮮アスパラガスの生産者価格の推移
出典：USDA 経済調査局．備考：2005年はグラフ作成時点で入手可能なデータのみを用いた．

などの遠方の産地に対しても競争力を発揮できると考えられる．また，スイスはアスパラガスの消費量が安定して高く（元木ら 2008），古くからアメリカ産のアスパラガスを消費してきた．スイスへの輸出もそれほど変化がない（図5-8）．

なお，日本への輸出は2000年以降減少の一途をたどり，最盛期の8分の1程度にまで落ち込んでいる（図5-8）．ペルーやメキシコの台頭が影響している

第 5 章 世界最大のアスパラガス輸入国，アメリカのアスパラガス生産の今後

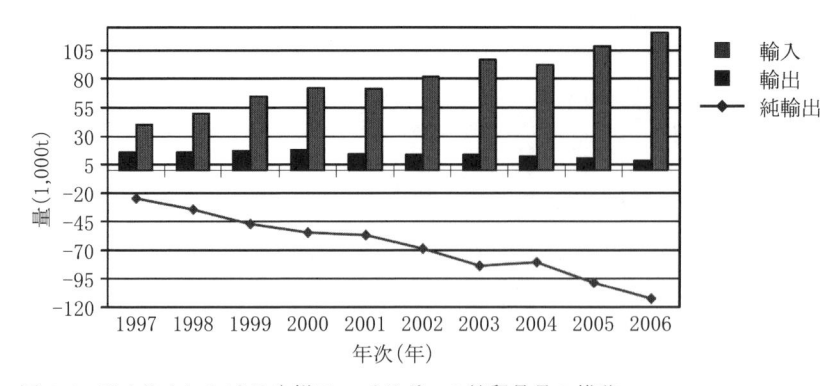

図 5-6 アメリカにおける生鮮アスパラガスの純貿易量の推移
　図 5-6，図 5-7 ともに，出典：アメリカ商務省　国勢調査局．備考：HS コード 070920．

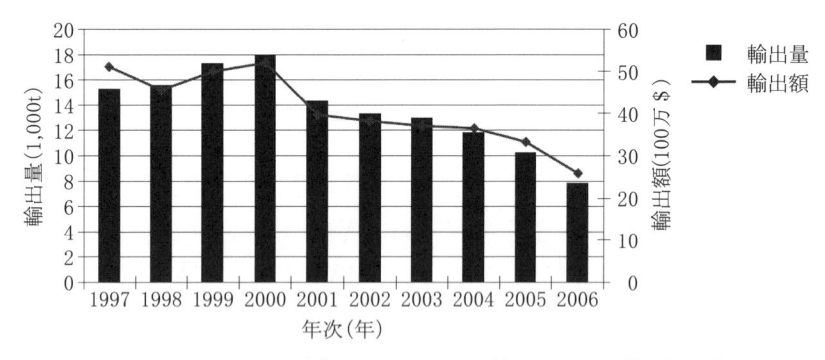

図 5-7 アメリカ産の生鮮アスパラガスの輸出量および輸出額の推移

と推定される．東京や大阪の市場統計をみると，2000 年代後半になっても，通常は日本産，端境期はオーストラリアやメキシコからの輸入品が多く，ペルーからの入荷はごく僅かである（佐藤 2007）．アメリカ産はその多くが 3〜4 月にかけて日本に輸出されてきたが，2011 年現在もアメリカ以外にその時期に日本へ大量の輸出を行える国がないため，日本の市場においては，その時期に輸入品の出回り量が少ない傾向が今後もしばらくは続くものと推測される．冷凍アスパラガスは，日本とカナダの 2 国への輸出が大きな割合を占めている（図 5-9）．年次変動が大きく，2000 年や 2003，2005 年など生産者価格が低迷した年（図 5-5）は輸出量が増える傾向がある（図 5-9）．また，缶詰アスパラガスの輸出は，2001 年以降大きく減少し，2005 年以降は年間 400t を切った（図 5-10）．

第5章 世界最大のアスパラガス輸入国，アメリカのアスパラガス生産の今後　63

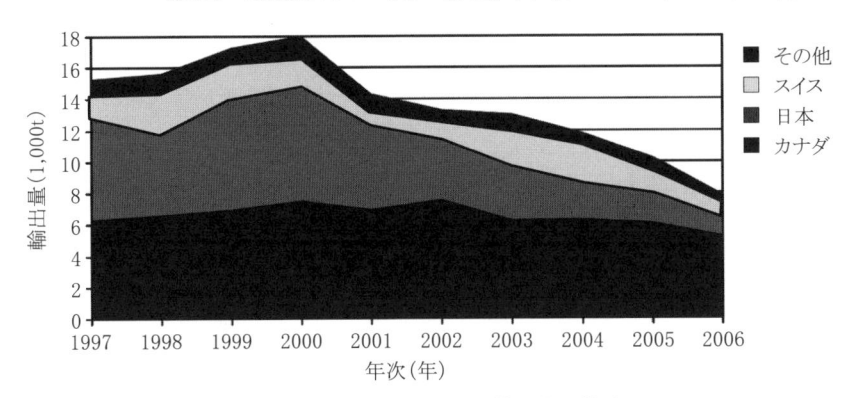

図 5-8　アメリカ産の生鮮アスパラガスのおもな輸出先の推移
　　図 5-8，図 5-9 ともに，出典：アメリカ商務省　国勢調査局．備考：HS コード 070920．

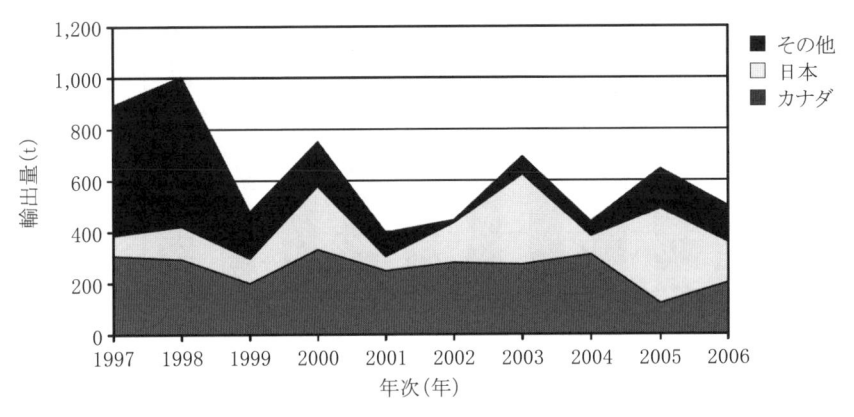

図 5-9　アメリカ産の冷凍アスパラガスのおもな輸出先の推移

　一方，アメリカの輸入は，生鮮品はペルーからの入荷が 1997 年からの 10 年間で直線的に増え，国境を接するメキシコを抜いて第 1 位の輸入相手国となった（図 5-11）．冷凍品は生鮮品同様，ペルーからの輸入が大きく伸びている以外は増えてはいないものの，中国からも一定量の輸入があり，2006 年はその 2 か国でほぼ全量を占めている（図 5-12）．缶詰アスパラガスも，ペルーからの輸入が 2003 年から急激に増え，その推移は冷凍品と類似している（図 5-13）．アメリカにおけるペルー産のシェア拡大の背景には，①南半球の生産時期がアメリカと異なること，②アメリカ産地の反収減，③アメリカの人件費の高騰

64　第5章　世界最大のアスパラガス輸入国，アメリカのアスパラガス生産の今後

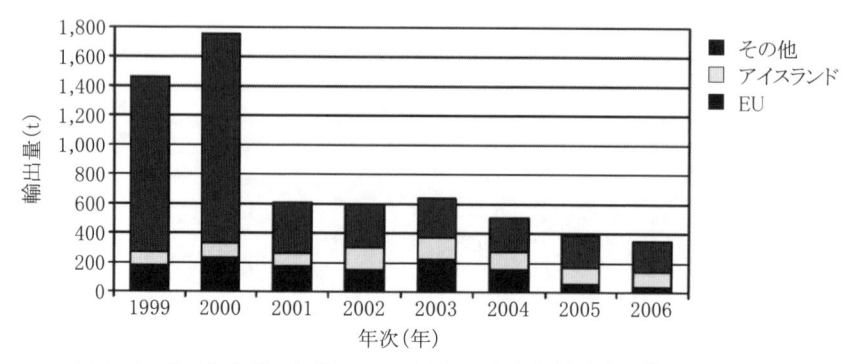

図 5-10　アメリカ産の缶詰アスパラガスのおもな輸出先の推移
　　図 5-10，図 5-11 ともに，出典：アメリカ商務省　国勢調査局.
　　備考：HS コード 200560.

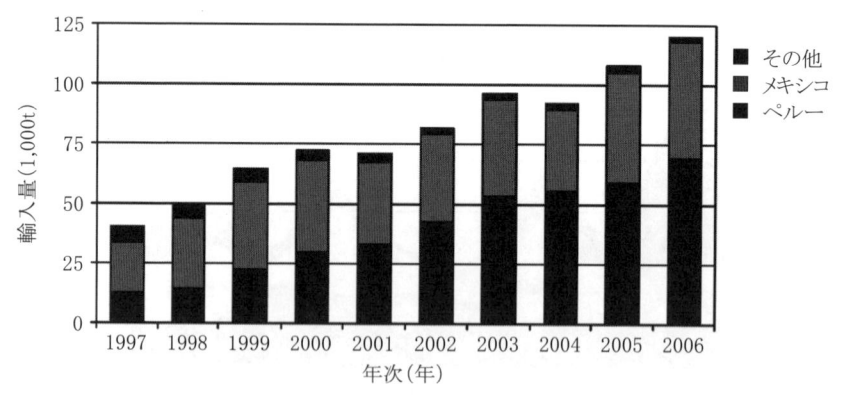

図 5-11　アメリカにおける生鮮アスパラガスのおもな輸入先の推移
　　備考：HS コード 070920.

（8$/h），④新興地域の低賃金，⑤自由貿易協定（Free Trade Agreement，以下，FTA）による自由貿易の推進などがあげられる（荒木・地子 2010）.

3．第 9 回 IAS 報告

　第 9 回 IAS は 1997 年 7 月にアメリカのワシントン州立大学で開催され，24 か国からアスパラガスに関係する研究者や生産者，種苗会社，流通関係者など約 200 名が参加した．日本からは甲村および荒木が参加した．期間中のツアーでは，カリフォルニア州の San Joaquin デルタ地帯に位置する Victoria Island

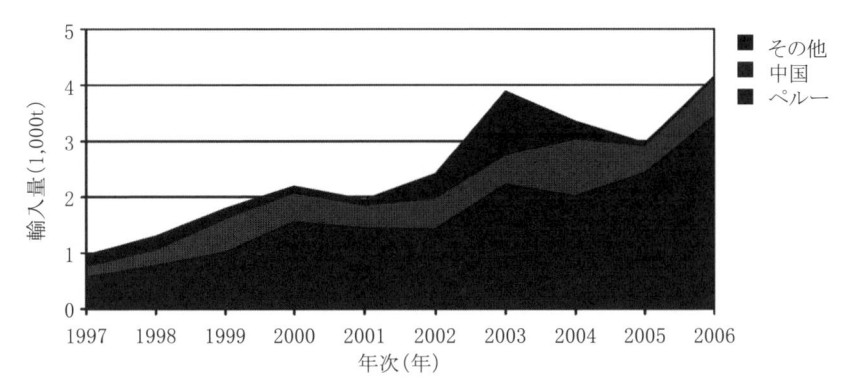

図 5-12　アメリカにおける冷凍アスパラガスのおもな輸入先の推移
　　　　図 5-12, 図 5-13 ともに, 出典：アメリカ商務省　国勢調査局.
　　　　備考：HS コード 0710809710.

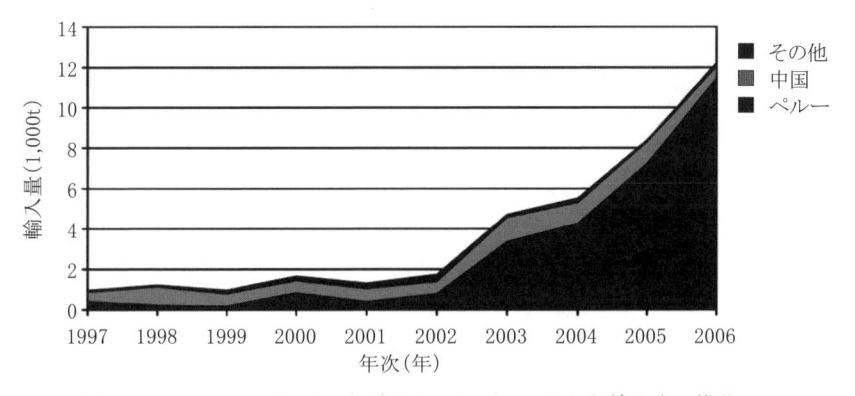

図 5-13　アメリカにおける缶詰アスパラガスのおもな輸入先の推移
　　　　備考：HS コード 200560.

Farm の 800ha を超える大規模なアスパラガス農場を視察した．収穫期間は 2 月中旬〜5 月中旬の 90 日間であり，実際に収穫を行うのは 45 日間，最初は 4 日ごと，次に 3 日ごと，最後は 2 日ごとに収穫する．品種はすべて「UC157」で，栽植密度はうね幅 1m×株間 40cm の 1 条植え，草丈 100〜150cm であり，揚水ポンプでうね間かん水を行うための幅 5m の灌漑水路が縦横に設けられていた．養成苗は草丈 60〜75cm に養成し，4 月 10 日に seedbed（養成圃場）に直播，11 月末堀上，12 月に定植，3 年後から収穫開始ということであった（写真 5-3）．カリフォルニア州は 4〜10 月までほとんど降雨がなく，11〜3 月は 0℃以下にな

カリフォルニア州は4～10月までほとんど降雨がなく，11～3月は0℃以下になるのは数日のみという温暖な気候であり，2月から収穫が可能である．1997年当時，同デルタ地帯におけるアスパラガスの栽培面積は，カリフォルニア州全体の60%を占めており，1996年は栽培面積が9,452ha，生産量が32,700t，平均単収が3,460t/haであった．

一方，ワシントン州のPasco近郊では，アスパラガスの大規模な実生栽培の農場を訪問した．品種はすべて「Jersey Giant」であり，ワシントン州ではラトガース系品種が強いということであった．可動式かん水装置の轍がくっきり残っていたが，その面積であれば踏まれた部分はわずかであるとして，ほとんど気にされていなかった（写真5-4）．

写真5-3 アメリカ・カリフォルニア州におけるアスパラガスの株養成圃場（1997，甲村撮影）

写真5-4 アメリカ・ワシントン州におけるアスパラガスの実生栽培圃場（1997，甲村撮影）

第6章 北半球のオフシーズンをターゲットに，オセアニアのアスパラガス生産

1. はじめに

2010年の日本への輸出は，メキシコが第1位（4,687t），第2位がオーストラリア（2,683t）であった（図6-1；2010年財務省貿易統計）．同じオセアニアでも，ニュージーランドは第7位（313t）であり，2005年の同統計（世界第6位，623t）の約半量に減少している．ところで，IASが4年ごとに開催されていることは周知であるが，1989年の第7回まではヨーロッパのアスパラガス生産国で開催されていた（浦上 1987）．しかし，その後，南半球でもアスパラガスの生産が広まったことから，第8回として，1993年にニュージーランドのパーマストン・ノースにおいて，ヨーロッパ諸国以外で初めてIASが開催された．

本章では，1993年当時の現地視察や研究発表で入手した情報も紹介しながら，オーストラリアやニュージーランドなど，オセアニア地域のアスパラガス生産の情勢について紹介する．

2. 日本をターゲットにしたオセアニア地域のアスパラガス生産

オセアニアは6大州の一つであり，37か国が属するが，そのうちオーストラリアがオセアニア地域の全陸地面積の86%を占める．オセアニア地域の島のなかで最も大きなニューギニア島（東経141度を境に，西部をインドネシア共和国のパプア州，東部をパプアニューギニア独立国が領有）とニュージーランドを加えると全陸地面積の98%にもなり，そのほかは小さな島国である．オセアニア地域におけるアスパラガスの生産国は，オーストラリア，ニュージーランド，サモア独立国とバヌアツ共和国である．サモア独立国は2001年には西サモア（1997年にサモア独立国に国名を変更）として栽培面積が10haとあるものの（Benson 2002a），2005年の報告には掲載されていない（Benson 2008）．また，バヌアツ共和国は2009年の報告に5haと掲載されており（Benson 2012），アスパラガスの新興産地であるものの，栽培面積が小さいため，本章では省略する．

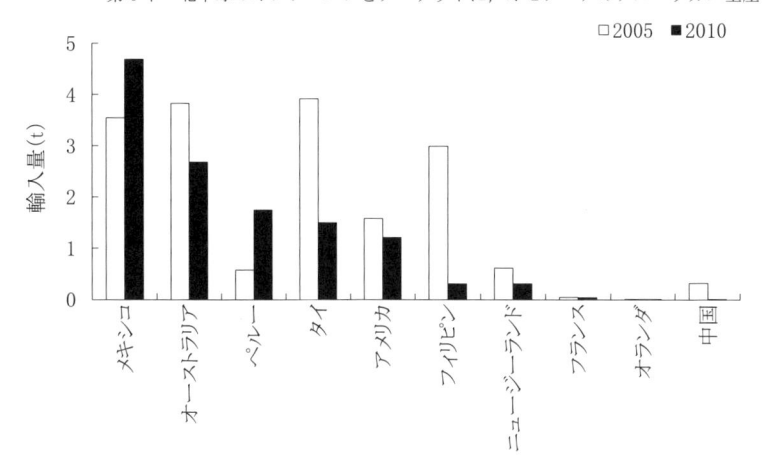

図 6-1　日本におけるアスパラガス輸出国別輸入量（2005，2010）
財務省貿易統計（輸入）から甲村作図.

3. 日本への世界第 2 位の輸出国，オーストラリアのアスパラガス生産

　オーストラリア（人口 2,129 万人；2010 年国際連合経済社会局人口部）はオセアニア地域で最大の面積を誇り，2011 年現在，オセアニア最大のアスパラガス生産国であるが，1982～1997 年頃までは後述するニュージーランドが 2,500ha～最大 6,000ha を擁し，1,000～2,100ha の同国は大きく水をあけられていた．最新の 2009 年の統計におけるアスパラガスの栽培面積は 1,600ha であり，2000 年の 3,000ha から見ると，10 年で半減したものの（図 6-2），栽培面積が大幅に減少したニュージーランドに比べて多くなっている．アスパラガスの総生産量は急激に増えた 2000 年をピークとして 16,000t あったものが，2009 年には 7,000t にまで落ち込んでいる（図 6-3）．その要因の一つは，中国およびペルーの 2 大アスパラガス生産国が，世界各国に対する輸出用の換金作物の一品目として，アスパラガスの栽培面積を拡大させたことにある（第 1 章）．平均単収は年次変動が大きいものの，2000 年代前半は 5,500kg/ha 程度，2009 年は 4,500kg/ha となっている（図 6-4）．また，2001 年まではグリーンの生産がほぼ 100％であったものの，2005 年以降はホワイトの割合が 5％に増えている（Benson 2012）．生鮮品と缶詰の割合は 2005 年からは 95：5 で変化が見られない．オーストラリアにおける国内消費と輸出の割合は，1997 年に 4：6 であったものが 2005 年には

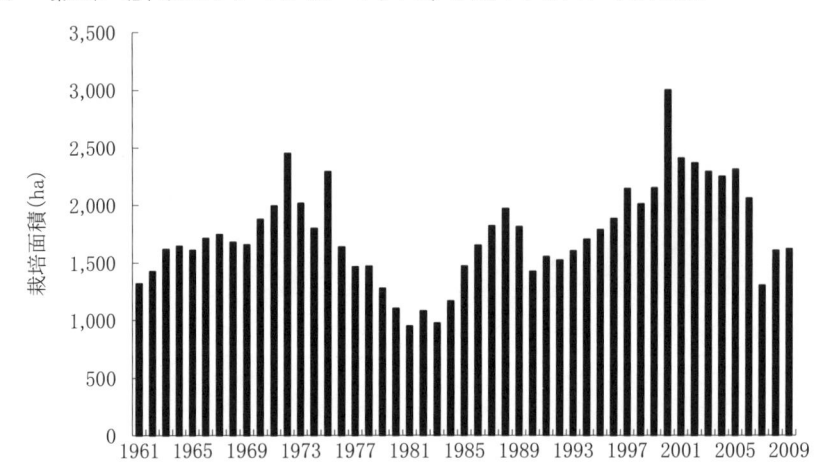

図 6-2　オーストラリアにおけるアスパラガスの栽培面積の推移（1961-2009）
FAOSTAT Data.から甲村作図.

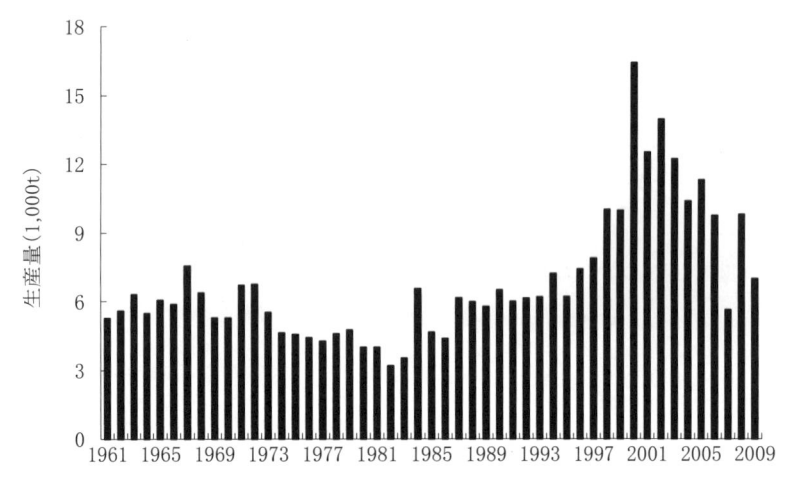

図 6-3　オーストラリアにおけるアスパラガスの生産量の推移（1961-2009）
FAOSTAT Data.から甲村作図.

3：7となって輸出の割合が増加したものの，2009年には再び4：6となり，国内消費の割合が再び高まっている（Benson 2012；アスパラガスの生産量はBensonとFAOSTAT Data.で異なるため，本章では後者のデータを使用した）．オーストラリアから日本へのアスパラガスの輸出量は，メキシコに次いで世界

第 6 章 北半球のオフシーズンをターゲットに，オセアニアのアスパラガス生産　71

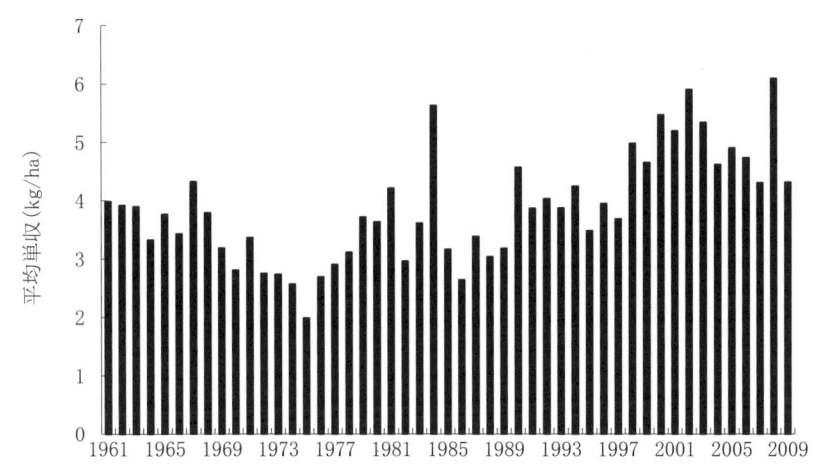

図 6-4 オーストラリアにおけるアスパラガスの平均単収の推移（1961-2009）
　　　FAOSTAT Data.から甲村作図.

第 2 位であり，2010 年には 9～12 月を中心に 2,683t のオーストラリア産のアスパラガスが日本国内に入ってきている（写真 6-1）．日本とオーストラリアは，2006 年 12 月に両国間の FTA の交渉開始に合意し，2014 年 7 月に両首脳による EPA（経済連携協定）調印が行われた．2015 年 10 月には，両国が参加する多角的経済連携協定の環太平洋戦略的経済連携協定（TPP）が大筋合意に至り，今後の動向が注目される．

　2011 年現在，オーストラリアのおもなアスパラガスの生産地域は，南東部のビクトリア州（人口 510 万人，州都はメルボルン）である（図 6-5）．ビクトリア州は温帯性気候に属し，温暖で四季がはっきりしているのが特徴である．州としての面積は最も小さいものの，人口では全オーストラリアの 1/4 を占める．

写真 6-1　東京大田市場に入荷したオーストラリア産のアスパラガス（元木撮影）

ところで，1996～1997年のAustralian Natural Resources AtlasのHPによると，オーストラリアのアスパラガス生産は，ビクトリア州の湿潤温暖な沿岸地域に位置するジップスランド（Gippsland；3,070t），乾燥した内陸で温暖な傾斜地および平地のサンレイシャ（Sunraysia；1,360t），ニューサウスウェールズ州（人口724万人，州都はシドニー）の温暖な傾斜地および平地の

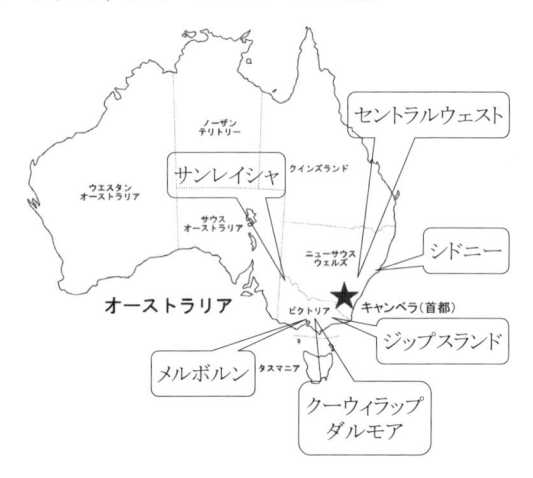

図6-5 オーストラリアにおけるアスパラガスの生産地域
甲村作図．

セントラルウェスト（Central West；1,710t）の3地域でオーストラリアの生産量の7割を占めていた．しかし，2011年現在，ビクトリア州のメルボルンの南東部に位置するクーウィラップ（Koo Weep Rup）やダルモア（Dalmore）地区でオーストラリアの93%を生産している．そのため，オーストラリアでは，その地域が「アスパラガス国」と呼ばれてきたことに何ら不思議はないとしている（Australian Asparagus Council HP）．オーストラリア第2位のアスパラガス輸出会社であるデリカ（1994年創業）は，クーウィラップに拠点を置き，日本を含め，海外に年間1,500tを輸出している．その地域では，アスパラガスの生産は8～9月に始まり，翌年4月までの9か月にわたる．残留農薬試験などの安全性評価といったトレーサビリティも積極的に取り入れ，その地域のアスパラガスが100%クリーンであることを強調している（Delica Company Profile HP）．

Benson（2012）によると，オーストラリアにおけるアスパラガスの収穫期間は6月中旬～3月と長期にわたるが，ビクトリア州などの温帯地域におけるアスパラガスの生産時期は，おもに9～12月である．オーストラリアから日本への輸出も9～12月となっており（図6-6），その時期は日本の夏秋どりの終期であり，品質も不良となってくる時期と重なる．オーストラリア産のアスパラガスは9～12月だけで2,686tが日本に輸出されており，その時期の全輸入量の

第6章 北半球のオフシーズンをターゲットに，オセアニアのアスパラガス生産　73

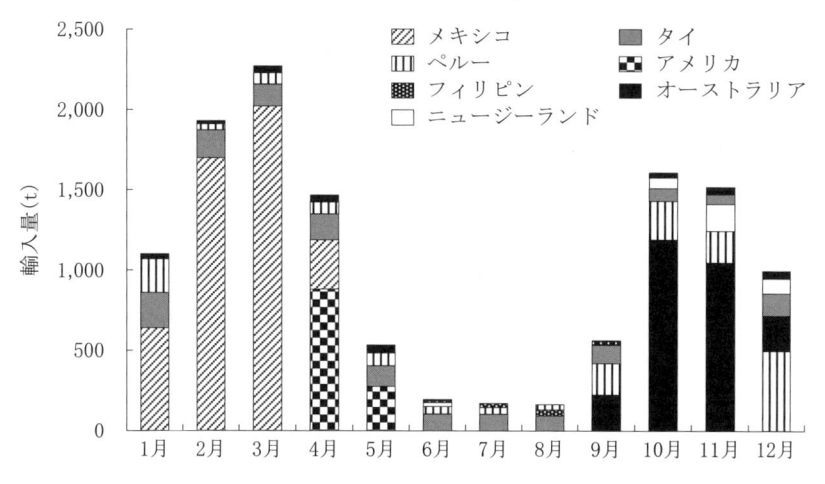

図6-6　日本における月別アスパラガス輸入量と輸出国（2010）
　　　　農林水産統計から甲村作図.

52％を占めている．2010年の農林水産省統計では，アスパラガスの日本への全輸入量は12,537tであり，その約1/5をオーストラリア産でまかなっている．

一方，南半球の温帯地域の産地では，6～8月中旬がアスパラガスの休眠期に当たるため，オーストラリア国内におけるアスパラガスの価格も高い．そのため，Bussellら（2002）は，オーストラリア北部のクイーンズランド州の熱帯および亜熱帯気候の地域において，6～8月に収穫する新作型を紹介している．すなわち，6月中旬までは茎葉を繁茂させ，収穫時期にいったん全刈りしたあと，約8週間収穫を続ける方法である．オーストラリアは緯度の範囲が広い国であるため，アスパラガス生産に対する取り組みもさまざまである．

オーストラリアにおけるアスパラガスのおもな栽培品種は，日本でも広く栽培されている「UC157」である．アスパラガス生鮮品の輸送方法は，IPM西本社（株）のHPによれば，早朝に収穫した後，オーストラリア国内向けと，日本および台湾向けに選別され，調製とハイドロクーリング（冷却水散水）後に冷蔵庫で予冷され，トラックで空港まで1～20時間かけて運搬される．さらに，メルボルンあるいはシドニーから直行便で成田まで10時間の空輸のあと，日本国内各地の市場へ輸送される（写真6-1）．アスパラガスの適正保管温度は4℃となっている．オーストラリアから輸入されたアスパラガス生鮮品には，生産

者や栽培場所も明記されているので参照されたい.

なお,オーストラリアは非常に広く,各州の気候も大きく異なることに加え,各州がそれぞれの憲法と政府を持っており,州の権限は連邦政府より強い.農業生産および農業政策については,基本的には州政府の権限であり(玉井 2009),全国的に総括したデータが見当たらない.そのため,資料は各州や会社の HP から探索するしかなく,十分まとめられなかったことをご了承いただきたい.

4. 再起をめざすニュージーランドのアスパラガス生産

ニュージーランドは人口 426 万人(2010 年国際連合経済社会局人口部)であり,人口より羊の数の方が多いといわれる農業国である.ちなみに,羊の数は近年減少し,2011 年現在,3,500 万頭を下回るということであるが,それでも人口の 8 倍はいる計算となる.2009 年のニュージーランドのアスパラガス栽培面積は 630ha である.しかし,1992 年は 6,000ha と記録されており,1982～1997 年までは 3,000ha 前後で推移していたが,その後は 2,000ha を切るようになり,さらに 2006 年以降は 1,000ha を切っている(図 6-7).アスパラガスの総生産量も 1992 年の 12,000t から 2009 年には 2,000t 程度にまで落ち込んでおり(図 6-8),

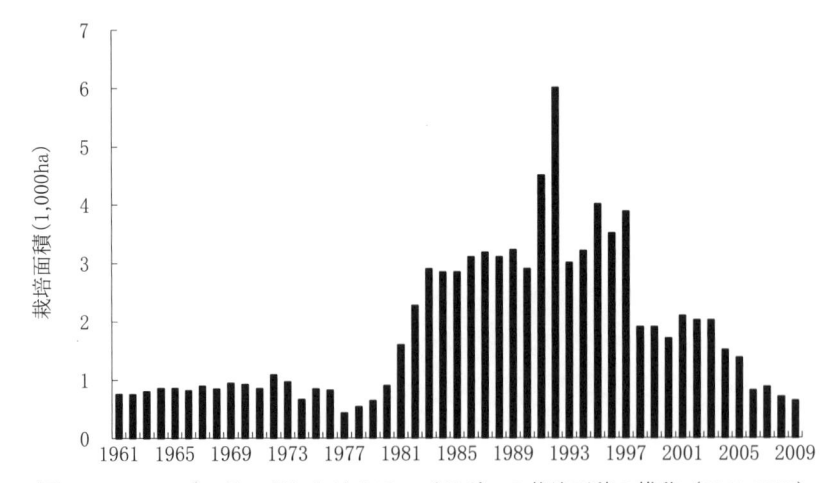

図 6-7　ニュージーランドにおけるアスパラガスの栽培面積の推移(1961-2009)
FAOSTAT Data.から甲村作図.

第6章　北半球のオフシーズンをターゲットに，オセアニアのアスパラガス生産　75

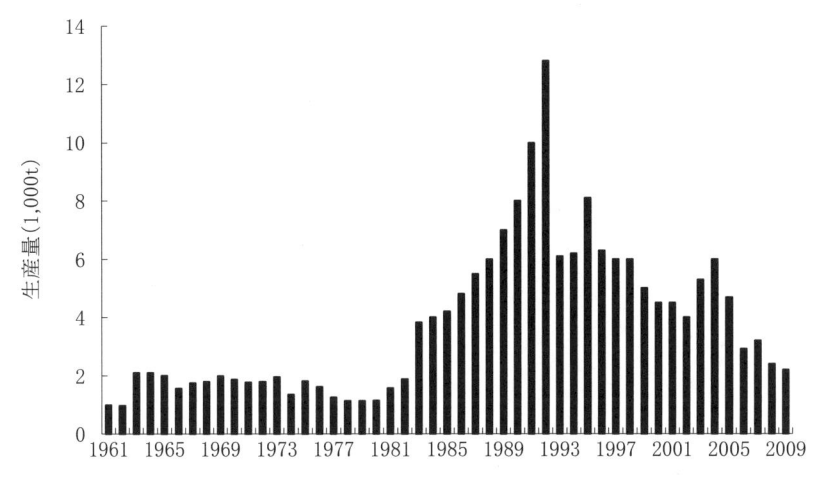

図6-8　ニュージーランドにおけるアスパラガスの生産量の推移（1961-2009）
FAOSTAT Data.から甲村作図.

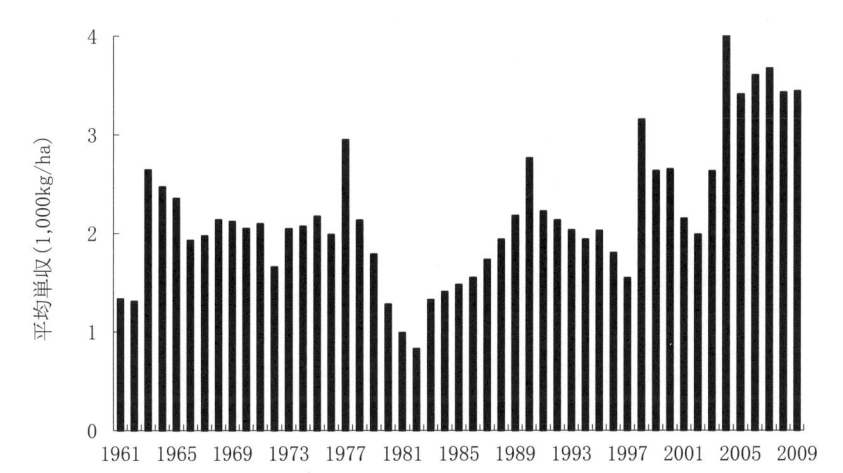

図6-9　ニュージーランドにおけるアスパラガスの平均単収の推移（1961-2009）
FAOSTAT Data.から甲村作図.

オーストラリアとニュージーランドを合わせた総生産量でも2000年の21,000t（1992年は19,000t）から2006年以降は1万t前後にまで落ち込んでいる．アスパラガスの平均単収は1990年代が2,000〜2,500kg/ha程度であり，2000年代後半からは3,500kg/ha前後と高くなっている（図6-9；Benson 2008, 2012）．

ニュージーランドのアスパラガスの生産は7月に始まり，収穫期間は翌年1

月までの7か月間であり,オーストラリアに比べて3か月短い(Benson 2012).その収穫期間の長さの違いが,ニュージーランドとオーストラリアの年間の収量差となって表れているものと考えられる.また,ニュージーランドは2005年まではグリーンの生産がほぼ100%であり,その傾向はオーストラリアおよび母国のイギリスと同じ傾向である.2011年現在,生鮮品:缶詰:冷凍品の割合は77:15:8であり,1997年の44:28:28から比べると,生鮮品が経時的に増加傾向にある.生産のほとんどがグリーンのみにも関わらず,缶詰の割合も高く,実際にグリーンの缶詰がニュージーランド国内の市場に出回っているのも特徴である(写真6-2).国内消費と輸出の割合は1997年が50:50であり,2005年も同様であったが,2009年には55:45で輸出が減り,国内消費の割合がやや高まった.日本への輸出は10～12月のみで2010年は321tであり(図6-6),オーストラリアの約1割程度となっている.

写真6-2 ニュージーランドのグリーン缶詰のパッケージ(甲村撮影)

ニュージーランドの気候は温暖であり,おもなアスパラガスの生産県は西岸海洋性気候の北島に位置する(図6-10).最も人口が多いオークランド市(41万人)の平均気温は,最も暑い1月が20℃,最も寒い7月が10℃であり,酷暑と厳寒がないことが特徴である.実際,ニュージーランドの各所でヘゴ科の木性シダ植物が自生しており,南国を思わせる.

しかし,夏でも防寒着が必要な時もあり,その一方で,冬には0℃以下になることがまずないため,木性シダ植物が越冬でき,低温が植物の地理的分布を決めることがよく理解できる地域である.ニュージーランドにおけるアスパラガス生産量の県・地域別順位は,第1位がマナワツ・ワンガヌイ県(Manawatu Wanganui;Palmerston North市)などの北島南西部地方で国内生産の28%を占め,次いで第2位のワイカト県(Waikato;国内第4のハミルトン市がある,映画「ロードオブザリング」のロケ地やワイトモケーブで有名)が27%,第3位

のホークスベイ県（Hawke's Bay）が24%，第4位のベイ・オブ・プレンティ県（Bay of Plenty）が11%であり，その上位4県・地域でニュージーランドのアスパラガス生産の9割を占める．一方，南島におけるアスパラガス生産はわずか1割である．（図6-10；Horticulture Newzealand HP，2000年統計）．

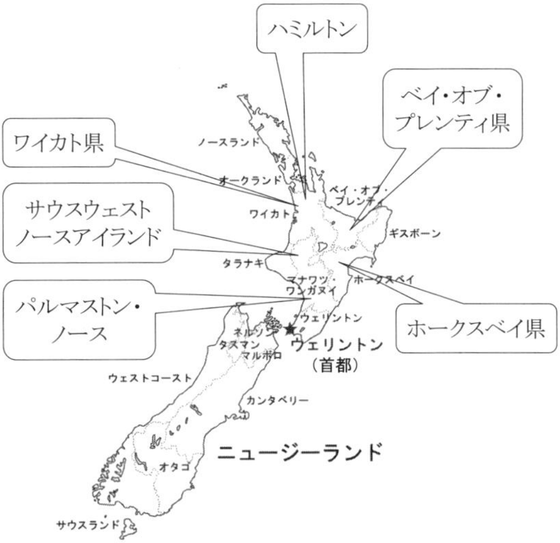

図6-10 ニュージーランドのアスパラガス生産地域
甲村作図．

ニュージーランドのアスパラガス生産の最新情報として，ファルーン博士の私信によると，2011年現在，栽培面積は570haまで減ったが，大規模な新改植も進んでおり，今後数年間で増加に転じると予測している．なお，10年間で減少したおもな原因として，①ワイカト県の競走馬の飼育場やホークスベイ県のブドウ栽培，マナワトウ県の搾乳場の増加により，アスパラガス生産との競合があり，よい条件を持つ圃場の地価が上昇したこと，②小さな機械で収穫する地域が最近まで多く，労働コストが増加したこと，③栽培者の平均年齢の増加（引退時期が近付くと新植に興味を持たなくなるため），④貿易相手国に対して継続的に高いニュージーランドドルの影響（ニュージーランド産の缶詰工業に影響），⑤日本市場におけるペルー産との競争の影響により，ニュージーランドのアスパラガス生産者の手取り額が減少したことなどをあげていた．

5．欧州以外の初のIASの開催地，ニュージーランド

ニュージーランドは1993年の第8回IASの開催地である．IASは，ニュージーランドのアスパラガス生産の最盛期に当たる1993年11月21〜26日にかけて，

北島南部に位置するパルマストン・ノース市（人口 81,600 人）のマッセイ大学植物科学研究所（マイク・ニコルス大会委員長）主催で開催され，世界中からアスパラガスに関係する研究者や生産者，種苗会社，流通関係者など約 110 名が参加した．プレ（北島）およびポスト（南島）シンポジウムツアーでは，アスパラガスの輸出用調製会社のパックハウス（写真 6-3）とその農場，研究機関などの現地視察が行われた．特に日本をターゲットにした選別や自動選別機の導入，1 枚が 4ha の大規模圃場のトラクターによる収穫作業（写真 6-4），優良雄株のクローン増殖と系統選抜試験（写真 6-5），独自品種育成への取り組みが目を引いた．当時のニュージーランドでは，赤ナシおよびワサビの栽培法や日本への輸送方法の研究も進められており，どこも日本がターゲットであると，

写真 6-3　Boyd's 社のアスパラガスパックハウス（甲村撮影）
Oraka テクノロジー社の自動選別機（当時 350 万円）を 1991 年に導入.

写真 6-5　優良雄株のクローン増殖と系統選抜試験（AGRO research 研究所，甲村撮影）

写真 6-4　ニュージーランドにおけるトラクターによる収穫（いずれも甲村撮影）

第6章　北半球のオフシーズンをターゲットに，オセアニアのアスパラガス生産　79

はばからず公言されていたことに驚愕したものである．

　1993年当時のニュージーランドでは，同国育成品種の「Taramea」，アメリカ西海岸育成品種の「UC157」，アメリカ東海岸育成品種の「Jersey Giant」の3品種が同程度に普及していた．特に当時

写真 6-6　日本国内でも流通している「Pacific Purple」（Peter G. Falloon 撮影）

写真 6-7　日本で販売されたニュージーランド産のムラサキ用シール（佐藤撮影）

の同国のアスパラガスマニュアルでは，「Jersey Giant」を導入すると，経済的には純利益で最も優れるとされていたが（Broom 1990），同品種は穂先のしまりや色に難があり，ニュージーランドでアスパラガスの生産に被害を及ぼしていた疫病に対して抵抗性を有していなかった．そのため，Asparagus Pacific 社のFalloonら（2002）が「Pacific 2000」を育成してからは，ニュージーランドでは「Pacific 2000」が主流となり，新植の60％は同品種であり，特に南島では90％を占める．「Pacific 2000」は「Jersey Giant」に比べて多収で収穫期間が長く，穂先の締まりが良い．また，「UC157」に似た色を呈し，味も良い．ファルーン博士の私信によると，2011年現在，「Jersey Giant」はまだ残るものの，「Taramea」と「UC157」の栽培はほとんどないという情報である．ニュージーランドアスパラガスカウンセル（会議）では，優良品種の導入により，生鮮アスパラガスの輸出は2011年の4倍に増えることを見込んでいる．また，「Pacific 2000」と同時期に公表されたムラサキアスパラガス（以下，ムラサキ）の「Pacific Purple」（Falloon・Andersen 1997）も，ニュージーランドで栽培が増えており，2011年現在，5haであるが，非常に甘い品種として作付けが伸びている．

　本章では，Asparagus Pacific 社のファルーン博士から貴重な私信をいただいた．ここに記し，厚くお礼を申し上げる．

第 7 章　アメリカとの自由貿易協定で拡大したメキシコのアスパラガス生産

1.　はじめに

　世界におけるアスパラガスの輸出量では，世界第 1 位のペルーの 96,000t に次いで，第 2 位がメキシコの 56,000t である（第 1 章）．しかし，特に日本への輸出に限定すると，2010 年の財務省貿易統計ではメキシコが第 1 位（約 4,687t），第 2 位がオーストラリア（2,683t）であり（図 6-1），特に 1～3 月においてはメキシコ産のアスパラガスの割合が高い（図 6-6，写真 7-1）．2005 年に日本とメキシコで結んだ「経済上の連携の強化に関する日本国とメキシコ合衆国との間の協定」（略称名：日・メキシコ経済連携協定）が，メキシコのアスパラガス生産をさらに躍進させていると考えて取材を始めたが，取材を進めると，メキシコの北に隣接するアメリカの影響力が大きいことが見えてきた．メキシコは 1970 年代から基礎穀物の生産停滞と人口増大による食糧需要増加に伴い，自給が困難となって輸入に依存し，外貨事情を悪化させた．1980 年に食糧計画を制定したにも関わらず，1982 年には債務危機のため IMF と世界銀行の管理下に置かれている．そのことが現在の新自由主義路線にメキシコが踏み出すきっかけとなり，1986 年には「関税および貿易に関する一般協定」（General Agreement on Tariffs and Trade，略称名：GATT）に加盟し，関税引き下げや農産物の保障価格制度の撤廃などを進めた．農業への外資導入や法人経営の優遇を進め，さらに「北米自由貿易協定」（North American Free Trade Agreement，略称名：NAFTA）もこれらを大きく促進したとされる（坂本・藤田 2011）．本章では，NAFTA を中心にメキシコのアスパラガス生産との関連を見ていきたい．

2.　アメリカの動向に左右されるメキシコのアスパラガス生産

　メキシコは北アメリカ南部に位置するラテンアメリカの連邦共和制国家であり，北緯 25～32 度でアメリカと接する．南はグアテマラおよびベリーズと北緯 14～18 度で国境を接している．西は太平洋，東は大西洋とカリブ海のメキシコ

第 7 章　アメリカとの自由貿易協定で拡大したメキシコのアスパラガス生産　81

湾に面する．面積は 197 万 2,550 平方 km で日本の約 5 倍強，人口 1 億 1,060 万人（2008 年，国際連合人口部統計），首都は世界でもトップクラスの都市人口を持つメキシコシティ（1,846 万人）である．アスパラガス生産において，メキシコは中国，ペルー，ドイツに次ぐ栽培面積であり，世界第 4 位の生産国であり（2009 年，1 万 8 千 ha，第 1 章），日本へのアスパラガスの輸出量は世界第 1 位である．日本とメキシコとは，2005 年 4 月発行の「日・メキシコ経済連携協定」を結んでおり，アスパラガスはトマトやナス，バレイショなどの多くの農畜産物と同様，日本への輸出に際し，関税がかからない．日本の自動車産業が 1966 年に同国へ進出したのをきっかけに，重工業や観光業，金融業なども多く参入している．特に円高のなか，アメリカ向けの小型車生産拠点としての自動車産業の動向が目立っており，日本とは経済情勢でもきわめて関わりの深い国と言える．

写真 7-1　Altar Produce 社のメキシコ産のアスパラガス（広島中央卸売市場，甲村撮影）

　メキシコの気候は概して温暖で，カリフォルニア半島の大部分とメキシコ高原の中央部など，北回帰線より北のほとんどの地域は砂漠やステップなどの乾燥気候である．北回帰線より南では，海岸線に沿って熱帯気候に分類されるサバナ気候が伸び，一部に熱帯雨林気候，温暖湿潤気候，温帯夏雨気候および高山気候があり，気候の変化に富んでいる．一部の熱帯性果実を除き，1 年を通じて多くの野菜や果物が生産されている．

　Nigh（1995）によると，1993 年のメキシコのアスパラガス栽培面積は約 8,000ha（FAOSTAT Data. では 10,000ha，図 7-1）であり，当時はアメリカの高い輸入関税が栽培面積の伸び悩む原因であるとされていた．しかし，その時期にはすでに NAFTA が提案され，1994 年 1 月から発効している．その後，栽培面積は 1998 年に 13,000ha，2001 年には 14,000ha を超え，2008 年以後は 12,000ha 台と若干減少しているもののほぼ安定している（図 7-1）．Benson（2012）によると，2009 年のアスパラガスの栽培面積は，2005 年に比べてペルーが 8,800ha も伸びてお

第 7 章　アメリカとの自由貿易協定で拡大したメキシコのアスパラガス生産

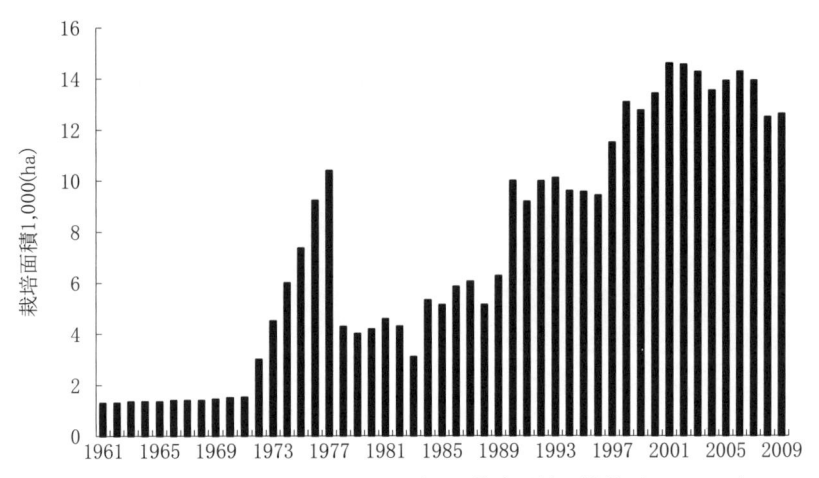

図 7-1　メキシコにおけるアスパラガスの栽培面積の推移（1961-2009）
FAOSTAT Data.から甲村作図．

表 7-1　NAFTA の 3 か国におけるアスパラガスの総収穫面積，総生産量および総生産額の 2003 年および 2009 年の比較

	総収穫面積（千 ha）			総生産量（千 t）			総生産額（100 万米ドル）		
	2003	2009	同左(%)	2003	2009	同左(%)	2003	2009	同左(%)
アメリカ	23.5	11.8	45	84	41	36	163	88	32
メキシコ	14.2	12.6	48	61	64	57	120	168	60
カナダ	1.3	0.9	7	3	8	7	7	21	8
3 国計	39.0	25.3	100	148	113	100	290	277	100

Franklin（2010）のグラフを甲村が表にとりまとめて転載．

り，それには大きく及ばないものの，1,000ha 規模で伸びた国はメキシコとドイツを除いてほかにはなく，まずまず高い生産力を保っている国と言える．

　Franklin（2010）が，NAFTA の 3 か国であるアメリカ，メキシコおよびカナダのアスパラガスの総収穫面積，総生産量および総生産額について，2003 年と 2009 年を比較したところ，①2009 年の総収穫面積は 3 か国とも 2003 年に比べて減っているものの，メキシコはその減少量が少なく，メキシコの 3 か国全体に占める割合は 48％に増加し，アメリカを逆転した，②メキシコでは収穫面積は減っても生産量が大きく伸び，3 か国内における割合は 57％に達し，生産性が大きく向上した，③メキシコは生産額も同様に伸ばし，1 億 6,800 万米ドル

に達し，3か国中でトップとなった（表 7-1）．それらの結果から，NAFTA がメキシコ国内のアスパラガスの増産に弾みをつけたものと考えられる．一方，2004 年に締結した「日・メキシコ経済連携協定」における関税の即時撤廃はあまり影響していないものと考えられる．その理由は，日本におけるメキシコからのアスパラガスの輸入量が，2004 年以後に急増しているとははっきりと確認できないためである（図 7-2）．また，2009 年のメキシコから輸出されるアスパラガスの 99％以上はアスパラガスの世界最大の輸入国であるアメリカ（第 1, 5 章）向けで，日本へはわずか 0.3％の 193t（表 7-2）であり，メキシコから日本への同年の輸入量 3,564t とは 18 倍程度の差が認められる．GAIN Report では，メキシコ産のアスパラガスはアメリカ経由で日本やヨーロッパに運ばれることが記載されているため（Hernandez 2006），メキシコから日本への直接の輸出量が少なくなっているものと推測され，実質的にはアメリカの輸入が増えていることが，メキシコの生産安定につながっていると考えられる（清水達也氏の私信）．

表 7-2　アスパラガスのメキシコからの国別輸出量（2009）

	輸出量 (t)	国別シェア (％)
アメリカ	67,770	99.1
日本	193	0.3
イタリア	120	0.2
スペイン	102	0.1
オランダ	93	0.1
フランス	48	0.1
スウェーデン	36	0.1
総輸出量	68,362	

FAOSTAT Data.（輸出マトリックス）より甲村作図．

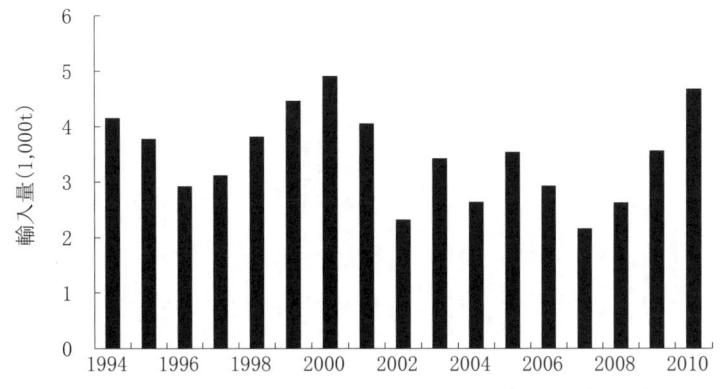

図 7-2　日本におけるメキシコからのアスパラガスの輸入量の推移（1994-2010）
Global Trade Atlas（清水達也氏提供）から甲村作図．

84　第 7 章　アメリカとの自由貿易協定で拡大したメキシコのアスパラガス生産

　メキシコにおけるアスパラガスの生産量は，栽培面積と同様，2000～2009 年は 60,000t 前後で安定している（図 7-3）．また，平均単収についても同期間はほぼ 4,500kg/ha 程度で安定している（図 7-4）が，1 万 kg/ha を超える中国，タイ，ペルー，オーストラリア，イタリア，ドイツおよびスペインに比べて少なく，日本およびフランスの 5,000kg/ha やニュージーランドの 4,500kg/ha とほぼ同等である（Benson 2012）．メキシコでは，グリーンの生産がほぼ 100%であり，ホワイトの生産がほとんど無いこと，缶詰や冷凍品も無いことは，北アメリカに位置する国では共通している（第 1 章）．また，アスパラガスの輸出品の

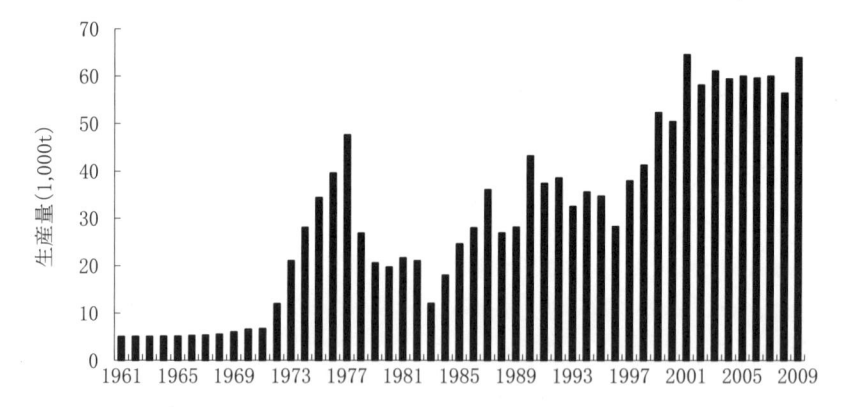

図 7-3　メキシコにおけるアスパラガスの生産量の推移（1961-2009）
　　　　FAOSTAT Data.から甲村作図．

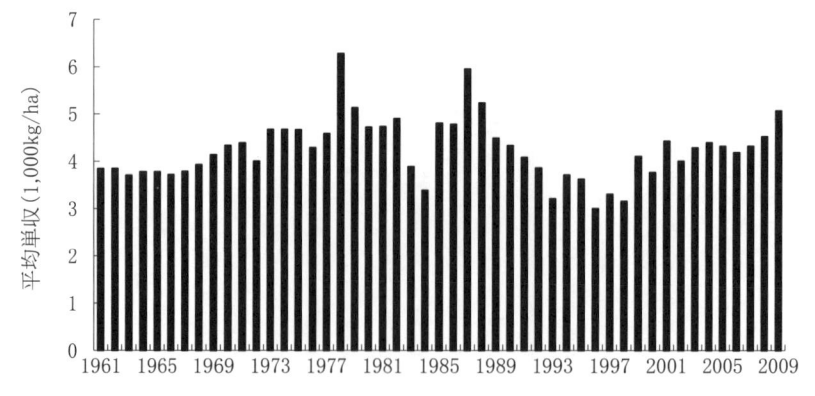

図 7-4　メキシコにおけるアスパラガスの平均単収の推移（1961-2009）
　　　　FAOSTAT Data.から甲村作図．

割合が 1997〜2005 年までは 95%で横ばいであったが，2009 年には 98%と増加傾向にある（Benson 2012）ことは NAFTA の影響と考えられる．

3. アメリカの影響を受けたメキシコにおけるアスパラガスの産地形成

メキシコにおけるアスパラガスの収穫は，5 月中下旬〜6 月中旬までを除き，ほぼ周年で行われている（Benson 2012）．アメリカのアスパラガスに対する輸入関税は，アメリカにおけるアスパラガスの端境期である 8〜12 月（Benson 2012）のうち，技術的にも経済的にも生産が最も困難な 9 月 15 日〜11 月 15 日の 2 か月間は関税が 5%（空輸）と安く，それ以外の時期は 21.3%と高くなっている（United States International Trade Commission：USITC 2011）．アメリカの生産者も他国の生産者と同様に出荷期間を延ばす努力をしており，関税が低い期間が短いほど輸入アスパラガスとの競争にさらされる期間が短くて済む．彼らの政府に対する期間短縮の強い働きかけがあった結果，2 か月という期間に落ち着いたものと推定される（清水達也氏の私信）．その後，メキシコでは 1994 年に「NAFTA」を締結した．アメリカ・メキシコ間のアスパラガスに対する関税は，当初は季節関税が調整され，1 月は 8.0%（10 年間），2 月 1 日〜6 月 30 日まで 8.0%（10 年間），7 月 1 日〜12 月 31 日まで 6.0%（5 年間）であった．そのうち，9 月 15 日〜11 月 15 日については空輸分が即時 0%となり，ホワイトは即時全期間 0%となった（Flores 1995）．それらは 15 年間に順次引き下げられ，2011 年現在，0%となっている．その結果，アメリカでは 1〜4 月を中心に 1996〜2010 年にかけてメキシコからのアスパラガスの輸入量が大きく伸びており（図 7-5），関税の撤廃がメキシコの収穫期とそれに適した産地の形成に大きな影響を与えたものと考えられる．すなわち，メキシコでは，アメリカのカリフォルニア州と同様に早い時期から収穫できる地域でアスパラガスの生産が拡大し，その後，8 月以降の端境期にも生産できる地域に広がっていったと考えられる．なお，アメリカ市場におけるグリーンの供給元は，1996 年からの 15 年間はほぼメキシコとペルーの 2 か国であり（第 5 章），おもに秋から年内がペルー，年始から春先がメキシコとなっている．2010 年には，ペルーはほぼ周年で，メキシコも 5 月を除いてほぼ周年でアメリカへ輸出している．ちなみにペルー

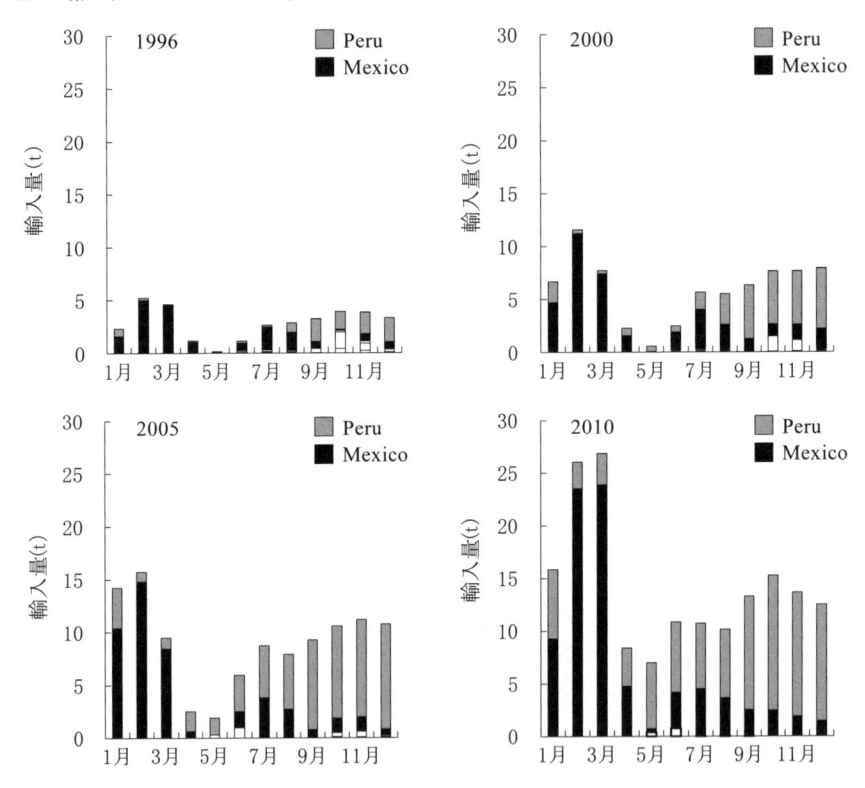

図 7-5 アスパラガスにおけるアメリカへのメキシコやペルーなどの国別月別の輸入量（1996，2000，2005，2010）
US. International Trade Comission のデータ（清水達也氏提供）から甲村作図．

も 2006 年にアメリカと FTA を結んでいる．

Nigh（1995）によると，メキシコのアスパラガスの生産地域は，1960 年代にアメリカの冬アスパラガス（1～3 月出荷中心）の産地であるインペリアルバレイ（Imperial valley）と接するバハカリフォルニア州（Baja California）のメキシカンバレイ（Mexican Valley）で始まり，東のソノラ（Sonora）州のサンルイスバレイ（San Luis Valley）に広がった（図 7-6）．2011 年現在もその地域が主要産地であるが，砂漠地帯であり，水利面と火山灰で良質な土壌が少ない点で面積拡大の制約がある．第 2 の産地として，バハカリフォルニア州のペニンシュラ山脈沿いの地域がある．その地域の気温は北部の産地に比べて低いものの，

第7章 アメリカとの自由貿易協定で拡大したメキシコのアスパラガス生産　87

図7-6　メキシコにおけるアスパラガスの生産地域
甲村作図．バハカリフォルニア州北部とソノラ州北部がアスパラガスの主要産地であり，バハカリフォルニア州のペニンシュラ山脈沿いが第2の産地である．1979年頃のグアナファト州は50%以上を占める大産地であった．

凍結がほとんどない地域であり，降雨は多く激しい．その地域におけるアスパラガスの収穫は，アメリカでは全く生産されていない9～10月に始まり，12月まで続く．平均単収は北部の産地と変わらないが，アメリカの感謝祭やクリスマス，新年の祝賀シーズンに需要を受けて，栽培面積が広がっている．なお，千葉（1990）によると，1979年は，メキシコ中央部のグアナファト（Guanajuato）州がアスパラガスの全収穫面積4,002haのうちの54.2%を占める最大の産地であり，バハカリフォルニア州北部（39.7%）とソノラ州（6%）がそれに続き，グアナファト州では，全生産量20,544tのうちの71%，生産額23,065万ペソ（約144万ドル）の53.1%を占めていたと報告した．グアナファト州では，デルモンテ社が肥沃な農業地帯であるバヒオ・バレーに缶詰工場を建設し，子会社のプロデュクス・デルモンテ社が3,587tの缶詰アスパラガスを輸出していた．その輸出量は，メキシコの総輸出量4,495tの約80%を占めた．おもな輸出先は，イギリスが67%で最も多く，次いでオランダ，ベネズエラ，ノルウェー，アメリカの順であった．Benson（2002a, 2008, 2012）によると，1997年以後，メ

キシコの缶詰アスパラガスの生産は 0%と記載されており，実際には全く無いわけではないが，1985 年以後に急激に衰退したものと考えられる．

それ以後の産地情報は，GAIN Report を参考にした．GAIN Report とは，アメリカ農務省が世界各地のアメリカ大使館に派遣している担当官が報告する各国の農業の状況に関する報告書である．メキシコのアスパラガスについて HP で入手できたのは 1995～2006 年までの 12 年分であり，どの報告書も 10 頁程度である．日本のアスパラガスに関する報告もあり，興味ある方は入手してみていただきたい．GAIN Report では，1994 年のアスパラガスの栽培面積はソノラ州が 4,320ha（39%），バハカリフォルニア州が 3,200ha（29%），グアナファト州（ベージョ地域）が 3,000ha（27%），その他地域が 480ha であり，合計 11,000ha となっている（Flores 1995）．それ以後の面積の記載を抜粋すると，1999 年は 95%以上がそれら 3 地域で生産され，2002 年はソノラ州が 6,500ha に増加し（Hernandez 2002），2003 年はソノラ州が 7,000ha，グアナファト州が 3,500ha，バハカリフォルニア州が 3,100ha となった（Hernandez 2003）．それ以降は面積の記載はない．ソノラ州では，優良品種の普及や良好な気象条件，最先端の潅漑システムの広範囲な普及によりアスパラガスの栽培面積が増加したと報告されている．一方，バハカリフォルニア州では生産者が低投資でアメリカの消費者が望む多種の園芸作物生産に対応できる土地を得られ，流通センターへも近接している沿岸地区に移住したことにより栽培面積が減少した（Hernandez 2002）．それらの地域のアスパラガスの収穫時期は，ソノラ州とバハカリフォルニア州では 12 月末～4 月初め，グアナファト州のベージョ地域では 6 月末～9 月である（Hernandez 2000）．グアナファト州では，アメリカのアスパラガス生産が少ない 6～9 月に収穫できるため，生産面積が保たれていると考えられる．なお，それらの GAIN Report をみても，メキシコ産のアスパラガスの輸出はほぼ 99%以上がアメリカ向けである．日本向けは 1999 年までが 1%，2005 年には記載すらされていない状態であり，日本へはアメリカ経由で輸出されてきていることが理解できる．

4. メキシコにおける栽培品種と日本への輸出

メキシコにおけるアスパラガスの主要品種は，アメリカのカリフォルニア州が起源であり，グリーン主体に生産されている（Hernandez 2000）。ホワイトもグアナファト州でほんのわずかに生産されているが，グリーンの需要が増加し，ホワイトの生産は減少傾向にある。Flores（1995）は，2～3年株養成した後の7年程度がアスパラガスの収益栽培期間としており，1995年当時の生産者レポートでは90％がアメリカから購入した種子，すなわち F_1 種子を利用したと報

写真 7-2　「UC157」の若茎（左）とアメリカ・カリフォルニア州のデービスにあった CAST 社の種子生産圃場（1997，甲村撮影）

写真 7-3　メキシコ・ソノラ州のカボルカにおけるアスパラガスの栽培（左）および収穫風景（いずれも IPM 西本（株）提供）

告している．品種名は文献に明確な記載がないが，「UC157」が主要品種の一つと推定される（写真7-2）．その理由として，①Brother Inc.のHPでは，「UC157」がアメリカのカリフォルニア州のほか，ペルーやメキシコなどの温帯から熱帯地域までの主力品種であると記載していること，②ユニオン社のHPでメキシコ産アスパラガスの品種名が「UC157」と記載されていること，③IPM西本（株）の千葉氏の私信でも「UC157」がほとんどであり，ほかに「Brock」と「MW500W」があると報告を受けたことによる．「UC157」は言うまでもなく，Benson・Takatori（1978）がアメリカのカリフォルニア州で育成した品種であり，Benson博士が立ち上げたCAST社（第5章）が種子生産を継承していたが（写真7-2），同社の2011年11月時点におけるHPではすべての品種の生産販売をWalker Bros社へ移譲したとしている．なお，2011年11月末に，アメリカのBrock Seed社のDonald E. Brock氏から私信が届き，彼のとりまとめによると，2011年現在のメキシコのアスパラガス生産農家における品種構成は，40％が「Brock系の品種」，すなわち彼の父が1950～1960年代に育成した系統由来の品種であり，次いで「Brock Imperial」（1984年育成）のF_1またはF_2品種が10％，「Early California」（2004年育成）のF_1品種が15％（農家から自家繁殖しないという誓約をとっているためF_2品種はない），そのほかの品種が35％（そのなかには「UC157」のF_1またはF_2品種と「Atlas」および「Grande」，さらに「Jersey系」品種が含まれる）と報告している．メキシコ最大のアスパラガス生産会社である「Altar Produce社」（写真7-1；Altar Produce社HP）も，Brock系の品種のみを使っているとしている．以上から，メキシコにおけるアスパラガスの栽培品種の割合は，メキシコ国家としての情報がなく，各社の思惑もあるため，明確に示すことができないが，アメリカのカリフォルニア州由来系統の改良種または同州の育成品種が主要品種であることは疑いのない事実と考える．

　日本への流通方法については，ユニオン（株）やIPM西本（株）などの各社がHPに詳しく記載しているので参照されたい．ユニオン（株）は2月前半～4月後半が供給可能時期であり，高さ50cm×縦横45cmの6.8kg箱（100g束×65束）で日本に送ってきている．5℃で温度管理し，航空便や船便で現地から約6日かけて日本の販売に至る．また，IPM西本（株）では，GDMやCachanilla（カチャーニーラ）などのブランド品を，1月上中旬に産地カボルカ（ソノラ州）

またはメキシカリ（バハカリフォリニア州北部）から出荷を始め，航空便では，まずアメリカ国内の冷蔵倉庫のあるエルセントロまでトラックで運び（カボルカからメキシカリまでは約 400km，メキシカリからエルセントロまでは 20km 弱），そこで各地向けに仕分けられ，さらにトラックで約 400km 先のロサンゼルス空港に運ばれて成田空港まで送られる．5,471 マイル，約 8,800km の飛行距離である．収穫から成田空港到着までは約 60 時間である．また，船便では同産地のものをエルセントロまでは同様に運び，そこから港に運んで東京まで船で約 10〜12 日かけて運んでいる．船便では特に 0.5℃に保ち，再予冷なども行っている．収穫から東京埠頭出荷までトータルで 14〜17 日間かかる．各社とも鮮度保持と販売価格維持（コスト低減）に努力しており，そのおかげで日本では美味しいアスパラガスを周年でいただけるようになっていると改めて感じさせられた．メキシコ産のアスパラガスの流通については，IPM 西本（株）からお借りした収穫やパッキングの様子（写真 7-3，写真 7-4）と Brock 氏から送られてきた栽培風景（写真 7-5）を参照されたい．

　メキシコは 19 世紀末の榎本移民団を始めとして日本人が 1 万人余り移民している国である．今後も継続した友好関係の保てる国であってほしいと願っている．なお，本章は，日本貿易振興機構（ジェトロ）アジア経済研究所地域研究センターラテンアメリカ研究グループの清水達也氏から多くのアドバイスや参考資料を受けた．十分反映できたとは言い難いが，ここに記して謝意を表する．

写真 7-4　メキシコ・バハカリフォルニア州のメキシカリ・カチャーニーラにおけるパックハウス風景（IPM 西本㈱提供）

写真 7-5　メキシコ・バハカリフォルニア州におけるアスパラガスの栽培風景（Donald E. Brock 撮影）

第8章　世界最大のアスパラガス生産国，中国のゆくえ

1. 世界第1位のアスパラガス生産国

　中国（人口約13億4,893万人，2012年世界保健機関（World Health Organization，略称名:WHO）世界保険統計）におけるアスパラガスの栽培面積は，1980年代から2012年現在に至るまで長い間世界第1位であり，その生産量も世界第1位である（表1-2，図1-2；第1章）．特に1990年代以降，中国のアスパラガス生産量は急激に伸びており（図1-2；第1章），2005年の推定ではおよそ60万tである．栽培面積の推移を見ると，2000年頃までは面積が拡大しており，その後2008年までは横ばい傾向であったが，翌2009年には顕著に減少している（図8-1）．

　中国で生産されるアスパラガスの大部分は，長い間缶詰や冷凍用のホワイトであった（写真8-1，写真8-2）．1997年におけるホワイトの割合は83%であり，残りの17%がグリーンであった（図8-2）．その時期の中国国内向けの生鮮アスパラガスは生産量全体の約1%程度であり，大部分が缶詰として輸出されていた（図8-3，図8-4）．その後，生鮮および冷凍アスパラガスの割合が増え，2005年には生鮮，缶詰および冷凍の割合が同程度になった．それ以降は生鮮アスパラガスの割合のみが増加し，缶詰および冷凍の割合が低下しつつある．その時

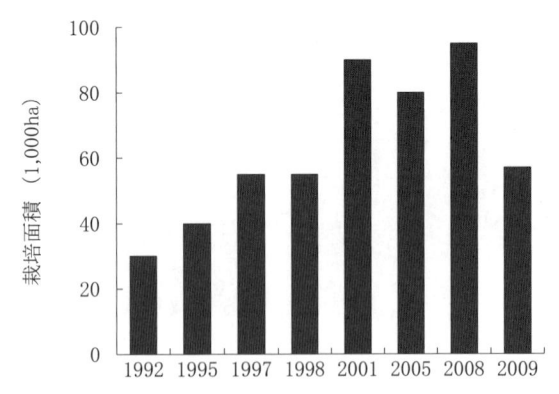

図8-1　中国におけるアスパラガス栽培面積の推移（1992-2009）
Chen（2009）およびBehr（2005）のデータから元木作図.

第 8 章　世界最大のアスパラガス生産国，中国のゆくえ　　93

写真 8-1　中国におけるホワイトの収穫作業（Chen 撮影）

写真 8-2　中国におけるホワイトの加工風景（Chen 撮影）

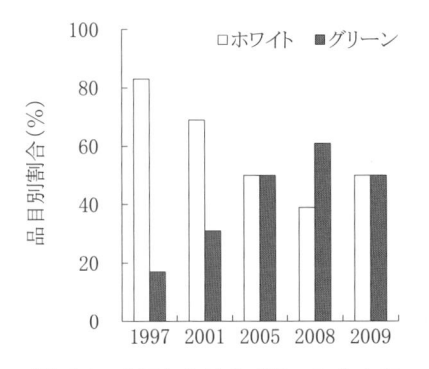

図 8-2　中国におけるグリーンとホワイトの栽培比率の推移（1997-2009）
Chen（2009）のデータから元木作図.

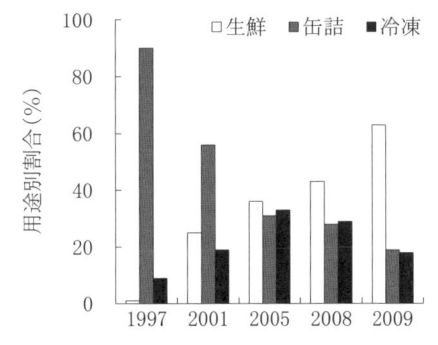

図 8-3　中国におけるアスパラガスの生産形態（生鮮用と加工用）の推移（1997-2009）
Chen（2009）のデータから元木作図.

期には国内消費の割合が急速に増加した（図 8-4）ことから，中国国内の経済発展にともなう富裕層の増大による需要増加に起因すると考えられる（写真 8-3）．2008 年以降は，中国国内の消費量が輸出量を上回っている．それには先に述べた中国国内の需要の増加だけでなく，国際金融危機と中国産冷凍食品の問題による輸出の減少も少なからず関係していると考えられるが，それでも缶詰アスパラガスに限っていえば，中国の輸出量は 2012 年現在もなお世界第 1 位である（図 1-7，写真 8-4；第 1 章）．中国の国内消費量の割合が高まることと連動するようにグリーンの栽培比率が増加し，2005 年にはホワイトと同水準，2008 年にはその順位が逆転した（図 8-2）．ただし，2009 年にはグリーンとホ

写真 8-3 中華料理に使われるグリーン（元木撮影）
第 11 回 IAS（オランダ，2005）において Chen のポスターを撮影した．

図 8-4 中国におけるアスパラガスの輸出と国内消費の推移（1997-2009）
Chen（2009）のデータから元木作図．

写真 8-4 日本で販売されている缶詰および瓶詰のホワイト（尾崎撮影）
福岡市内のスーパーで購入．いずれも中国産．

ワイトの栽培比率は同水準に戻っており，今後ホワイトに関しても，ペルーのように世界各国の生鮮市場への輸出を増やすことも考えられる（元木ら 2008）．

ところで，日本における海外からのアスパラガスの輸入状況に着目すると，とても興味深い実態が浮き上がってくる．図 8-5〜図 8-7 には，2002 および 2009 年における日本の生鮮，冷凍およびその他調製アスパラガスの国別輸入数量を示す（「その他調製アスパラガス」とは，缶詰を中心とする加工品のことである）．輸入総量は，いずれの類別でも国内産に対する嗜好にともなって減少している．2002 年における生鮮アスパラガスのおもな輸入先は，オーストラリア，フィリピン，タイの順であったが，2009 年にはメキシコおよびペルーからの輸入割合が増え，メキシコ，オーストラリア，タイ，

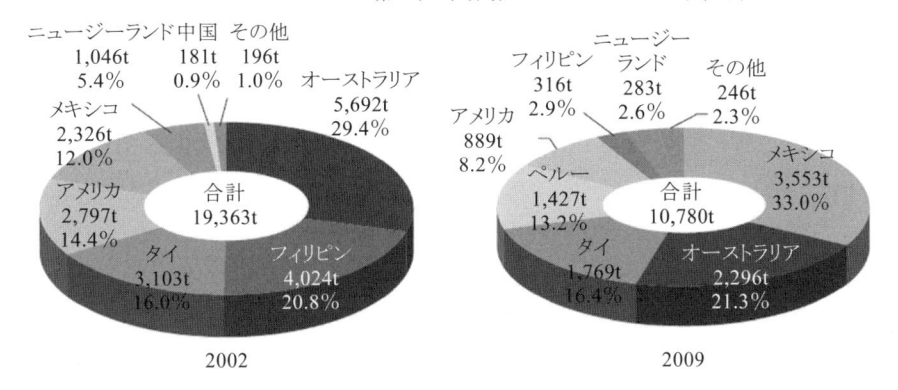

第 8 章 世界最大のアスパラガス生産国，中国のゆくえ　95

図 8-5　日本における国別生鮮アスパラガス輸入数量
農畜産業振興機構「ベジ探」，原資料：財務省「貿易統計」．

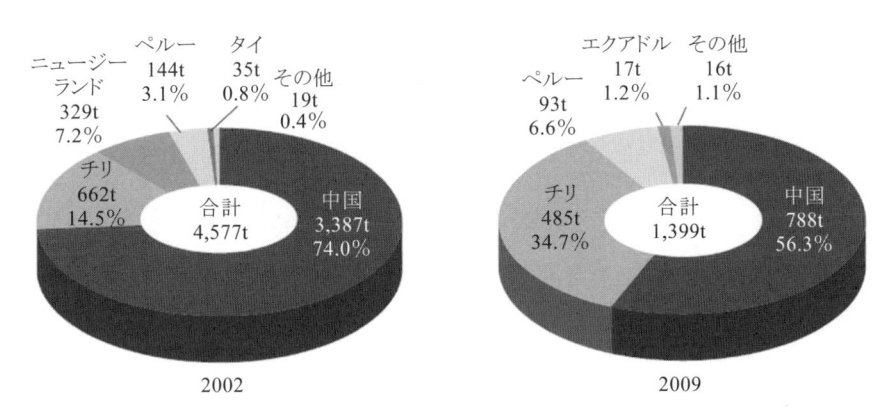

図 8-6　日本における国別冷凍アスパラガス検査数量
農林水産省「植物防疫統計」．

ペルーの順となり，フィリピンからの輸入が大幅に減少した．一方，2002 年の冷凍アスパラガスの輸入先は中国が 74％で第 1 位であり，第 2 位以下を大きく引き離している．2009 年にはその割合が減少したが，それでも 6 割近いシェアを占めている．「その他調製アスパラガス」の場合はさらに顕著であり，2002 年では中国の割合が 99.2％，2009 年でも 93.5％であり，中国産が驚異的なシェアを誇る．

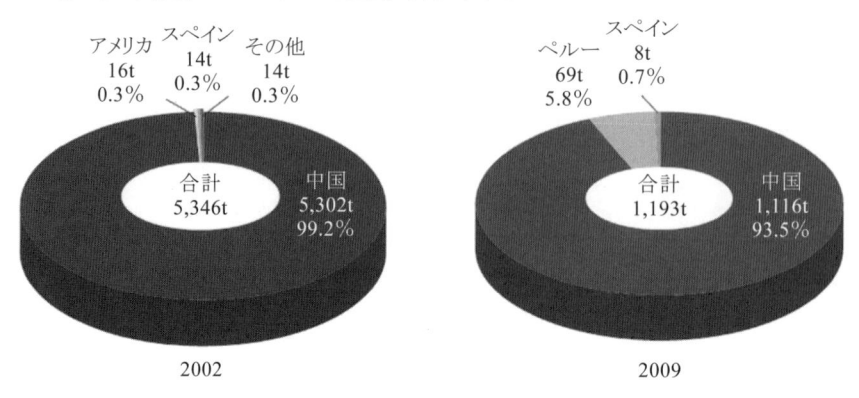

96　第8章　世界最大のアスパラガス生産国，中国のゆくえ

```
アメリカ  スペイン   その他
16t      14t       14t
0.3%     0.3%      0.3%

      合計           中国
     5,346t        5,302t
                   99.2%

       2002
```

```
       スペイン
ペルー   8t
69t     0.7%
5.8%

      合計           中国
     1,193t        1,116t
                   93.5%

       2009
```

図 8-7　日本における国別その他調製アスパラガス輸入数量
　　　　農畜産業振興機構「ベジ探」，原資料：財務省「貿易統計」．

写真 8-5　中国におけるアスパラガスの育苗風景（Chen 撮影）

写真 8-6　中国におけるアスパラガスの栽培風景（Chen 撮影）

2. 中国におけるアスパラガス栽培の現状と課題

　アスパラガスが野菜として中国に初めて導入されたのは，今から約100年あまり前のことである．導入元はヨーロッパであったが，その栽培地は限られていた．アスパラガスの本格的な経済栽培が始まったのは「MW500W」などの品種が導入された1970年代からであり，その後生産面積が急速に拡大して現在に至る（写真8-5，写真8-6；Chen 2002）．

（1）作型は3種類

　Chen（2002）によると，中国におけるアスパラガスの作型は大きく3種類に分けられる．まず福建省などの温暖で湿潤な亜熱帯地域では，冬期の休眠期間

が短く，1年に3度の立茎を行う．春期の立茎は2月に行われ，その後2か月間収穫を行う．4〜5か月間の立茎の後，7月下旬にはいったん親茎（養成茎または母茎とも呼ぶ．以下，親茎）を除去し，その約20日後に立茎を再開する．立茎完了後の8月中旬から2回目の収穫を行う．それらの生育期間中には，数回施肥を行う．10月下旬には再度親茎を除去し，翌春まで冬期の立茎を行う．冬期立茎の期間中は有機肥料を施用するが，収穫は行わず，翌春には親茎を除去する．

2番目は揚子江流域の栽培地における作型であり，1年に2回の立茎を行う．その地域では，3月から収穫を開始し，4〜5月になると立茎を始める．その時期までの収穫量は全期間の20〜30％に相当する．立茎開始後は，通常7月下旬〜8月初めまでの約2〜3か月の間，2回目の収穫を行う．その期間，立茎開始の時期は病害や雑草の防除に特に力を入れる．8月には2度目の立茎を開始し，その後約2か月間，秋期の収穫を続ける．アスパラガスの生育期間中は，化成肥料（複合肥料）による施肥を行う．翌年の病害の発生を抑制するため，冬期には，すべての親茎を除去したのちに有機質肥料の施用を行う．

3番目は中国北部の作型である．その地域における立茎回数は1年に1回である．収穫は4月に始まり，同時期から立茎も開始しながら収穫するが，2番目の揚子江流域の栽培地に比べて収量が少ない．中国北部の栽培地の多くは乾燥しているため，うね間かん水が行われており，病害抑制のために冬期は親茎を除去している．さらに北の内モンゴル地域では，生育期間が短いため，立茎栽培は行われていない．

(2) 中国の栽培品種は？

アスパラガスは，定植後何年にもわたって栽培されるため，品種の選定はきわめて重要である（注）．中国における F_1 品種の種子の値段は F_2 品種の約20倍であり，非常に高い．Chen（2002）によれば，最近まで中国で栽培されていたアスパラガスの多くは「MW500W」や「UC72」，「UC157」の F_2 品種などの古くて生産性の低い品種であった．さらなる問題として，F_2 品種と呼ばれていても，その保証がなされておらず，自然交雑や内婚による後代系統もあると思われ，そのことが中国におけるアスパラガスの生産性を低下させている一因になっていると指摘している．Lagos・Lei（2009）によれば，中国におけるアス

パラガスの栽培面積の約 70〜80%に F_2 品種が植えられているとされる．その理由は，種子が安いため農家が F_2 品種を選ぶというだけでなく，種子販売の中間業者による詐取（F_2 品種を F_1 品種と偽って販売）が行われていることにも原因があると指摘されている．アスパラガスは定植後 2〜3 年間は若茎を収穫できず，品種の特性を判別できないため，中国ではそのような悪質な行為が行われているものと思われる．低品質の種子を使ったアスパラガスの生産性の低下による中国の農家の被害は相当なものであると推察できる．

　Chen の 2012 年の私信によれば，2012 年現在，中国国内で栽培されているアスパラガスの一般的な品種は，おもにアメリカとオランダから輸入されている．グリーンの主要品種は，「UC157」，「Altas」，「Grande」，「Jersey Giant」および「Jersey Knight」であり，近年では「UC115」も導入されている．ホワイトの主要品種は，「Gijnlim」や「Backlim」などのいずれもオランダの育成品種である．近年では，中国国内の研究機関において品種改良や栽培技術確立の研究が進められている．「JingKang 701」（以下，JK701）などの中国で独自に育種した品種もあり，2012 年現在，中国育成品種の栽培面積が限られているが，その面積は少しずつ増加している．

注）一般に F_1 品種は，固定品種間の交配によって採種されるが，アスパラガスは雌雄異株であり，固定品種を作出することができない．しかし，採種のための交配親を栄養的に維持することは容易であるため，長年にわたって特定の交配親個体（群）から継続して採種することができる．そのため，アスパラガスでは特定の雌株と雄株を用いた単交配で得られる集団を F_1 品種と呼ぶ．F_2 品種は，F_1 品種内の複数の個体間での集団交配によって採種されるため，F_1 品種に比べて個体間の形質や収量の違いが大きい．

(3) 病害虫のコントロール

　中国でアスパラガスの栽培面積が拡大し始めた 1980 年代から，新たな病害として茎枯病が問題になり始めた．特に南部の高温多湿な栽培地では年間を通して発生が顕著であり，新規の栽培地であっても定植 3 年目頃から病気が発生して収量が激減する．そのため，病害発生抑制のための取り組みが行われてきた．

茎枯病発生の抑制は，いくつかの手法を組合せて行われている（Chen 2002）．①F_2品種の集団はF_1品種に比べて病気に弱いため，F_1品種の栽培を奨励している，②立茎期間の終了後，特に冬期には必ず刈り取った茎葉を圃場外に撤去する，③カリウムの施肥を増やす，④雨期を避けて立茎を行うことにより茎枯病発生が減少することも経験的に実証されている，⑤殺菌剤の利用も有効であり，立茎開始初期における親茎基部への塗布や地上部全体への散布が行われている．

病気のほかにも，ナメクジやヨトウムシ，ネキリムシなどの害虫による被害も深刻である（Chen 2002）．若茎や親茎を食害して被害をもたらすことから，殺虫剤を使った防除が行われている．殺虫剤は若いステージの幼虫には有効であるが，幼齢が進むと殺虫剤散布では防除が困難になる．そのような場合，3人1組のチームを作り，1人が地上部を揺さぶり，あとの2人が水を入れた容器（たらい）を持って落ちてきた虫を入れる．3人1組で行った場合，約2日間で1haの防除を行うことができ，簡単であり，中国では経済的であるため，頻繁に行われており，幼齢が進んだ害虫にも有効である．

中国におけるアスパラガス生産の近況について China Asparagus Association の Chairman である Chen Guangyu 教授から貴重な情報をいただいた．また，同氏にはアスパラガス生産および加工に関する写真もご提供いただいた．ここに記し，厚くお礼を申し上げる．

第9章　世界最大のアスパラガス生産国，中国の最新事情
―第13回IASの現地視察から―

1. はじめに

　第13回IASは，2013年10月16～18日にかけて中国江西省（人口4,582万人）の省都である南昌市（人口495万人）の江西前湖迎賓館で開催された．世界中からアスパラガスに関係する研究者や生産者，食品産業関係者，種苗業者，流通関係者など約330名（うち中国国外からは約60名）が参加し，最新の研究成果や生産，流通情報などの研究発表が行われた．また，プレ（華南エリアの上海市（人口1,412万人）および浙江省杭州市（人口689万人），2013年10月12～14日）およびポスト（華北エリアの北京市（人口1,262万人），2013年10月19～20日）シンポジウムツアーでは，アスパラガスの大規模生産団地や有機栽培圃場，北京市農業科学院の育種圃場などの現地視察が行われた．また，IAS中にも，南昌市郊外の第4回国際アスパラガス品種比較試験（International asparagus cultivar trial，以下，IACT；注）の圃場を視察する機会があった．本章では，現地視察や研究発表で入手した情報などをもとに，アスパラガスの世界最大の生産国である中国におけるアスパラガス生産の最新情報を紹介する．

注）第4回IACTは2011年から始まり，2013年は3年株であった．日本は第2回IACT（旧農林水産省北海道農業試験場で実施）および第3回IACT（長野県野菜花き試験場，神奈川県農業技術センターおよび北海道大学でそれぞれ実施）に参加したが，第4回IACTには参加していない．

2. 中国におけるアスパラガス生産の最新情報

(1) 中国全土におけるアスパラガス生産

　2014年現在，中国は世界第1位のアスパラガス生産国，消費国および輸出国であり，第13回IASの配布資料では，その栽培面積は95万haであり，世界全体のアスパラガス栽培面積の50.8％を占める（図9-1）．世界におけるアスパ

世界最大のアスパラガス生産国，中国の最新事情　101

単位(万ha)

- 中国 95.0
- ペルー 26.8
- ドイツ 21.8
- アメリカ 14.7
- メキシコ 12.3
- ニュージーランド 2.4
- その他 13.9

図9-1　世界におけるアスパラガスの栽培面積（2013）
第13回IASの配布資料から元木作図．

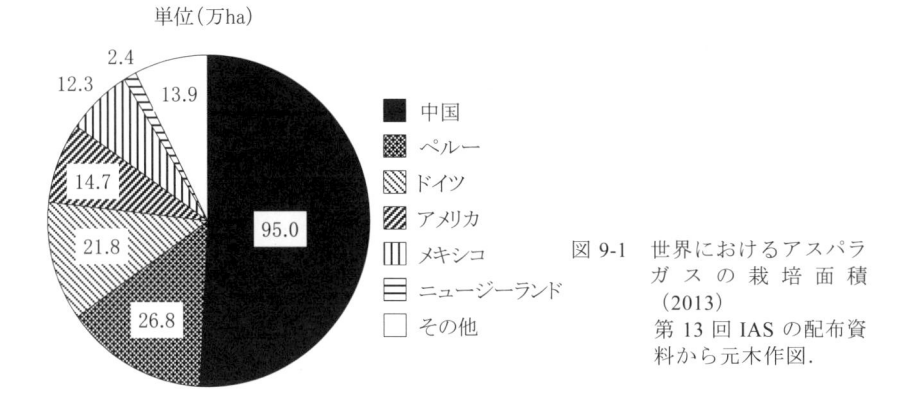

Distribution of Asparagus in China

中国芦笋分布

■ 芦笋 ASPARAGUS

図9-2　中国におけるおもなアスパラガス生産地
第13回IASの配布資料に元木が一部加筆．
● : 訪問先．

ラガスの栽培面積は，中国に次いで，ペルーが26万8千haで14.3%，ドイツが21万8千haで11.7%，アメリカが14万7千haで7.9%，メキシコが12万3千haで6.6%の順となっている（図9-1）．

中国におけるアスパラガスの生産地は全土に広がっている（図9-2）．中国の行政区分である省級（直轄市，省，自治区および特別行政区）別のアスパラガス生産をみると，生産量が多い順に，①河北省，②山東省，③山西省，④河南省となっており，直轄市である首都の北京市周辺の華北エリアが上位4省を占める（表9-1）．それらの生産地に続く⑤雲南省は，アスパラガスの周年生産が可能な西南エリアに位置し，2011年には中国全体のアスパラガス生産振興大会が開催され，アスパラガス生産は順調に伸びている．中国のアスパラガスの生産量は，次いで，華中エリアの⑥浙江省，⑦上海市（直轄市）の順となっている．華中エリアでは，⑬江蘇省も含め，アスパラガス生産が伸びている生産地が多く，しかもグリーンの割合が100%の地域が多い．

ところで，中国国内向けの生鮮のグリーンの消費量は年々増加している．中国では2008年の国際金融危機と中国産冷凍食品問題の影響により，2009年のアスパラガスの輸出量が2008年対比で53%に激減する一方，中国国内の富裕層の増加などから北京市や上海市，広州市（人口805万人）など大都市圏にお

表9-1 中国におけるおもなアスパラガス生産地の省級別生産量の順位（2013）

順位	省級	エリア	グリーンの割合（%）	増減	作型
1	河北省	華北	90	―	
2	山東省	華北	60-70	―	
3	山西省	華北	60-70	―	
4	河南省	華北	60-70	―	
5	雲南省	西南	100	増	周年収穫
6	浙江省	華中	100	増	
7	上海市	華中	100	増	
8	四川省	西南	100	―	
9	江西省	華南	100	微増	
10	福建省	華南	80-90	微増	一部周年収穫
11	海南省	華南	100	微増	周年収穫
12	湖北省	華中	100	―	
13	江蘇省	華中	100	増	

第13回IASにおいて研究者および種苗会社からの聞き取りにより元木作表．

ける生鮮アスパラガスの国内市場が急速に拡大している（第8章）．第13回IASでも，大会の4つのテーマ（Green, Health, Innovation, Development）の一つとして「グリーン」が掲げられており，生鮮のグリーンは中国国内で広く認知され，一般家庭にも浸透してきている．中国では，缶詰や冷凍などの加工用換金作物として栽培されていた，かつてのホワイト生産（第1章）のイメージが大きく変わってきている．

さらに，華南エリアでも，IASが開催された南昌市が位置する⑨江西省を含め，⑩福建省や⑪海南省でグリーンの生産量が微増しており，今後も大都市圏周辺を中心に，中国国内向けの生鮮のグリーン生産は増えていくものと推察される．なお，海南省や福建省などの一部や西南エリアの雲南省などの温暖で湿潤な亜熱帯地域では，冬期の休眠期間が短く，周年収穫が行われている（表9-1）．

(2) 華北エリアにおけるアスパラガス栽培

中国北部の華北エリアでは，立茎回数が1年に1回であり，日本の北海道や本州寒冷地と類似した露地およびハウス雨よけ普通（春どり）栽培（元木 2003，元木ら 2008）がおもに行われている．第13回IASには，華北エリアのほかにも，東北エリアの黒龍江省（ハルビン市）や西北エリアの甘粛省（蘭州市）などの中国北部の研究者たちも参加しており，中国のアスパラガス生産に関わる情報交換ができた．

ポストシンポジウムツアー（2013年10月19～20日）では，北京市農林科学院（写真9-1）のアスパラガスの栽培圃場を視察した．北京市農林科学院では，1980年より品種育成が行われており（写真9-2），これまでに「京緑芦1号」，

写真 9-1　視察で訪れた北京市農林科学院（中国北京市，元木撮影）

写真 9-3　軽作業化を目的としたハウスの高うね栽培（中国北京市，元木撮影）

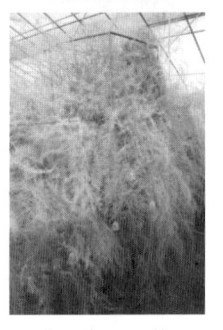

写真 9-2 北京市農林科学院におけるアスパラガスの品種育成（中国北京市，いずれも元木撮影）
北側が断熱ブロックの中国式農業ハウス（上左）のなかでは雌雄株の交配（上中）や選抜（上右），品種・系統維持（下左）が行われていた．また，育成品種・系統の種子増殖はハウス内に網室を設けて行っていた（下中）．IACT などの一般栽培を行うなかでも，優良株を見つけると網を被せて隔離し，交配して種子を得る（下右）．

写真 9-4 華北エリアにおける品種比較試験（中国北京市，いずれも元木撮影）
第 4 回 IACT も含め，40a で 100 品種・系統の栽培が行われている．露地（右）では茎枯病と斑点病が多発していた．

「京緑芦 3 号」，「京緑芦 4 号」の緑 3 品種と「京紫芦 2 号」の紫 1 品種を育成し（叶 2012），華北エリアの生産地で栽培されている．北京市農林科学院では，品種育成のほかにも栽培試験（写真 9-3）や品種比較試験（写真 9-4）などの研究が行われていた．華北エリアを含む中国北部のアスパラガス生産地の多くは

写真 9-5　病害抑制のために点滴かん水（左）やマルチ（右）が検討されている（中国北京市，いずれも元木撮影）

写真 9-6　有機栽培のアスパラガスハウスの外観（上左）と内部（上右）の栽培の様子（中国北京市，いずれも元木撮影）
　　　　　ハウス内は，アザミウマ類やダニ類（下左，下右）などの虫害が目立ち，有機栽培は苦戦している．茎葉の黄化から判断すると，減収が避けられない状況であると感じた．

乾燥しているため，おもにうね間かん水が行われているが，病害抑制のために点滴かん水やマルチなども検討されている（写真9-5）．

　中国では，大韓民国（以下，韓国）と同様（元木ら 2011b），中国国内の富裕層向けのアスパラガスとして，有機栽培および減農薬減化学肥料栽培が推進されているが，有機栽培の技術は未熟であり，韓国と同様（元木ら 2011b），理想

106　第9章　世界最大のアスパラガス生産国，中国の最新事情

写真9-7　露地圃場では欠株が多く見られた（中国北京市，元木撮影）3年株の栽培圃場．

写真9-8　露地栽培における改植試験（中国北京市，いずれも元木撮影）

のアスパラガス栽培としては苦戦している状況である．実際，有機栽培の圃場では病害虫の被害が多発しており（写真9-6），さらに露地圃場では，欠株も多く（写真9-7），収量は少ないものと推察された．また，華北エリアには古い生産地が多く，改植の面でも苦戦しているようであった（写真9-8）．華北エリアを含む中国北部におけるアスパラガス生産の安定および拡大のためには，解決すべき課題が多い．

(3) **華中エリアにおけるアスパラガス栽培**

　華中エリアでは，立茎栽培が広く行われており，病害虫防除ためにハウス栽培が推奨されている．揚子江流域は，元々は露地栽培主体のアスパラガス生産地であったが，茎枯病が大きな問題となり，2014年現在，ほとんどがハウスを利用したグリーン栽培に変わった．その地域の若茎の収穫は，2月下旬頃から始まり，10月まで8か月間程度続く．茎葉は11月下旬〜2月までの間に緑のまま刈りとられるが，転流が目的というよりは害虫をハウス外に持ち出し，翌年

写真 9-9 第 13 回 IAS 視察で訪れた上海市郊外のアスパラガス有機栽培の大規模施設（中国上海市，いずれも元木撮影）

の病虫害の発生を抑制するため，ハウス内をクリーンにする目的で茎葉刈り取りが行われている（梁 2010）．

第 13 回 IAS のプレシンポジウムツアー（2013 年 10 月 13〜15 日）では，上海市郊外の蔬菜園芸場に附属するアスパラガス有機栽培の大規模施設と浙江省杭州市の会社によるアスパラガスの大規模生産団地の 2 か所を視察した．

上海市郊外の有機栽培の大規模施設（写真 9-9）では，高軒高ハウス（写真 9-10）とパイプハウス（写真 9-11）が混在しており，アスパラガスは約 3.7ha 規模で栽培されていた．パイプハウスでは，グリーンとムラサキの 2 色の 4 年株のアスパラガスが栽培されており，品種は江西省農業科学院の Chen 博士が 2007 年に育成したグリーンの「JK701」（写真 9-12；第 8 章）と 2008 年に育成したムラサキの「JingKang Red」（写真 9-13）であり，栽培適応性の現地実証試験が行われていた．栽培法は，華北エリアと同様，中国国内の富裕層向けとして有機栽培および減農薬減化学肥料栽培（写真 9-14）が推進されており，EU の有機認証（A-2011-00843/2011-09120）も受けている．華中エリアにおいても，北京市農林科学院の栽培圃場ほどではないものの，アザミウマ類やダニ類など

108　第9章　世界最大のアスパラガス生産国，中国の最新事情

写真 9-10　高軒高ハウスを利用したアスパラガスの大規模生産団地（中国上海市，いずれも元木撮影）
高軒高のハウス群（上左）と施設内のアスパラガス栽培の様子（上右，下）.

写真 9-11　パイプハウスを利用したアスパラガスの大規模生産団地（中国上海市，いずれも元木撮影）
パイプハウス群（①②③）と施設内のアスパラガス栽培の様子（④⑤）.

の害虫の発生が見られた．その地域のアスパラガス栽培は，うね幅 180cm×株間 45cm，条間 80cm の2条植えで栽培されており（写真 9-15），栽培は韓国の有機栽培圃場と類似していた（元木ら 2011b）．アスパラガスの生育期間中は，化成肥料（複合肥料）による施肥が行われ（写真 9-16），かん水はうね間かん

世界最大のアスパラガス生産国，中国の最新事情　109

写真 9-12　Chen 博士が 2007 年に育成したグリーンの「JK701」の立茎栽培（中国上海市，いずれも元木撮影）

写真 9-13　Chen 博士が 2008 年に育成したムラサキの「JingKang Red」の立茎栽培（中国上海市，いずれも元木撮影）

写真 9-14　中国における有機栽培および減農薬減化学肥料栽培（中国上海市，いずれも元木撮影）鶏糞とバークを混合した有機質肥料（上左）と青色粘着板を使った発生予察および害虫防除（上右），温暖な気候のため害虫も多く，ハウス周辺の雑草は虫による食害痕が多く見られた（下）．

110　第9章　世界最大のアスパラガス生産国，中国の最新事情

写真 9-15　立茎栽培の様子（中国上海市，いずれも元木撮影）
　　　　　うね幅 180cm×株間 45cm，条間 80cm の 2 条植え．

写真 9-16　うねへの化学肥料の施肥（中国上海市，元木撮影）

写真 9-18　頭上かん水の様子（中国上海市，元木撮影）

写真 9-17　うね間かん水と点滴かん水の併用（中国上海市，いずれも元木撮影）

水と点滴かん水が併用されているが（写真 9-15，写真 9-17），華中エリアおよび華南エリアでは，タイ（元木 2012）で行われているような頭上かん水も多く見られた（写真 9-11④，写真 9-18）．
　一方，浙江省杭州市のアスパラガスの大規模生産団地では，同一規格のパイ

世界最大のアスパラガス生産国，中国の最新事情　111

写真 9-19　第 13 回 IAS の視察で訪れた杭州市郊外のアスパラガスの大規模生産団地（中国浙江省杭州市，いずれも元木撮影）

プハウス（写真 9-19）を利用し，2000 年に設立された株式会社により約 2ha 規模の経済栽培が行われていた．華中エリアではハウス雨よけ栽培が基本であり（梁 2010），通常は年間を通じて被覆されているが，2013 年の訪問時は，直前に中国に上陸した大型台風の影響により被覆を外した状態であった．いずれも 4 年株の「Grande」が栽培されており，栽植密度は 1 ハウス 4 うね，うね幅 180cm×株間 30cm の 1 条植え（写真 9-20）で，栽培法は日本（元木 2003，元木ら 2008）と類似していた．

ところで，2014 年現在，中国国内で栽培されている一般的な品種は，おもにアメリカやオランダから輸入されており（梁 2010，第 8 章），杭州市を含む浙江省のハウス栽培では，おもにアメリカ西海岸育成の「Grande」が栽培されている（写真 9-21）．「Grande」は穂先の締まりが優れるため，浙江省では日本の

写真 9-20　立茎栽培の様子（中国浙江省杭州市，いずれも元木撮影）
うね幅 180cm×株間 30cm の 1 条植え（左）で，通路は施肥したあとに中耕する（右）．

写真 9-21　浙江省のハウス栽培で広く普及している「Grande」（中国浙江省杭州市，元木撮影）
「Grande」は穂先の締まりが優れるため，中国では 30cm 長に調製されて出荷される．写真中央の短い 1 本は，日本でよく見られる 25cm 長の規格である．

一般的な出荷規格より長い 30cm 長に調製されて出荷される．杭州市におけるアスパラガスの平均単収は，30cm 長の調製で 10a 当たり 2.2t と高く，切り下（収穫後に 30cm 長に調製した後の若茎基部の廃棄部分）を含めると，10a 当たり 3.5t 程度になるという．廃棄部分や擬葉などの未利用部位も，ジュースやお茶などに加工されて販売される（写真 9-22）．

中国では，最近まで古くて生産性の低い F_2 品種の栽培が広く行われていたが，F_2 品種の集団は F_1 品種に比べて病気に弱いことなどもあり，F_1 品種の栽培が奨励されている（第 8 章）．2013 年現在，中国国内で栽培されているアスパラガスの一般的な品種は，おもにハウス栽培が「Grande」，露地栽培が「Atlas」という棲み分けになっている．露地栽培で「Atlas」が利用されている理由は，収量および品質というよりは種子の値段によるものである．「Atlas」のほうが「Grande」に比べて種子の値段は安い（写真 9-23）．なお，「Grande」および「Atlas」の品種特性は，日本でも第 3 回 IACT で検討しており，いずれも「UC157」に

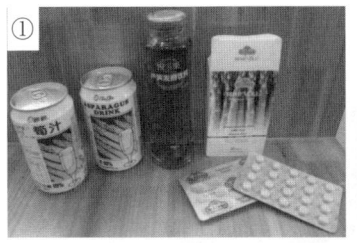

写真 9-22 アスパラガスの加工食品(中国浙江省杭州市,江西省南昌市および北京市,次頁の⑨は菅野撮影,ほかはいずれも元木撮影)
ジュースやお酒,タブレット(①),瓶詰(②),お茶(③④⑨),食品用粉末(⑤),乾燥アスパラ(⑥)など多くの加工食品(⑦⑧)が開発されている.第13回IASでは,会議でアスパラガスのお茶とサプリメント(⑨)が出された.

比べて高品質多収であった(Motokiら 2008).近年では,中国国内の研究機関においても品種改良や栽培技術確立の研究が進められており,上海市では中国育成品種の「JK701」(第8章)を導入して普及を推進している.

(4) 華南エリアにおける第4回IACT

第13回IASのプログラムの一部として行われた視察(2013年10月16日)では,江西省南昌市の第4回IACTの現地圃場(写真9-24)を見学した.IASが開催された江西省は農業が主産業であり,イネやダイズなどの農作物が広く栽培されている.IASの会場となった省都である南昌市は,2013年現在,マン

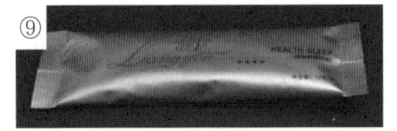

114　第 9 章　世界最大のアスパラガス生産国，中国の最新事情

アスパラガスサプリメント
（会場のティーブレイク時においてあったもの）

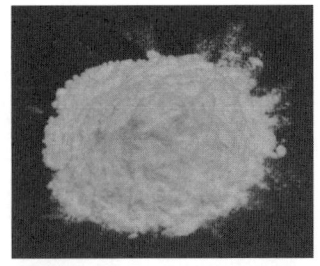

アスパラガスティー
（会場で発表中に出されたもの）

写真 9-22　アスパラガスの加工食品（続き）

写真 9-23　中国で販売されている「Grande」（左）と「Atlas」（右）の種子（中国浙江省杭州市，いずれも元木撮影）

ションや地下鉄などの建設ラッシュであり，街が大きく変貌しつつある（写真 9-25）．南昌市の人口は 2014 年現在，495 万人であり，中国には南昌市のように人口が多く，発展中の地方都市が数多く存在することから，アスパラガスのうち，特に手軽に食べられる生鮮のグリーンは，中国国内における消費がまだまだ伸びる可能性がある．アスパラガスの消費拡大も，生産を拡大するための

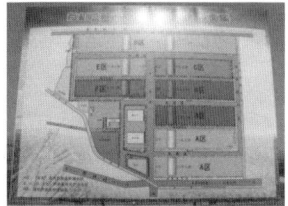

写真 9-24　第 13 回 IAS の視察で訪れた南昌市郊外のアスパラガス有機栽培の大規模施設（中国江西省南昌市，いずれも元木撮影）

写真 9-25　南昌市は 2013 年現在，建設ラッシュである（中国江西省南昌市，いずれも元木撮影）

大きな要素であるが，中国国内の経済発展はアスパラガスの消費拡大の後押しとなるものと考える．

　第 4 回 IACT が行われていた圃場では，世界 6 か国の研究機関や民間会社が育成した 50 品種・系統が 3 反復で比較検討されており（写真 9-26），訪問時は 2011 年播種の 3 年株であった．3 年株の春どりにおける高収量品種は「Atlas」および「Patron」，低収量品種は「Pacific Purple」および「Purple Passion」であった．なお，中国では，河北省（北京市農林科学院），江西省（江西省農業科学院）と，山東省および浙江省の研究機関の計 4 か所で品種育成が行われている．第 4 回 IACT でも中国育成品種の 21 品種・系統が比較検討されており（写真

写真 9-26　華南エリアにおける第 4 回 IACT（中国江西省南昌市，いずれも元木撮影）「Grande」（上右）は華南エリアで最も多く栽培されている品種である．下右はムラサキ（下左）の萌芽状況．

写真 9-27　第 4 回 IACT で検討されていた中国育成品種（中国江西省南昌市，いずれも元木撮影）

9-27），その数は試験品種の 42％にもなる．

　南昌市におけるアスパラガス栽培は，うね幅 180cm×株間 32cm の 1 条植えであり，華中エリアや華北エリアのハウス栽培に類似していた．そこでも，有機栽培が行われており，病虫害の防除回数が少ないためか，ハウス内では，褐斑病やアザミウマ類，コナジラミ類，ダニ類などの病虫害が目立った（写真 9-28）．

写真 9-28　有機栽培のアスパラガスハウスの外観（上左）と内部（上右，中左右，下左）の栽培の様子（中国江西省南昌市，いずれも元木撮影）
ハウス内では，病害虫の発生が目立った（下右）．

3. 中国市場に向けた輸出の動き

　中国では，中国国内の富裕層の増加などから北京や上海，広州など大都市におけるアスパラガスの国内市場が急速に拡大している（第 8 章）．2007 年のデータでは，中国は日本と同程度の量のアスパラガスを輸入している（図 1-8；第 1 章）が，アスパラガスの中国国内の消費は，急速な拡大が今後も見込まれることから，将来，アスパラガス輸出国から輸入国に転じることが予想される．ところで，韓国では，アスパラガスの輸出相手国として，シンガポールや台湾，日本だけでなく，中国も視野に入れている（元木ら 2011b）．また，東南アジアやペルー（元木ら 2010，第 3 章）も，今後，中国市場をターゲットにする可能

性もあり（第1章），日本も海外戦略の一つとして，中国の富裕層をターゲットにした高品質アスパラガスの輸出を目論む必要があると考える．

4. おわりに

世界的にみれば，好調な経済成長に伴い，アスパラガスの消費量は中国やインド，ブラジルなどの新興国で今後増える可能性がある（Chen 2009）．中国では伝統の中国料理にも広く使われるようになってきている(写真9-29；第8章)．アスパラガスは数ある野菜のなかでも収益性の高い野菜であるが，中国では国内向けも含め，ホワイトに比べて価格がよいグリーンの生鮮市場を視野に，生産および健康野菜としての消費拡大に力が注がれている．中国を含めた世界のアスパラガスの生産と消費の動きには，今後も注目していく必要がある．

なお，次回の第14回IASは，ホワイト生産が盛んで栽培面積が増えているドイツにおいて，2017年の開催が決まっている．

写真9-29 中国料理に利用されるアスパラガス（中国浙江省，いずれも元木撮影）
第13回IASでは，収穫終期のためか，大会会場やツアーの食事には，生鮮アスパラガスはほとんど登場しなかった．

第10章　古参産地「台湾」の盛衰と新興産地「韓国」の戦略，東アジアのアスパラガス生産

1. はじめに

　東アジアのアスパラガス生産は，中国を除くと，世界第7位のアスパラガス生産国である日本（2007年の順位；第1章）の生産量が突出しているが，東アジア全体ではそれほど多くない．しかし，中国を含め，人口が多く，経済発展が著しい東アジアにとって，輸出入を含めたアスパラガスの生産と消費の動向を知ることは，日本におけるアスパラガス生産の今後の方向性を示す上でも参考になるものと考える．

　本章では，かつてアスパラガスの高い栽培技術を誇り，缶詰アスパラガスの世界第1位の輸出国として発展していた中華民国（通称名：台湾，以下，台湾，人口2,316万人，2011年中華民国内政部）と，アスパラガスの新興産地である韓国（人口4,887万人，2010年日本外務省）のアスパラガス生産の歴史と現状および課題を把握しながら，東アジアのアスパラガス生産について概説する．

　台湾に関しては，過去のIAS（浦上 1987）において台湾の研究者との交流があり，過去にアスパラガスの視察に訪れた際に収集した資料を元に概要を紹介する．一方，韓国に関しては，2009年にペルーで開催された第12回IAS（元木ら 2010；第3章）をきっかけに，韓国唯一のアスパラガス研究者である全南大学校のYang-Gyu Ku博士と知り合い，その後，両国間で情報交換を行っている．そのなかで，2010年8月9日には韓国全羅南道の和順市で開催された「韓国アスパラガスセミナー」に参加させていただき，その前後に，韓国国内の農産物市場とアスパラガスの生産圃場を訪問する機会を得た．それぞれの訪問先で入手した情報（元木ら 2011b）をもとに，韓国の農業生産とアスパラガス栽培の現状を紹介する．

2. 台湾における農業生産

　台湾は，中国の東の太平洋沿岸に位置する島国であり，日本やフィリピン，

第10章 古参産地「台湾」の盛衰と新興産地「韓国」の戦略，東アジアのアスパラガス生産　　121

中国などと領海を接している（図10-1）．台湾を正式に国家として承認している国は少ないものの，それ以外の多くの国とも事実上独立した地域として国交に準じた関係を結んでいる．面積は約3万5,980km^{2}で，九州よりもやや小さく，日本の国土面積の10分の1程度に相当する．台湾の国土面積のほとんどを占める台湾島は，南北の長さが394km，東西が144kmほどであり，中央には高峻な山岳地帯が連なり，台湾島の面積の約50％を占める．台湾最高峰の玉山（ぎょくざん）は標高3,952m（公式データ，1957年アメリカ遠東陸軍製図局による計測では3,997m，フリーソフトの図10-1ではその数値を表示）であり，東アジア随一の高峰となっている．中央山脈の平均高度は3,000mを超え，標高3,500mを超える山峰が20座も存在している．首都は台北市（2010年現在，262万人）であり，人口では台湾第2位の都市（第1位は新北市で2010年現在，389万人）である．

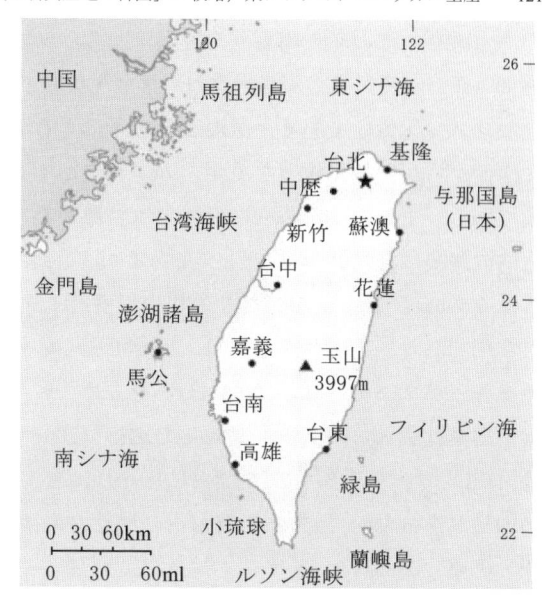

図10-1　台湾の位置

平野は台湾島の西部に大きく偏っており，温暖で湿潤な気候を活かした農業が行われている．ほかに東北部には蘭陽平原，東部には花東縦谷平野，南部には台湾最大の広さを誇る嘉南平原があり，いずれも日本統治時代に整えられた灌漑施設によって農業地帯となっている．また，台湾島には扇状地も発達している．台湾の河川は，日本と同様，山岳地帯を出ると急激に傾斜が緩くなるため，扇状地が発達しやすい．扇状地では，バナナやパイナップル，ブドウなどの果樹や花きの栽培が盛んである．換金性の高い商品作物は台湾農業を支える柱として注目されている（片倉 2005）．

台湾は世界でも有数の多雨地帯であり，年間の平均降水量は約2,600mmと多

い．台湾島中部のやや南寄りを通過する北回帰線を境に，それよりも北側が亜熱帯気候，南側が熱帯気候とされ（河原・菅原 2008a），台湾のほぼ全域が海洋性モンスーン気候である．気温と降雨量による分類では，北回帰線よりもさらに南側からが熱帯気候となるが，いずれにしても高温多雨の典型的な南国の気候である．また，夏から秋にかけては台風が襲来し，その被害は甚大である．台湾の農業は，2006年のデータであるが，1人当たりの耕地面積が 0.26ha（日本は 0.59ha），農家1戸当たりの耕地面積が 1.10ha（日本は 2005年が 1.65ha）と零細であり，近年は農家人口，農林漁業への就業人口とも減少傾向である．兼業農家が 78.5%（日本は 53.4%）を占め，台湾農業の主体となっている．また，農業就業人口の減少，高齢化の進行（2006年では65歳以上の占める割合は 16.3%であり，日本の 57.8%に比べれば若年農家の割合は高い），兼業農家の増加が進むなか，活力ある農家への農地の集積が大きな課題となっている（河原・菅原 2008a）．

　台湾では耕地面積の約 50%が水田であり，野菜生産はおもに中部地域（台湾における野菜作付面積の 46.4%および生産量の 54.5%）および南部地域（同 36.0%および 30.6%）を中心に行われており，中部地域の雲林県ではキャベツやハクサイなどの葉菜類を主体に，南部地域の屏東県ではエダマメを主体に栽培されている（表 10-1, 表 10-2）．台湾における野菜の栽培および収穫期間は，水田裏作の 11～1月，一期作の 2～6月，二期作の 7～10月の三期に大別される（図 10-2；河原・菅原 2008a）．

　台湾はかつて日本の主要な野菜輸入先国であったが，台湾の経済発展による生産コストの上昇や台湾資本の中国投資の拡大により中国向け冷凍野菜工場などが増加するとともに，中国から日本への野菜の輸出が増加したため，台湾から日本への野菜輸出は大幅に減少していった（河原・菅原 2008a）．しかし，2006年においても，台湾にとって，日本が最大の輸出先国であることには変わりなく，野菜輸出総額の 63.7%（輸出品目はエダマメやショウガ，レタス，タケノコなど）を占め，次いでアメリカ（13.7%），シンガポール（3.6%），香港（3.6%），中国（2.8%）の順となっている（河原・菅原 2008a）．

　台湾における野菜の貿易額は，輸出額が減少傾向のなか，輸入額が増加傾向となっており，2006年におけるおもな輸入野菜は，ジャガイモが輸入総金額の

第 10 章 古参産地「台湾」の盛衰と新興産地「韓国」の戦略，東アジアのアスパラガス生産　123

表 10-1　台湾における主要野菜の作付面積の推移（1997-2006）

年次	順位 品目	1位 タケノコ	2位 スイカ	3位 キャベツ	4位 エダマメ	5位 ニンニク	アスパラガス 面積	順位
1997		30,035	21,436	8,852	10,113	7,055	1,573	26
1998		30,325	19,823	9,253	8,974	5,777	1,496	27
1999		30,514	19,724	9,664	7,720	6,256	1,541	28
2000		30,254	18,419	9,021	8,991	7,888	1,565	27
2001		29,449	17,436	9,146	10,523	8,374	1,545	26
2002		29,720	19,757	8,784	8,462	5,882	1,440	28
2003		29,478	15,727	7,631	9,594	5,745	1,260	28
2004		28,597	14,738	8,084	10,303	6,222	1,161	29
2005		28,564	12,448	8,993	8,839	6,759	1,055	29
2006		27,949	12,403	9,089	8,207	5,379	875	32

単位：ha.
台湾農業統計年報（台湾行政院農業委員會）の資料（河原・菅原 2008a）から元木作表．品目の配列順は 2006 年の作付面積による．

表 10-2　台湾における主要野菜の生産量の推移（1997-2006）

年次	順位 品目	1位 キャベツ	2位 タケノコ	3位 スイカ	4位 ハクサイ	5位 トマト	アスパラガス 生産量	順位
1997		251,913	349,950	300,004	124,965	118,818	7,308	33
1998		250,683	341,329	310,643	121,754	96,875	6,344	33
1999		378,849	358,700	382,288	213,988	108,554	7,457	33
2000		346,868	336,826	354,856	154,599	124,727	7,901	33
2001		349,719	322,959	330,082	148,329	116,171	7,365	33
2002		359,053	340,570	434,289	145,435	153,081	6,954	33
2003		299,409	345,107	335,919	130,187	142,700	6,325	33
2004		319,671	310,300	314,945	132,679	143,889	5,900	33
2005		316,115	232,856	212,483	109,382	118,422	4,635	34
2006		355,072	313,356	236,322	132,830	119,275	4,413	34

単位：t.
台湾農業統計年報（台湾行政院農業委員會）の資料（河原・菅原 2008a）から元木作表．品目の配列順は 2006 年の生産量による．

29.7％を占め，次いでスイートコーン（13.3％），アスパラガス（6.4％），カリフラワーおよびブロッコリー（5.3％），エンドウ（4.8％），タマネギ（3.8％），トマト（3.7％），キャベツ（3.4％），レタス（2.5％）の順であった（河原・菅原 2008a）．

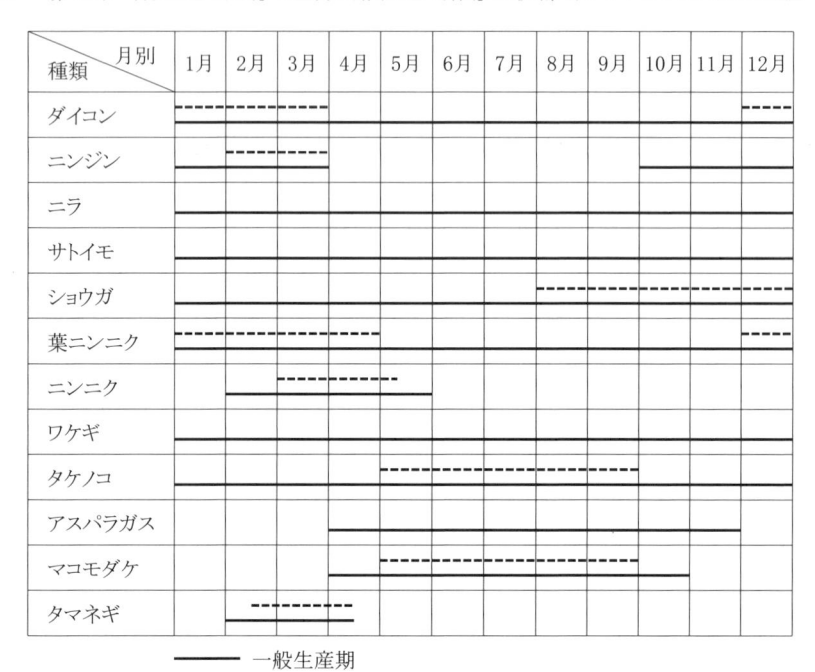

124　第10章　古参産地「台湾」の盛衰と新興産地「韓国」の戦略，東アジアのアスパラガス生産

種類＼月別	1月	2月	3月	4月	5月	6月	7月	8月	9月	10月	11月	12月
ダイコン												
ニンジン												
ニラ												
サトイモ												
ショウガ												
葉ニンニク												
ニンニク												
ワケギ												
タケノコ												
アスパラガス												
マコモダケ												
タマネギ												

――― 一般生産期
------- 最盛期

図10-2　台湾における主要野菜の生産期間（河原・菅原 2008a）

3．台湾におけるアスパラガス生産の歴史と現状および課題

　第二次世界大戦前における台湾のアスパラガスは，純然たる観賞用植物として，庭園や鉢植えで栽培されていたが（紀 1986），1955年に初めてアメリカからアスパラガスの新品種が導入され（Sun 1979），台湾省農業試験所で野菜として試作が始まった．試作成績が予想よりも優れたため，台湾の各地域でも試作されるようになり，同時に栽培法も開発された（Chen・Jean 1964, Hung・Chen 1993）．また，農業試験所における試験を通じて確立したアスパラガスの缶詰を1963年に初めて台湾国外に輸出したと記録されている（Sun 1979）．その後，アスパラガスは台湾の新興作物の一つとして，おもに缶詰用ホワイトの栽培面積が急速に拡大し（図10-3），それに伴って生産量も急激に増え（図10-4），アスパラガスの輸出量および輸出額が世界第1位という驚異的な発展を遂げた

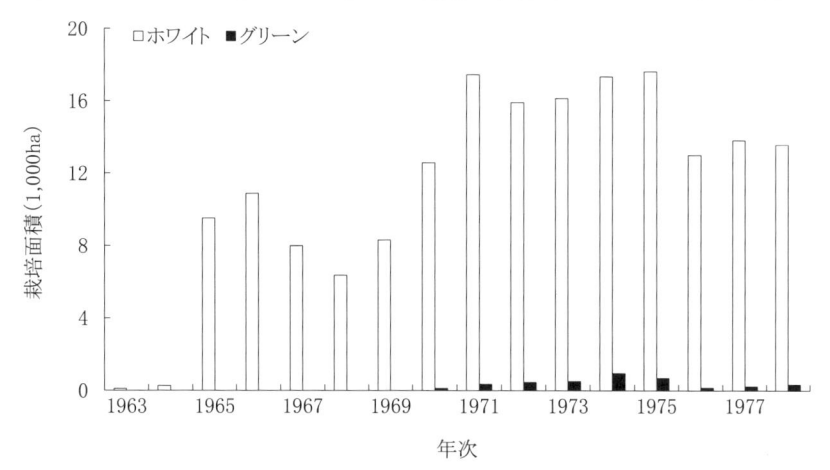

図 10-3　台湾におけるアスパラガスの栽培面積の推移（1963-1978）
　　　　Sun（1979）の報告から元木作図．

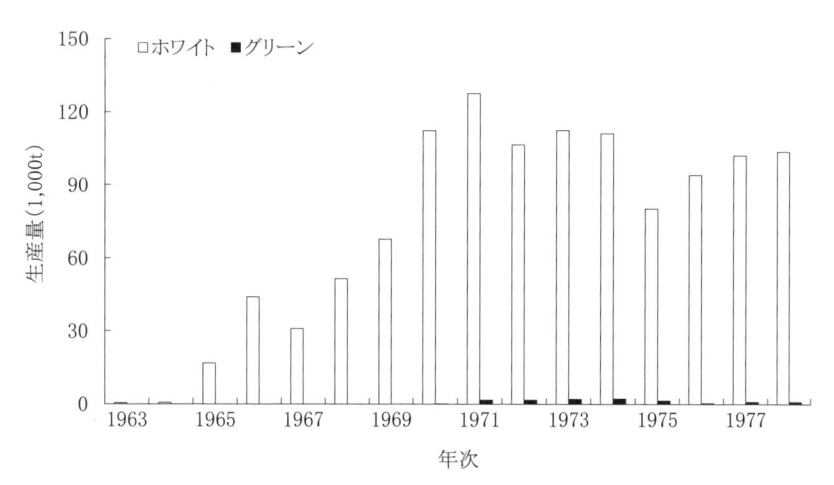

図 10-4　台湾におけるアスパラガスの生産量の推移（1963-1978）
　　　　Sun（1979）の報告から元木作図．

（図 10-5）．1970 年代当時の台湾産アスパラガスの輸出先は，西ヨーロッパを中心に世界 20 か国・地域を超え，1978 年の輸出量の多い順に，西ドイツ，フランス，オランダ，ベルギー，スイス，イギリス，スウェーデン，日本，デンマーク，アメリカであった．台湾におけるホワイトの平均単収は，8,000kg/ha 程度で安定しており（図 10-6），1970 年代当時の台湾におけるアスパラガス栽

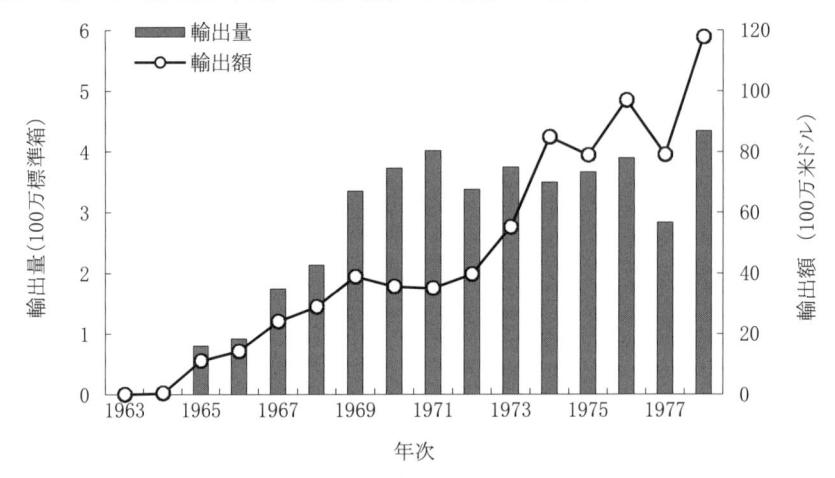

126　第10章　古参産地「台湾」の盛衰と新興産地「韓国」の戦略，東アジアのアスパラガス生産

図10-5　台湾における缶詰ホワイトの輸出量および輸出額の推移（1967-1978）
Sun（1979）の報告から元木作図．

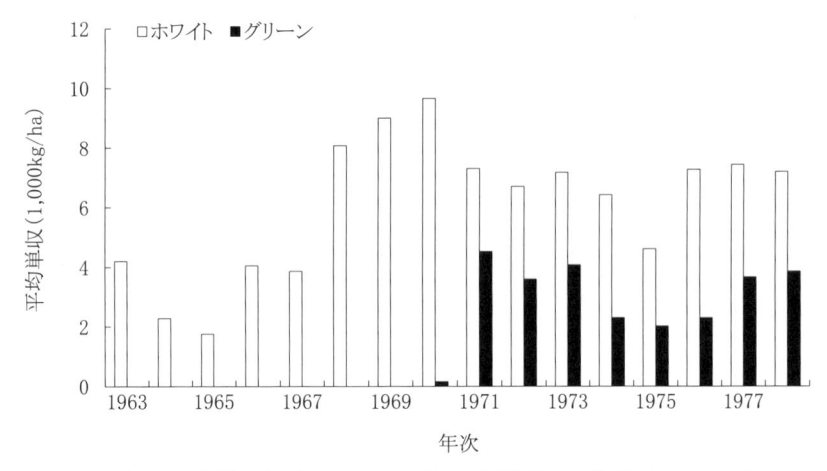

図10-6　台湾におけるアスパラガスの平均単収の推移（1967-1978）
Sun（1979）の報告から元木作図．

培の技術レベルの高さが伺える．

　アスパラガスにおける生産拡大の要因の一つとして，台湾の気候と土壌がアスパラガス栽培に適していたことがあげられる（Sun 1979）．アスパラガスの生育適温は20〜30℃程度であるが（元木 2011a），台湾の年間平均気温は24℃程度であり，アスパラガスの成長が緩慢となる15℃以下および35℃以上の温度帯

（元木 2003，重松 1998a）の期間が台湾ではきわめて短い．また，台湾では10℃以下になる日は年間わずか10日程度のため，アスパラガスの収穫期間が長く，3〜6月および9〜11月までの7か月という長期どり（2季どり）栽培が確立され（図10-2；河原・菅原 2008a，紀 1986），それに伴い平均単収も大幅に増加した（図10-6；Sun 1979）．1970年代当時の台湾は，主要なアスパラガス生産国のなかでは唯一の熱帯および亜熱帯気候に属する国であり，栽培体系もほかの国とは大きく異なっていたが，台湾独自のアスパラガスの栽培技術（Chen・Jean 1964，Hung・Chen 1993）を確立し，わずか10年足らずという短期間にアスパラガス生産量が世界第1位という地位を築いていったことは（図10-7），たいへん興味深い．

台湾における1970年代当時の主要なアスパラガス栽培地域は，雲林県や彰化県，嘉義県などで（紀 1986），そのほとんどが平地の沖積砂質土であり，灌漑施設が完備されていたことも（片倉 2005），多量の水分を必要とするアスパラガスの栽培にとっては大きなメリットであった．また，1970年代当時のアスパラガス栽培品種はほとんどがアメリカから導入された品種であり，農業試験所

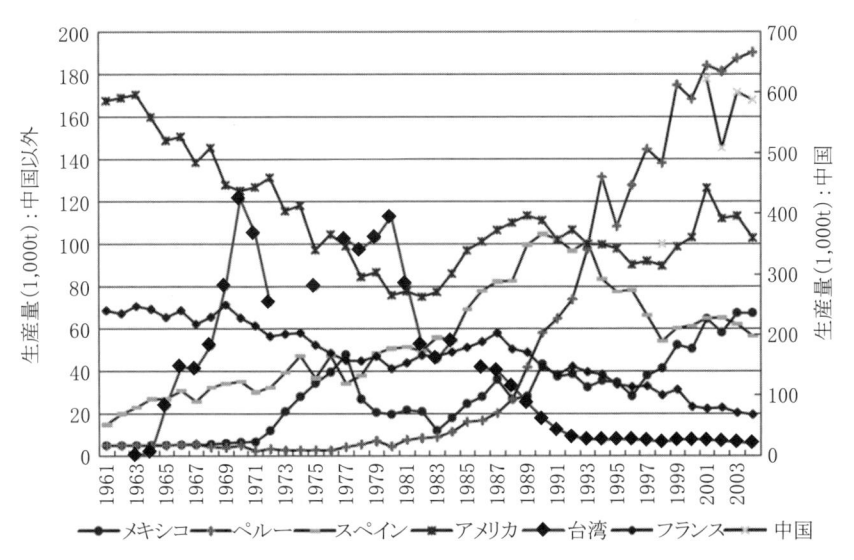

図10-7　主要国のアスパラガス生産量の推移（1961-2004）
　　　　資料は清水（2006）による．出典：FAOSTAT data（2005），中国はUSDA（2003，2005），台湾はStatistical Office（1985，1993，2001）．元木一部加筆．

写真 10-1 台湾省農業試験所台南区農業改良場におけるアスパラガスの育種(台湾台南市,1985,いずれも浦上撮影)
台湾オリジナル品種「台南1号」,「台南2号」および「台南3号」(①)とアスパラガスの育種(②葯培養,③フザリウム属菌の接種,④採種)

における淘汰法試験の結果から,台湾各地域に最適な優良品種が指定されるに至った(紀 1986).1970年代当時の主要品種は,「UC711」や「UC500」(のちの「MW500W」),「UC309」,「UC72」,「UC66」などであった(紀 1986, Sun 1979).その後,台湾区農業改良場において,「UC711」,「MW500W」および「UC309」の各品種からの集団選抜により,「台南1号」,「台南2号」(いずれもホワイト専用品種)および「台南3号」(グリーン専用品種)が育成され(写真10-1),それらの品種は台湾各地域で実際栽培も行われた(Huang 1985).1970年代当時の台湾では,アスパラガスの葯培養による全雄系統の作出など,先進的な育種も行われており(写真10-1),台湾オリジナル品種の育成が進められていた.

生産者に対する技術指導は,アスパラガスの専業地域を設定し,台湾省農業試験所の各地域所属の農業改良場(日本では各地域の農業試験場および農業改良普及センターなどに当たる)と台湾省農会の各地域所属の農会(日本ではJAの生産部会に当たる)が担当していた(紀 1986).収穫出荷に関しては,ホワ

イトでは，各地域の農会が集荷選別し，各地域に設けられた食品加工工場で缶詰やジュースに加工されて輸出された．グリーンは，各専業地域の農会が集荷し，規格ごとに選別され，さらに急速冷蔵したあと輸出された．アスパラガスは，マッシュルームやタマネギと並んで台湾における外貨獲得のための新興作物とされ，1970年代当時は台湾農家の収入の基幹品目となっており，3品目の年間の輸出額は合計3億米ドル以上，アスパラガスだけでも1億米ドルを超え（図10-5），アスパラガスは台湾農家のドル箱とも呼ばれていた（紀 1986）．アスパラガスのオフシーズンには，マッシュルームとの複合経営を行う生産者も多く，労働者の周年雇用により生産コストを抑えることができたことも，アスパラガスの生産拡大に繋がったとされる（Sun 1979）．

ところで，台湾ではアスパラガスの生産拡大に伴い，「台湾アスパラガス研究会」が組織され，アスパラガス全般にわたって研究が進展していった（Sun 1979）．品種育成だけでなく，栽培技術の確立や病虫害および連作障害対策などの試験が精力的に進められた．それらの試験のいくつかを簡単に紹介する．

アスパラガス茎枯病について，台湾では，日本の統治下にあった1922年に菌の同定が行われ，「*Phoma asparagi*」であることが報告された（沢田 1922）．その後，本病は守川ら（1990）により柄胞子の形態的特性などから「*Phomopsis asparagi*」に起因する病害であることが報告されたが，1920年代当時の台湾でも，アスパラガス茎枯病が問題となっていたことは興味深い（Huang 1985）．台湾の気候は高温多雨のモンスーン気候（河原・菅原 2008a）であり，日本と類似し，アスパラガス茎枯病が発病しやすい条件が揃っている．アスパラガス茎枯病は，2012年現在でも日本（元木 2003）だけでなく，中国（第8，9章）や東アジア（元木ら 2011b），東南アジア（元木 2012），南アメリカ（元木 2010，第4章）など，世界の多くの地域で重要病害となっており，日本でも防除技術（福富ら 1992，酒井ら 1992b，園田 2010）や抵抗性育種（Sonodaら 2002，園田ら 2001）に関する研究が行われてきた．また，日本国内の栽培においても問題となっているフザリウム属菌（元木 2003，元木ら 2008，園田 2010）も，1970年代当時の台湾で大きな問題とされており，品種育成のほか，そのほかの病害虫とともに対策試験が精力的に進められていた（Huang 1985）．

アスパラガス栽培では連作障害も大きな問題となるが（元木 2003，2007b，

2007c），アスパラガスの栽培面積が急速に拡大した1970年代当時の台湾においても，改植による減収が問題となっていた．年間降水量が2,000mmを超える台湾では，アスパラガスの古株を抜根したあと，2～3年あけて降雨により連作障害物質（アレロパシー物質）を流亡させてから次作の定植を行うことが，1970年代当時の連作障害対策技術として推奨されていた（Young 1986）．

　台湾は，1960年代後半からアスパラガスの生産量を伸ばし（図10-4），1980年代には世界第1位のアスパラガス生産国になるとともに（図10-7），1970～1980年代には世界最大の缶詰アスパラガスの輸出国となった（清水 2006）．1980年代初めには，台湾からのアスパラガスの年間輸出量は約15万tを記録した（図10-8）．

　ところで，日本においても，第2次世界大戦後から1960年代にかけては，換金作物として，缶詰用のホワイト栽培が全国各地で盛んに行われ，ピークである1968年には日本全国で7,000ha（そのうち北海道では5,210ha）の作付けを記録している．しかし，その後格安の台湾産ホワイトの缶詰生産が急速に伸びたため，日本のホワイト生産は急速に減少し，かわってグリーンの生産量が増加していった（元木 2003）．

　しかし，1970年代に工業化社会に足を踏み入れた台湾では，商工業部門が機敏に国際化に対応したのに対し，競争力に乏しい農業は地盤沈下を続けた．需要と供給のバランスが崩れ，毎年のように，卵やマンゴー，キャベツなどの主要農産物が値崩れを繰り返し，巨額の外貨を稼ぎ，台湾農家のドル箱と謳われていたアスパラガスのほか，バナナやパイナップルなどの果実も，東南アジアや中国を始め，世界各国との競争に敗退していった（台湾光華雑誌HP）．世界第1位の輸出国であった台湾のアスパラガス生産も急速に縮小し，1987年には中国の輸出量が台湾を上回り，ペルーが台湾にほぼ並んだ．さらに1990年に入ると台湾の缶詰輸出はゼロになる一方，中国およびペルーの輸出が拡大した（図10-8）．台湾が世界の輸出市場から撤退したのを契機に，高い収量性と比較的安い人件費という優位性を活かして，ペルーが1980年代後半から缶詰アスパラガスの輸出を急速に拡大していった（清水 2006, 第3章）．また，中国でも人件費や気候，土壌など，アスパラガスの生産適地に急速に拡大していき（第8，9章），中国およびペルーの両国で世界におけるアスパラガスの輸出市場の空白を

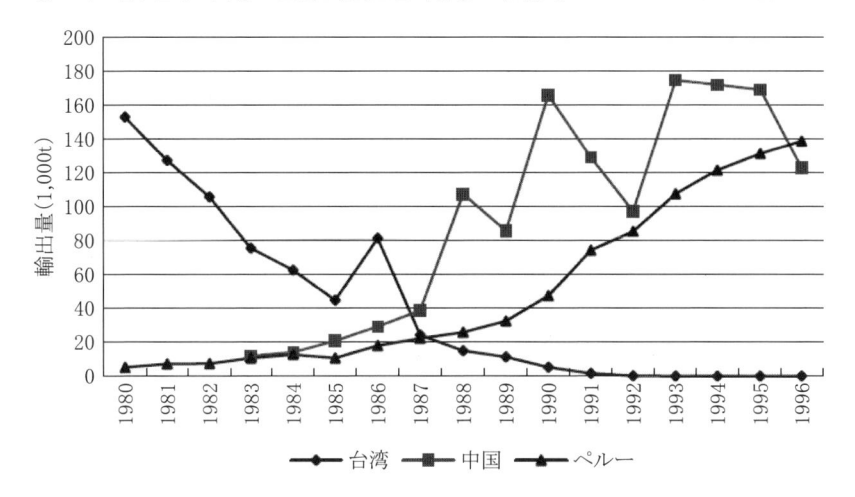

図 10-8 台湾，中国およびペルーにおける缶詰アスパラガスの輸出量の推移（1980-1996）
資料は清水（2006）による．出典：台湾は Statistical Office（1994），Agricultural Trade Statistics of Republic of China（1993）Taipei: Council of Agriculture, Executive yuan．中国は Almanac of China's Foreign Economic Relations and Trade. 各年版（1986～1997/98）．ペルーは Ministerio de Agricultura（1995），La Horticultura en el Perú（1974-1994）．

埋めることになった（清水 2006）．

2012年現在，台湾におけるアスパラガスの生産は，中部および南部地域で行われており，2006年におけるアスパラガスの作付面積および生産量は，中部地域が484ha（台湾全体の875haの55.3％）および2,631t（台湾全体の4,413tの59.6％），南部地域が383ha（同43.8％）および1,749t（同39.6％）であり，北部地域，東部地域および澎湖列島（澎湖県）でもごくわずか（生産量で北部，東部および澎湖の順に，それぞれ3t，28tおよび1t）ではあるが栽培されている（河原・菅原 2008a）．世界のアスパラガス生産における最新のデータ（Benson 2012）では，台湾における2009年のアスパラガス栽培面積は1,100haであり，1990年後半～2000年代前半に比べて栽培面積は増えている（Benson 2002a, 2008）．Benson（2012）の報告では，台湾における2009年産のアスパラガスは，生鮮のグリーンが100％であり，かつて栽培が盛んであったホワイトやその食品加工は統計値から姿を消している．

一方，台湾における2006年のアスパラガスの輸入額は13,872千米ドルであ

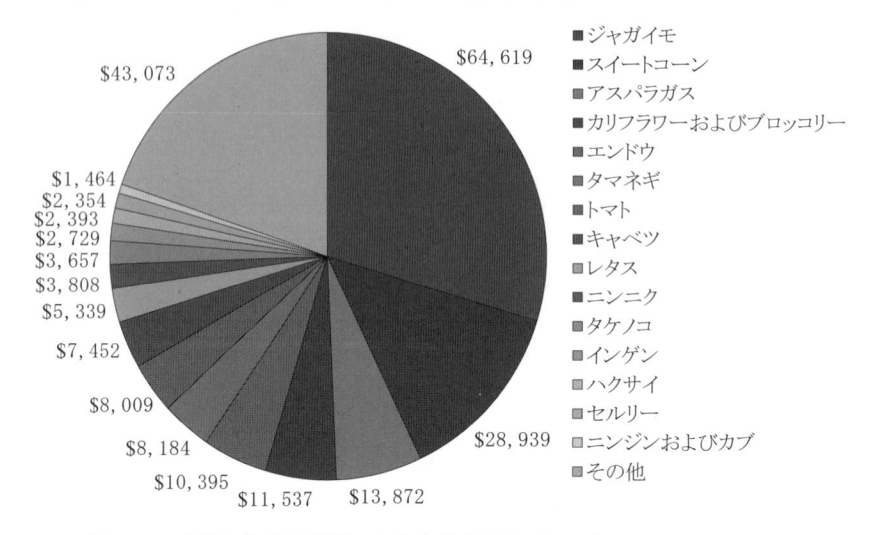

図 10-9 台湾における野菜のおもな輸入品目（2006）
注：山芋は薯類に分類されるため，本図には含まれていない．
台湾財政部関税総局による（河原・菅原 2008a）．

り，ジャガイモ（64,619 千米ドル），スイートコーン（28,939 千米ドル）に次いで，台湾における輸入野菜の第3位に当たる（図 10-9；河原・菅原 2008a）．おもな輸入国としては，タイ（12,811 千米ドル）が 90％以上を占め（写真 10-2），次いでオーストラリア（337 千米ドル），アメリカ（286 千米ドル）の順である．台湾におけるアスパラガスの輸入国は，日本と類似（元木ら 2008）している．台湾では，グリーンのほかに，ホワイトをオランダ（7,100 米ドル）およびフランス（100 米ドル）から輸入している．台湾におけるアスパラガスの輸出入に関して興味深い点は，その多くを輸入に頼りながらも，中国へは台湾産の高品質アスパラガスを輸出していることである（2006年の輸出額は 900 米ドル）．

写真 10-2 台湾の農産物市場で売られているタイ産アスパラガス（台湾台北市，2010，山口撮影）

第10章　古参産地「台湾」の盛衰と新興産地「韓国」の戦略，東アジアのアスパラガス生産　133

写真10-3　台湾で人気のアスパラガスのジュース（台湾台北市，⑤は山口撮影，ほかはいずれも元木撮影）
台湾では，ペットボトル（①2Lおよび1Lボトル，②500mLボトル）や紙パック（③500mLパック，④⑤250mLパック）など多くのアスパラガスのジュースが売られている．

　ところで，台湾では，高所得者は日本産の果物や野菜を好む．日本産の果物や野菜は生で食べることができ，さらに，美味しくて品質がよく，安全・安心であると認識されている（河原・菅原 2008b）．近年は，台湾と中国の相互貿易が促進されており，台湾では中国産農産物の輸入が増加しているが，小売りでは安全性と信頼性がなく，中国産の販売は限定されている（河原・菅原 2008b）．そのため，日本産の高品質アスパラガスに関しても，先行する日本産の果物や野菜と同様，高所得者をターゲットとして，輸出できる可能性があると考える．2007年における日本から台湾への生鮮野菜の輸出量は，第1位がタマネギ，次いでキャベツ，ニンジン，レタス，ハクサイの順であった（河原・菅原 2008b）．日本産のアスパラガスもわずかな量（1t前後）ではあるが，2004年から台湾に

輸出されている.台湾のアスパラガスは,かつては世界第1位の生産量を誇り,日本の長期どり栽培の手本ともなった優れた栽培技術（Chen・Jean 1964, Hung・Chen 1993）を持つ.ちなみに,母茎栽培（mother stalk method）の最初の開発と命名は台湾の研究者である（Hung・Chen 1993）.台湾ではアスパラガスの栽培面積が再び増加に転じているが,台湾における今後のアスパラガスの生産および消費を含め,高品質アスパラガスの輸出入の動向も気になるところである.ところで,台湾のコンビニやスーパーでは,グリーンのアスパラガスジュースを見つけることができる（写真10-3）.そんなところにも,かつて台湾が世界最大のアスパラガス生産地であった面影が残っている.

4. 韓国における農業生産

韓国農業は,経済の国際化における進展のなかで1990年代から急速に変貌を

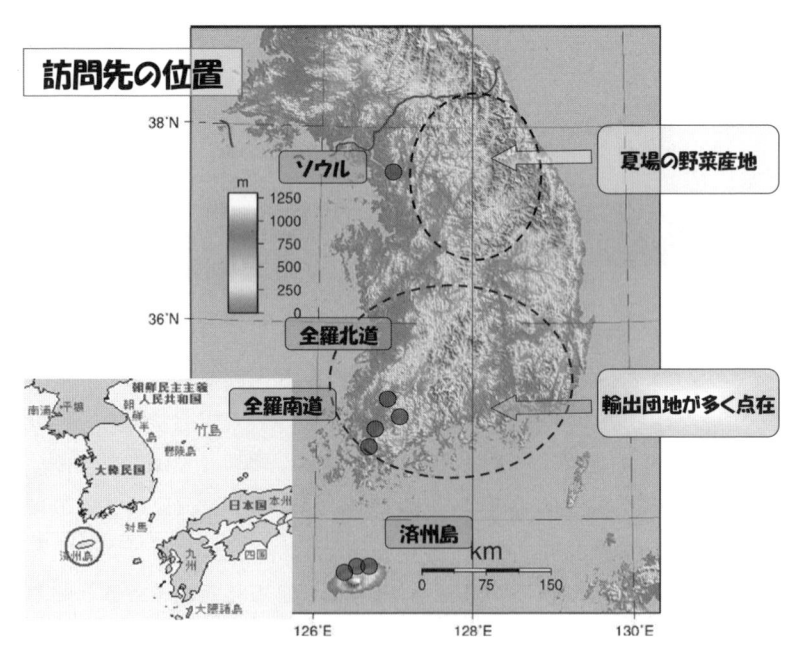

図 10-10 韓国の訪問先（2010）
村野・矢野（2006）の資料を参考に元木作図.
○印は訪問したアスパラガス栽培圃場および農産物市場を示す.

第10章　古参産地「台湾」の盛衰と新興産地「韓国」の戦略，東アジアのアスパラガス生産　　135

遂げた（曾田 2005, 2007）．韓国では「攻めの農業」を目標に掲げ，官民一体となって農産物の輸出に取り組み，韓国南部には施設園芸の輸出団地が形成された（図 10-10，写真 10-4）．韓国は日本の農産物市場に対しても積極的に輸出振興策を進めており（村野・矢野 2006，曾田 2005），韓国野菜の代表的な輸出品目としてあげられるパプリカなど，対日輸出は伸びている（写真 10-5）．また，2004 年以降，チリやシンガポール，欧州自由貿易連合（European Free Trade Association，略称名：EFTA），アメリカなどとの FTA の締結を経て，農業の競争力強化に努めている（村野・矢野 2006）．韓国の主要農産物はコメであるが（図 10-11），2012 年現在，完全自給を達成し，日本と同様，在庫過剰問題を抱

写真 10-4　韓国全羅南道に広がる輸出団地（いずれも元木撮影）

写真 10-5　韓国における輸出用のハウストマト栽培（韓国全羅南道康津郡，いずれも元木撮影）

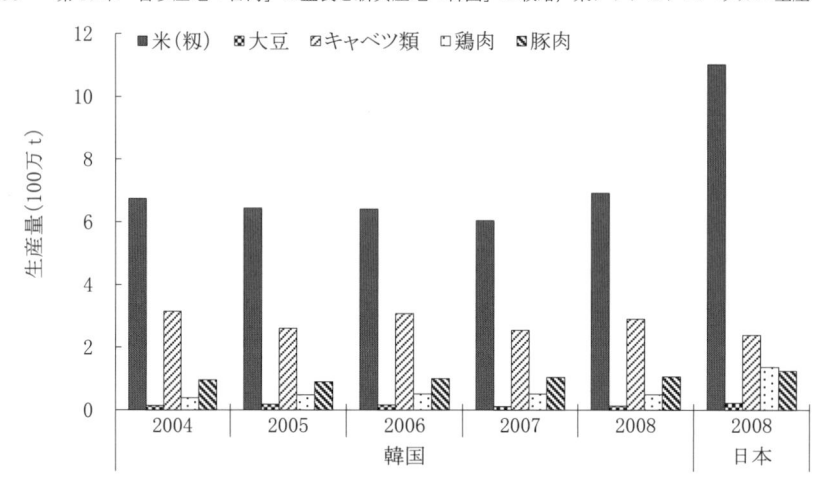

図 10-11　韓国における主要農産物の生産状況（2004-2008）
FAOSTAT Data.から元木作図.

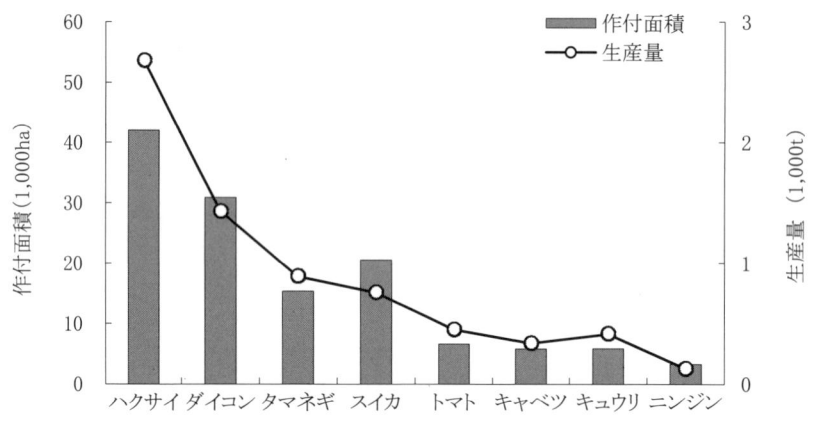

図 10-12　韓国における主要野菜の生産状況（2006）
曾田（2007）のデータから元木作図.

えている．また，韓国の野菜生産は，特定の野菜に大きく片寄っているのが特徴である（図 10-12）．ハクサイ，ダイコン，タマネギおよびスイカの伝統的野菜に，トマトを加えた上位 5 品目で，韓国国内の野菜供給量の 60％程度（重量割合）を占める（曾田 2007）．近年，韓国でも日本と同様，重量野菜は減少傾向にあり，品目の多様化が進んでいる（写真 10-6）．

第10章 古参産地「台湾」の盛衰と新興産地「韓国」の戦略，東アジアのアスパラガス生産　　137

写真 10-6　韓国の野菜事情（⑩は松永撮影，ほかはいずれも元木撮影）
ロッテマートの野菜売り場（①②韓国光州広域市）．日本への輸出が多いパプリカ（③）やトマト（④）などは陳列の種類も豊富．地方の地元密着型のスーパーでも野菜の種類は豊富である（⑤NHマートおよび農協系の大型スーパーである⑥ハナロクラブの野菜売り場，いずれも韓国済州島）．

5. 韓国におけるアスパラガス生産の現状と課題

　韓国における本格的なアスパラガス生産は，Ki-Cheol Seong 氏の指導のもと，

138　第 10 章　古参産地「台湾」の盛衰と新興産地「韓国」の戦略，東アジアのアスパラガス生産

写真 10-6　韓国の野菜事情（続き）
　　　　　ハナロクラブの農産物は原則として 100％国産品を取り扱う（⑦⑧）．水産物や青果物，食肉などの生鮮食料品を取り扱う東大門市場（⑨韓国ソウル）や東門市場（⑩韓国済州島）にも多くの野菜が集まってくる．韓国では，料理を注文すると，小さな店でもキムチやナムル，チャプチェ，サラダなどといった野菜を使ったおかずがたくさん出てくる（⑪⑫）．

2003 年頃より済州特別自治道（以下，済州島，人口 55 万人）で始まった（図 10-10）．2012 年現在，韓国南部の全羅北道，全羅南道および済州島を中心に韓国全土に広がり，日本に準じた栽培技術（うね幅 150cm×株間 25〜35cm 程度，

第10章 古参産地「台湾」の盛衰と新興産地「韓国」の戦略，東アジアのアスパラガス生産　　139

写真10-7　韓国のアスパラガス栽培（韓国全羅南道和順郡春陽面，いずれも元木撮影）
日本に準じた栽培技術（元木2003）で行われている（①）．すべてのハウスに点滴かん水装置が常備されているが（②③），有機質が少なく，土壌改良を必要とする耕土が浅い圃場が散見される（④⑤）．

元木 2003）で行われている（写真 10-7）．Benson（2002a, 2008, 2012）の報告では，韓国におけるアスパラガスの栽培面積は，1997 年は栽培記録がなく，2001 年が 15ha，2005 年が 30ha，2009 年が 60ha である．2010 年現在，韓国のアスパラガス栽培のほとんどがハウス栽培であり，韓国全体の栽培面積は 50ha，

140 第10章 古参産地「台湾」の盛衰と新興産地「韓国」の戦略，東アジアのアスパラガス生産

写真 10-8 韓国アスパラガスプロジェクトの活動（韓国全羅南道和順郡春陽面，④⑤は元木撮影，ほかはいずれも元木友子撮影）
2012 年の韓国アスパラガスセミナーの様子（①〜③，講師は元木）と韓国アスパラガスプロジェクトの説明パネル（④⑤）．

生産量は 400t 程度（10a 当たりの平均単収は 800kg 程度）であった．韓国におけるアスパラガスのおもな生産地および栽培面積は，全羅南道が 10ha，全羅北道が南原市を中心に 10ha，済州島が 5ha などであり，収穫物のほとんどは韓国国内で消費されている．品種は全国的に「スーパーウェルカム」が栽培され，種子は日本国内の種苗メーカーから直接購入している．

アスパラガスの生産地のうち，全羅南道にある光州広域市（人口 143 万人）周辺（図 10-10）では，全南大学校の Yang-Gyu Ku 博士の指導のもと，韓国アスパラガスプロジェクトを立ち上げ（写真 10-8），アスパラガス生産は急速に拡大している．光州広域市の南東 20km 程度に位置する全羅南道の和順郡春陽面では，国からの補助を受け，3 年前に 4ha の大規模ハウスが建設された（写真 10-9）．韓国では，アスパラガスを輸出用の換金作物として位置付けており，化学農薬を使わない有機栽培を実践しているため，病害虫が多発し，ハウス栽培でも日本に比べてかなり低収である（写真 10-10）．

第10章　古参産地「台湾」の盛衰と新興産地「韓国」の戦略，東アジアのアスパラガス生産　　141

写真 10-9　アスパラガスの大規模ハウス
　　　　　（韓国全羅南道和順郡春陽面，いずれも元木撮影）
　　　　　春陽面では，大規模な連棟ハウス（①〜④）が多く，作期拡大のためフルオープンの2重ハウス（⑤）が主流である．

　韓国は，日本と並んで世界で農薬散布量が多い国の一つであるが（図10-13），食や農に関する関心が日本に比べて強く，近年，韓国の国策により少しでも肥料や農薬を減らす方向に向かっている（柳・姜 2010）．アスパラガスもその国策の一つの作物であるが，韓国では，アスパラガスの有機栽培および減農薬減化学肥料栽培の技術がまだ確立されていないことから，韓国が目指す理想のアスパラガス栽培としては苦戦している状況である．有機栽培されたアスパラガスは，韓国国内で消費されるほか，3種類（5kg，3kgおよび1kg）の化粧箱を使って輸出が試みられている．2009年には，春陽面からシンガポールへ500kg程度が輸出されたが，シンガポールからの注文に対して生産が追いつかず，春

142　第10章　古参産地「台湾」の盛衰と新興産地「韓国」の戦略，東アジアのアスパラガス生産

写真 10-10　有機無農薬栽培のアスパラガスのハウス（韓国全羅南道康津郡，⑥は松永撮影，⑧〜⑩は元木友子撮影，ほかはいずれも元木撮影）
防虫ネット（①）や畦畔の雑草防止対策（②）などを行っているが，生産者によっては，アザミウマ類（③）やダニ類（④），ジュウシホシクビナガハムシ（⑤⑥）などの虫害，斑点病（⑦）などの病害が多発しているハウスも見られる（⑧⑨）．⑩は韓国アスパラガスプロジェクトの活動（講師は元木）．

第10章 古参産地「台湾」の盛衰と新興産地「韓国」の戦略, 東アジアのアスパラガス生産　143

写真10-10　有機無農薬栽培のアスパラガスのハウス（続き）

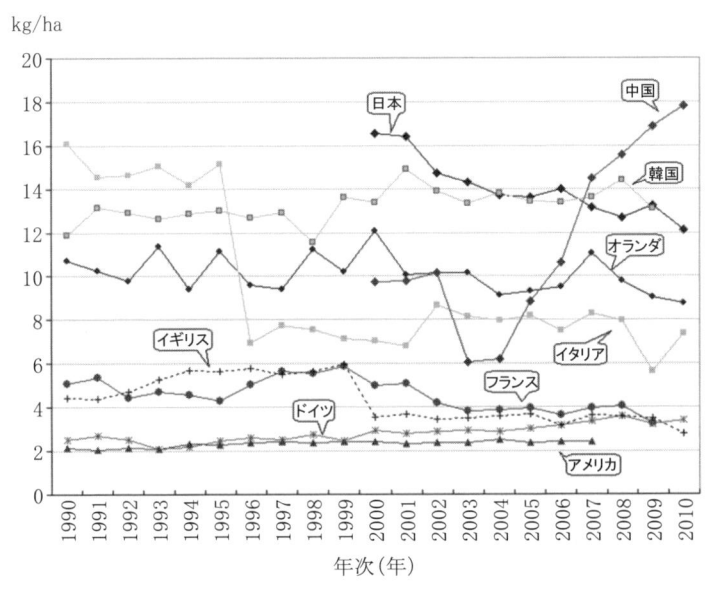

図10-13　主要国における農薬使用量の推移（1990-2010）
　　　　　資料は社会実情データ図録（本川　2013）による．

陽面では輸出対応の大規模ハウスを 2012 年までに 2010 年の 4ha から 15ha 程度に拡大する計画である．さらにアスパラガスの周年供給実現のために，全南大学校ではコンテナ栽培（写真 10-11）や水耕栽培（写真 10-12）の検討も始めている．Yang-Gyu Ku 博士によると，今後はアスパラガスの輸出をさらに強化し，シンガポールが充足されたあとは，中国や台湾，日本などへの輸出を考えているという．

写真 10-11 コンテナを利用したアスパラガスの株養成の検討（韓国光州広域市，全南大学校，元木撮影）

一方，済州島（図 10-10）のアスパラガス栽培は，Jung Ok Soo 夫妻の大規模ハウスで行われており（写真 10-13），さらに 2010 年からは栽培面積の拡大のため，露地栽培における試作も新たに始められた（写真 10-14）．2011 年 12 月現在，Yang-Gyu Ku 博士から露地栽培は順調であるという報告を得ている．

写真 10-12 水耕栽培を利用したアスパラガスの周年供給体制の確立に関する試験（韓国光州広域市，全南大学校，左は松永撮影，ほかはいずれも元木撮影）

第10章　古参産地「台湾」の盛衰と新興産地「韓国」の戦略，東アジアのアスパラガス生産　　145

写真 10-13　Jung Ok Soo 夫妻のアスパラガスの大規模ハウス（韓国済州島，いずれも元木撮影）

写真 10-14　2010 年より試作が始まったアスパラガスの露地栽培の圃場（韓国済州島，いずれも元木撮影）

　済州島は楕円形をした韓国最大の火山島である（図 10-10）．面積は 1,845km^2 であり，沖縄本島の 1.5 倍程度の広さがある．島の中央に韓国最高峰のハルラ山（標高 1,950m）がそびえ，島の北部と南部では気候が異なる．絶壁ばかりの南側に比べて，北側は平坦な海岸線が多く，優良農地も北側の斜面に多く点在する．火山島特有の瓦礫が多い農地のため，耕土はあまり深くなく，韓国の生産量の 80％以上を占めるニンジン（写真 10-15）のほか，ダイズやエゴマ，キンカンなどが島の特産である．ニンジンの種子もアスパラガスと同様，日本の種苗メーカーから直接購入している（写真 10-15）．

　Jung Ok Soo 夫妻の大規模ハウスでは，全羅北道や全羅南道など，韓国のほかのアスパラガス産地に比べて，土づくりがしっかり行われている（写真 10-16）．アスパラガスの 10a 当たり収量は 700kg〜1t 程度である．しかし，アスパラガス導入当初の指導により，うね幅を 1m で定植してしまったため，作業用通路が狭く（写真 10-17），収穫作業や病害虫防除などの栽培管理でたいへん苦労されている．今後は栽培管理の作業性改善のため，うねごと一部を抜根するなど

146　第10章　古参産地「台湾」の盛衰と新興産地「韓国」の戦略，東アジアのアスパラガス生産

写真10-15　済州島におけるニンジン栽培（韓国済州島，いずれも元木撮影）
　　　　　　済州島のニンジン生産（左）は韓国全体の80％以上を占める．種子はアスパラガス同様，日本国内の種苗メーカーから直接購入する（右）．

写真10-16　Jung Ok Soo夫妻のハウス栽培における土づくり（韓国済州島，いずれも元木撮影）

写真10-17　Jung Ok Soo夫妻のハウスにおけるアスパラガスの生育状況（韓国済州島，いずれも元木撮影）

の対策が必要となる．韓国訪問時の2010年8月上旬における済州島産アスパラガスの収穫量は，日量500kg前後であり，平均単価は日本円換算で100g当たり

第 10 章　古参産地「台湾」の盛衰と新興産地「韓国」の戦略，東アジアのアスパラガス生産　　147

150円前後（L級規格）〜30円前後（SS級規格）であった．細ものは極端に安いものの，太ものの値段は日本市場に比べてもかなり高値であった．ちなみに，日本国内における2010年の同時期における日本国産のアスパラガスの平均単価は，100g当たり80円前後であった．スーパーの店頭におけるアスパラガスの販売価格は，日韓の所得格差を考えると決して安いものではない（写真10-18）．

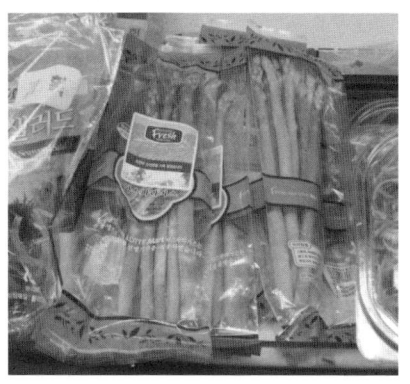

写真10-18　ロッテマートで販売される済州島産アスパラガス（韓国光州広域市，元木撮影）

　Jung Ok Soo夫妻の農園では，生産物加工場が併設されており（写真10-19），若茎残さなどを原料に輸出向けのアスパラガスジュースやアスパラガスパウダ

写真10-19　Jung Ok Soo夫妻の農園に併設されている生産物加工場（韓国済州島，上右は元木友子撮影，ほかはいずれも元木撮影）

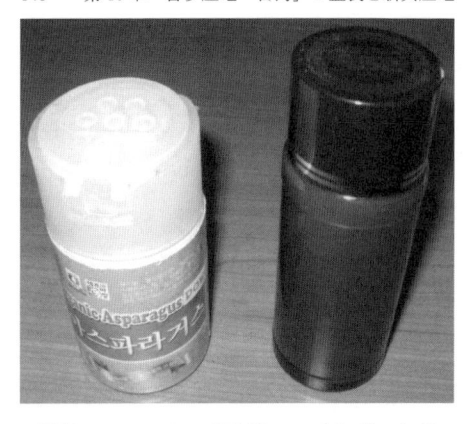

148　第 10 章　古参産地「台湾」の盛衰と新興産地「韓国」の戦略，東アジアのアスパラガス生産

写真 10-20　アスパラガスのパウダーとドリンク剤（韓国済州島，元木撮影）

写真 10-22　対日輸出用のアスパラガスジュースの化粧箱（元木撮影）

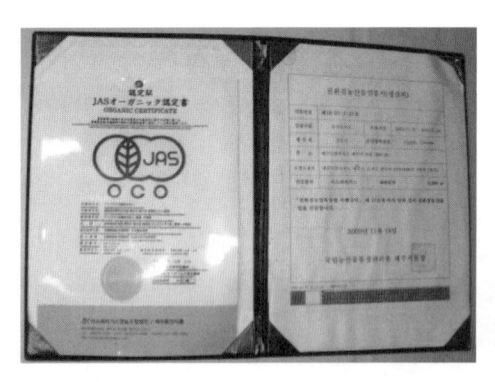

写真 10-21　Jung Ok Soo 夫妻のアスパラガスジュースに対する日本の有機認証（韓国済州島，いずれも元木撮影）

ー（写真 10-20）などの加工品を製造している．そのうち，アスパラガスジュースは日本を含め，世界数か国から有機認証を受けており（写真 10-21），日本でも実際に販売されている（写真 10-22）．

　韓国は，国策による農業振興政策によって，施設園芸の大規模産地の形成や輸出振興策などで成功を収めてきたが，新しい導入品目であるアスパラガスの生産振興において，今後どのように取り組んでいくのか注目しながら見ていきたい．

第 10 章　古参産地「台湾」の盛衰と新興産地「韓国」の戦略，東アジアのアスパラガス生産

第11章　周年供給と輸出，東南アジアのアスパラガス生産

1. はじめに

　熱帯および亜熱帯地域のアスパラガス栽培では，冬場の休眠が行われず，年間を通じて株が成長し続けるとされる（元木ら 2008）．その地域におけるアスパラガスの株の寿命は，寒冷地域に比べて極端に短く，経済栽培は2～3年程度という報告もある（Onggo 2001, 2009）．そこで，アスパラガスの休眠性および萌芽性の調査のため，2011年2月18～20日にタイ（人口6,338万人，2008年日本外務省）の首都，バンコク（人口910万人，都市圏人口は1,197万人）近郊にあるナコーンパトム県のアスパラガス生産地域を訪問した（図11-1，写真11-1，写真11-2）．

図11-1　タイにおけるアスパラガス生産県　山口作図．

　本章では，東南アジアのアスパラガス生産の概要について，訪問先で入手した情報をもとに，タイの農業生産とアスパラガス栽培の現状を中心に紹介する．

2. 東南アジアにおける立茎栽培による周年供給体制

　東南アジアの主要なアスパラガスの生産国はフィリピン共和国（以下，フィリピン，人口8,857万人，2007年フィリピン国勢調査）とタイである．両国におけるアスパラガス栽培は1980年代末頃から始まり，フィリピンでは1990年代，タイでは2000年に入ってから急速に生産量が拡大した（図11-2）．両国と

第11章 周年供給と輸出,東南アジアのアスパラガス生産　151

写真 11-1　ナコーンパトム県のアスパラガス生産（タイ・ナコーンパトム，上左から，元木撮影，山口撮影，松永撮影）タイ最大のアスパラガスの輸出会社である Taniyama Siam 社と契約栽培圃場で休眠に関する情報交換を行う．

写真 11-2　ナコーンパトム県のアスパラガス圃場（タイ・ナコーンパトム，元木撮影）立茎栽培が行われている収穫中の圃場．圃場の奥にはサトウキビ畑が見える．

もアスパラガスは輸出用の換金作物として栽培されており，日本への輸出も多い（写真11-3）．2006年現在，日本のアスパラガス輸入量は，タイが3,725tで最も多く，次いでフィリピン(3,339t)，メキシコ(2,931t)，オーストラリア(2,925t)の順である（表11-1）．フィリピンおよびタイでは，大手の青果商社が指定農場で契約栽培を行い，世界中のアスパラガス市場に向けて輸出している．フィリピンでは2000年頃から徐々に生産量が増加し，2004年には2万tを超えた（図11-2）．フィリピンから日本への輸出量は，1990年代後半には7,000t近くに達していたが，メキシコなどの台頭もあり，2005年前後には3,000t程度で落ち着いている（表11-1）．一方，タイでは2000年代に入ってからアスパラガス

第 11 章　周年供給と輸出，東南アジアのアスパラガス生産

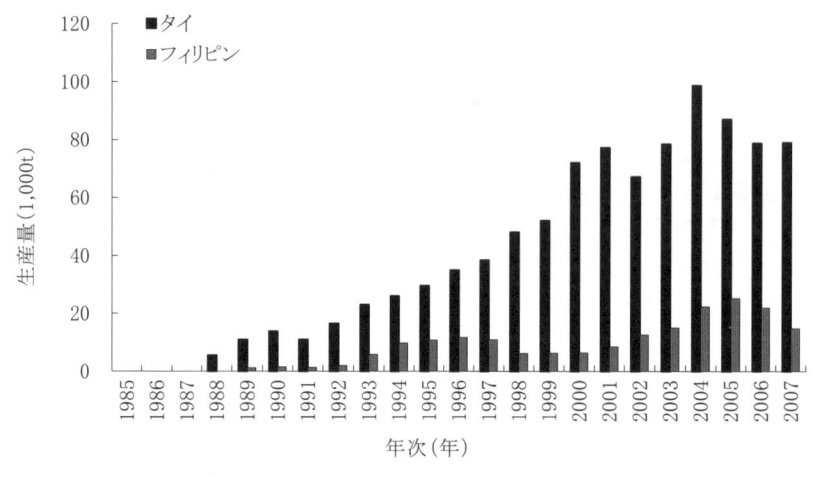

図 11-2　フィリピンおよびタイにおけるアスパラガス生産量の推移（1985-2007）FAOSTAT Data.から山口作図．

写真 11-3　日本で販売されているタイ産アスパラガス（広島市場，いずれも甲村撮影）．販売ラベル（写真右）にはタイ・ナコーンパトム県で栽培された有機アスパラガスであることが記されている．

の生産量が急増したが，2005年前後には8万t前後で横ばい傾向にある（図11-2）．タイから日本へは，2005年前後には4,000t程度が輸出されている（表11-1）．

　東南アジアのアスパラガス栽培は立茎栽培が主体で，亜熱帯から熱帯性の温暖な気候によりアスパラガスが休眠しないため，周年出荷が可能なことが大きな特徴である．フィリピン産，タイ産とも，太ものも収穫されているが，日本へ輸出されるものは細ものが中心で価格は安い．最近では，細ものを短く調製して「ミニアスパラ」という商品名で有利販売を行っている（写真11-4；元木2003，元木ら2008）．また，東南アジアでは，竹筒（フィリピン）や円筒パイ

プ（タイ）をかぶせて遮光するホワイト栽培も実際に行われており，本手法は，日本でも奈良県農業総合センターで実証されている（北條 2007）．

立茎栽培による夏秋どりに関しては，日本の国産品と東南アジア産との品質の差はほとんどなく，近年の日本の国産品におけるアスパラガスの価格低迷の一因ともなっている．

写真 11-4　日本で販売されているタイ産「ミニアスパラ」（京都錦市場，元木撮影）

3. タイにおける農業生産

タイは，国土の約 40%が農地であり，熱帯モンスーン気候に属している．南

表 11-1　おもな国からのアスパラガス輸入量の推移（1990-2006）

年	タイ	フィリピン	メキシコ	オーストラリア	ペルー	アメリカ
1990	1,596	206	1,943	2,411	36	3,989
1991	1,646	909	2,323	2,909	40	3,132
1992	1,837	1,713	2,518	3,047	43	4,631
1993	2,030	2,875	2,830	3,458	135	5,620
1994	1,826	3,309	4,157	3,147	464	6,899
1995	1,450	4,957	3,781	4,536	385	5,682
1996	998	6,817	2,925	4,435	182	5,234
1997	864	6,251	3,122	4,522	123	4,669
1998	1,193	4,166	3,819	5,445	65	3,588
1999	1,539	5,243	4,472	5,926	95	5,148
2000	1,895	4,294	4,914	6,086	215	5,454
2001	2,149	4,362	4,056	6,022	91	3,622
2002	3,103	4,024	2,326	5,692	105	2,797
2003	2,847	3,636	3,430	3,864	137	2,656
2004	3,932	2,392	2,643	4,698	404	2,020
2005	3,919	2,999	3,546	3,828	575	1,580
2006	3,725	3,339	2,931	2,925	733	628

財務省貿易統計データから山口および元木作表．

154　第11章　周年供給と輸出，東南アジアのアスパラガス生産

写真 11-5　タイにおける農業生産（いずれも元木撮影）
①Chiang Rai Rice Research Center のイネ育種圃場，②Chiang Mai の大規模タバコ栽培，③④Doi Inthanon Royal Project，標高 1,000m 地域の果樹および野菜のハウス栽培（③）とその育苗（④）．タイでは 1987 年から地方の農村振興を目的とした王室プロジェクト（Royal Project）が進行中である．

　北に長い国土で山岳地帯からチャオプラヤ川流域の肥沃な低標高地帯まで幅広い条件下で，地域に適した品目が生産されている．主要品目としては，コメのほか，キャッサバやトウモロコシ，サトウキビ，綿花などの畑作物を始め，鶏肉を中心とした畜産業，マンゴーやマンゴスチンなどの果実，トマトやアスパラガスなどの野菜と，幅広い品目が生産されている（写真 11-5）．近年は，工業やサービス業の発展により，GDP（Gross Domestic Product，国内総生産）に占める農林水産業の割合は 10％程度と低下傾向にあるが，農業人口は総人口の 38.9％で，重要な産業（日本貿易振興機構 2008）であることに変わりはない．
　タイ政府は，アスパラガスに限らず多くの品目で貿易促進政策を進めており，近年，FTA や経済連携協定（Economic Partnership Agreement，略称名：EPA）の締結に積極的に取り組んでいる．日本との間では，2007 年 11 月 1 日に「日・タイ経済連携協定」（JTEPA）が発効されている．輸出支援策も多様であり，輸出手続きの軽減を支援する One Stop Export Service Center の設置などにより輸

出促進策を進めている．

また，生産コストが安い周辺国への投資も盛んであり，ラオス人民民主共和国（以下，ラオス）やミャンマー連邦共和国，カンボジア王国，中国などで生産したニンニクやブロッコリー，キャベツなどの野菜をタイ国内で加工するなど，東南アジアの流通拠点としての役割も担っている．2012年現在，ラオスではアスパラガスが試作されており，タイ・バンコク市場での販売が計画されている（河原 2011）．

4. タイにおけるアスパラガス生産の現状と課題

タイにアスパラガス（品種は「MW500W」）が導入されたのは1956年であるが（チャチャリー・鈴木 2000, Naritoom 2000），商業品目としての導入は，1972年にバンコク南部のペチャブリ県（Phetchaburi）Hup-ka-pong村に導入されたのが最初である（Naritoom 2000, Phupaibil ら 2004）．1973年からはアスパラガスの輸出が開始され，高収益品目として，年々生産面積および生産量は拡大していったものの，土壌が痩せていたことやかん水設備の不備，病害虫の拡大などにより生産コストが上昇し，収益性が低下していった（Naritoom 2000）．

1987年に，地方の農村振興を目的とした王室プロジェクト（Royal Project）により，タイ国内のペチャブーン県（Phechabun），プラチュアップキリカーン県（Prachuap Khiri Khan），ラチャブリ県（Ratchaburi），カンチャナブリ県（Kanchanaburi），ペチャブリ県（Phetchaburi），ナコーンパトム県（Nakhon Pathom），ノンタブリ県（Nontharburi），ラヨン県（Rayong）およびナコーンラチャシマ県（Nakhon Ratchasima）の9県に，アスパラガスの産地形成が進められたが，かん水や病害虫，品種など，多くの課題が見つかった（チャチャリー・鈴木 2000, Naritoom 2000）．一方，同年に，タイのアスパラガス生産における2012年現在の主力産地の一つとなったナコーンパトム県のカセサート大学（Kasetsart University）内に設置された，Asian Vegetable Research and Development Center（略称名：AVRDC）により，熱帯の気候に適したアスパラガスの品種比較試験が実施され，タイの気候に適した品種として「Brock Improve」と「UC309」が見出された（Naritoom 2000）．さらに，病害虫防除や

かん水方法，立茎栽培における養成茎（親茎）の立茎法など，栽培技術の確立も進められ，安定的な生産が行われるようになった（Castellaら 1995, Naritoom 2000）．タイにおけるアスパラガス生産は，熱帯地域で周年栽培を行うため，過剰に施肥を行う傾向が見られ，地下水の汚染につながっている事例（Phupaibilら 2004）や病害虫の増加に伴う薬剤使用量の増加など，環境負荷の増大が近年問題となっている．

タイにおけるアスパラガスの栽培面積や生産量は増加傾向にあり，周年供給が実現されている．2009年現在，タイのアスパラガス生産量の98％がグリーンであり，98％が生鮮となっている（Benson 2012）．タイでは，アスパラガスの導入当初から，換金性が高い輸出品目として生産が拡大されており，アスパラガスは高級野菜として扱われてきたが，近年はタイ国内の需要も拡大しつつあり，地元民が集う市場でも販売されるとともに（写真11-6），レストランや学食などでも食材として利用されている（写真11-7）．

2011年の訪問地であるナコーンパトム県は，バンコクの西部，約80km（バンコクから車で1時間30分程度）に位置し，タイにおけるアスパラガスの主産地の一つである（図11-1）．その地域では，日系企業による全量買い取り制度によりアスパラガス生産が行われており，生産者は，あらかじめ決められた価格（年間を通じて同価格）で，出荷量に制限無く，全量販売が可能である（写真11-8）．その販売形態は，タイのほかの地域でも見られ，企業は産地内にいくつものステーションを設置し，生産者はステーションへ出荷を行う．また，企業は集出荷だけではなく，種子や肥料，農薬などの供給も行っており，日本の農協のような役割を担っている．

一方，日系企業による全量買い取り制度ではあるものの，企業により直営農場化や大規模化が進められているわけではなく，大部分は家族経営主体の生産であり，企業による生産調整などは行われていない．ナコーンパトム県には，1,000戸程度のアスパラガス生産農家があり，標準的な経営は，3ライの農地（タイの面積単位で1ライは約16a）を保有し，アスパラガス1ライ＋他品目2ライ（サトウキビなど）で，アスパラガスの改植時の悪影響を抑えるため輪作体系をとっている．平均単収は10a当たり2～3t程度と高く，平均単収6tの生産農家も存在する．経営規模が大きく優秀な生産者のなかには，2～3ライのアス

第11章　周年供給と輸出，東南アジアのアスパラガス生産　　157

写真11-6　タイにおけるタイ産アスパラガスの流通（タイ・バンコク，いずれも元木撮影）
生鮮食料品の卸売で有名な「クロントゥーイ市場」（①②）とバンコク最大の生花市場である「パーク・クローン市場」（③④⑤），古くからの生鮮卸売市場である「バーンラック市場」（⑥），ウイークエンド・マーケットの向かいにある高級食品を扱う「オートーコー市場」（⑦）.

158　第11章　周年供給と輸出，東南アジアのアスパラガス生産

写真11-7　タイ産アスパラガスを使った料理（①タイ・バンコクのソンブーン建興酒店,元木撮影，②③タイ・パチトゥムタニ（Pathumthani）県にあるThammasat大学内学食，④タイ・アユタヤー，いずれも兼子撮影）
①③はグリーンのパット（炒め物），④はビュッフェ形式のサラダに使われるグリーン．

写真11-8　収穫されたタイ産アスパラガス（タイ・ナコーンパトム，いずれも元木撮影）

パラガス圃場で収穫時期を変えながら3ブロックでローテーションし,年間100万バーツ（2016年1月現在，日本円にして約320万円）以上を売り上げる生産

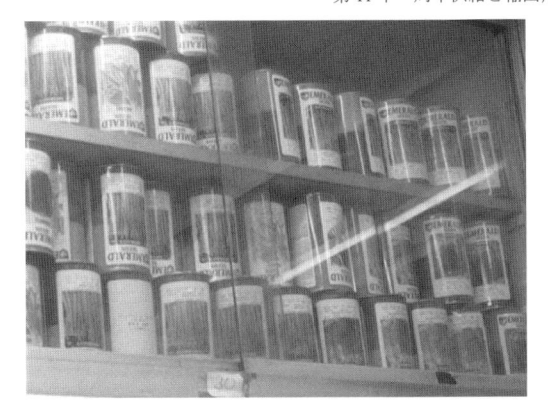

写真 11-9　タイ・バンコクのパーク・クローン市場で販売されるアスパラガスの種子缶（タイ・バンコク，兼子撮影）
タイの市場では，「MW500W」の後代である「UC500」が，未だに現役品種として種苗会社経由で販売されている（写真の種子缶はいずれも「UC500」）.

写真 11-10　インドネシアにおけるアスパラガス栽培（インドネシア Java，佐藤撮影）

者もいる．それは，タイの物価から見ると非常に高い金額である．

　栽培品種は，生産者によって異なるものの，「Brock Improve」が主流である．一方，種子価格が高いことから，生産者自身が自家採種した F_2 や F_3 種子を利用している場合も多い（写真 11-9）．約 3 か月間育苗した苗を定植し，株養成後，翌年から収穫を開始する．日本の一般的なアスパラガス栽培（元木 2003，元木ら 2008）と同様，うね幅 150cm×株間 30cm 程度で栽培されている．

　タイのアスパラガス栽培における大きな特徴は，全期立茎栽培であり，日本のような春どりを行ってから立茎を開始する手法（元木 2003，元木ら 2008）とは大きく異なる．タイは熱帯地域であるにも関わらず，経済栽培として 7～8 年程度は株を維持することができ，15 年以上も継続して栽培している生産者も見受けられる．同じ東南アジアでもインドネシア共和国（以下，インドネシア）では，2～3 年ほどしか株を維持できない（写真 11-10；Onggo 2001, 2009）．タイのアスパラガス栽培では，全期立茎が株の維持に大きな役割を果たしており，それは熱帯地域において株の消耗を少しでも抑える手法である．ところで，広島県の露地栽培でも長期どり栽培の一手法として，通年立茎しながら栽培し続

ける全期立茎栽培が行われているが，そちらは晩霜のおそれがなくなってから養成茎を立て，それ以外に萌芽する若茎を10月頃まで長期どりする手法（伊藤ら 1994）であり，タイの全期立茎栽培とは手法が異なる．

表 11-2 タイにおけるアスパラガス生産圃場の立茎状況（2013）

圃場 No.	立茎数（本/m）	茎径（mm）
1	29.7±0.9[z]	7.4±0.4
2	29.7±0.5	6.6±1.2

タイ・ナコーンパトム．園田作表．
[z] 平均値±標準偏差．

タイのアスパラガス栽培における病害虫関係では，特に茎枯病を重視しており，発病株はその都度，罹病した茎を抜き取り，圃場外に持ち出している（写真 11-11）．そのため，立茎段階では，茎枯病に罹病して除去する茎を見越して，立茎本数は，うね 1m 当たり 30 本程度と日本（うね 1m 当たり，暖地では 10〜12 本，寒冷地では 15〜18 本程度を推奨）に比べて多いことが特徴である（表 11-2，写真 11-12）．さらに立茎数が多い生産者もいるが，少収とされる．また，地温の抑制や保水，除草などを目的としてもみ殻を利用しており，年 2 回，りん芽から 8cm の厚さで全面もみ殻マルチを実施している．茎枯病の主要な感染

写真 11-11 タイにおける茎枯病対策（タイ・ナコーンパトム，いずれも元木撮影）
タイにおける立茎栽培では収穫が毎日行われ，収穫の都度，圃場で茎枯病の発病株を見つけ次第，抜き取って圃場外に持ち出している（①）．そのため，熱帯気候におけるアスパラガス栽培でありながら，圃場における発病株はあまり目立たない（②③）．

第 11 章　周年供給と輸出，東南アジアのアスパラガス生産　　161

写真 11-12　タイの全期立茎栽培における立茎の様子（タイ・ナコーンパトム，左は元木撮影，右は山口撮影）
　　　　　　茎枯病に罹病して除去する茎を見越して多く立茎する．

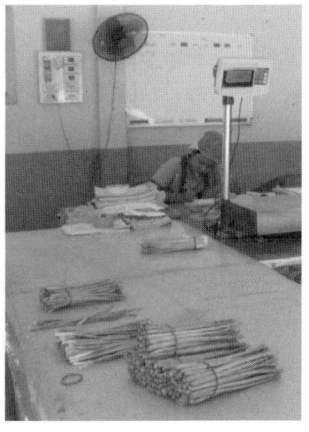

写真 11-13　タイにおける茎枯病対策（タイ・ナコーンパトム，いずれも元木撮影）
　　　　　　圃場全体（うねおよび通路）を年 2 回，もみ殻で被覆し，土壌の跳ね上がりを防ぐ（左）．立茎数をある程度制限し，株元の通風を確保するとともに，茎枯病の罹病を防ぐため，収穫は残茎を残さないように，手で若茎ごと抜き取る（右，収穫調製前の若茎は白い部分が目立つ；写真左下）．

は雨水の跳ね上がりに起因することから（酒井ら 1992a），もみ殻マルチが茎枯病の予防にも役立っていると考えられる（写真 11-13）．

　タイは乾期と雨期がはっきりしていることから，かん水設備は必須である．かん水装置は，おもにコスト面からスプリンクラーが利用される（写真 11-14）．また，タイは周年温暖な気候であり，アスパラガスは休眠がないことから，周年生産が可能であるが，10～11 月にかけての雨期の洪水によって，その時期の生産量は減少する（図 11-3）．その時期の降水量は非常に多いため，アスパラ

162　第11章　周年供給と輸出，東南アジアのアスパラガス生産

写真 11-14　スプリンクラーによるかん水（タイ・ナコーンパトム，いずれも元木撮影）

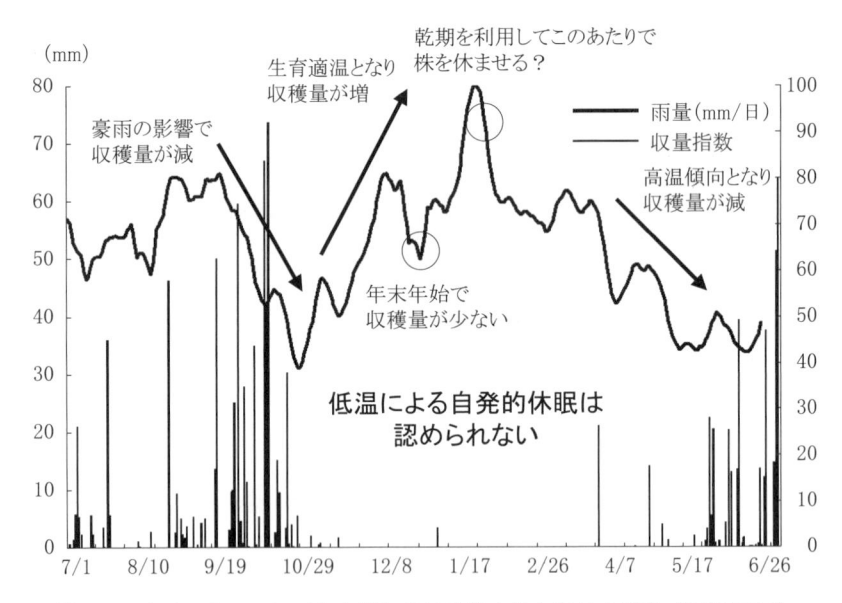

図 11-3　タイ・ナコーンパトム県における降水量と収量の推移（2009-2010）
Taniyama Siam 社からご提供いただいた資料を基に山口作図．

ガス圃場の通路のところどころに明きょを入れて排水対策を行うとともに，うねには盛り土ともみ殻マルチを行い，湿害を防いでいる（写真11-15）．盛り土ともみ殻マルチは土壌水分を安定させるだけでなく，地下茎および残茎を覆い隠すことにより，茎枯病の予防にもつながる．

第 11 章　周年供給と輸出，東南アジアのアスパラガス生産　163

写真 11-15　タイにおけるアスパラガス栽培の特徴（タイ・ナコーンパトム，左は元木撮影，右は山口撮影）
タイは熱帯に位置しており，年間を通じて気温が高く，季節は雨期，乾期，暑期の3つに分かれる．雨期（5～10月）の降水量は非常に多いため，通路のところどころに明きょを入れて（左）排水対策を行うとともに，うねには盛り土ともみ殻マルチを行い（右），乾湿害を防いでいる．

　若茎の収穫期間は，株の状態を見ながら生産者自身が判断し，通常は2か月程度収穫を行うが，残茎を残さないように，収穫は手で若茎ごと抜き取り，茎枯病のリスクを低減させている（写真11-13右）．また，タイは休眠がない地域のため，株を休ませる期間が必要であるが，完全な乾燥により強制的に茎葉の黄化が可能なペルー（第3章）などとは異なり，かん水停止＋養成茎を倒して捻枝することにより貯蔵根へ養分を転流させる独自の手法がとられている．
　タイにアスパラガスが本格的に導入されてから20年以上が経過し，近年は平均単収も低下してきており，改植や病害虫の問題が顕在化してきている．

5. 体系化されたタイの集荷および販売体系

　ナコーンパトム県では，日系企業による全量買い取りが行われているが，タイのアスパラガス生産の拡大に企業が果たしてきた役割は非常に大きい．本章では，Taniyama Siam 社の取材から集荷および販売体系の事例を概説する．
　生産者は，各地域にあるステーションに収穫物を持ち込むが，その時点で生産者ごと，圃場ごとに識別された収穫コンテナを利用している（写真 11-16）．ステーションからパッキング工場に集められた収穫物は，洗浄や調製を行い，箱詰めされるが，品質を少しでも維持するため，花きで行われる「水切り」と

同じように，水中で若茎基部を切る作業も実施されている．

　Taniyama Siam 社のパッキング工場では，収穫コンテナに基づき識別コードが付与され，ロット管理を行っており，出荷時のコンテナやダンボールに貼られたシールでトレースが可能となっている．また，識別コードごとに毎日，専門スタッフによる残留農薬の独自検査を実施しており，不測の事態が発生した場合でも，生産者や圃場の特定が可能となっている．

写真 11-16　Taniyama Siam 社の集荷用コンテナ（タイ・ナコーンパトム，松永撮影）

　さらに，Taniyama Siam 社では，GROBAL-GAP（The Global Partnership for Good Agricultural Practice，旧 EUREP GAP）の取得や Thai GAP の取得，また，日本向けに AEON のイオン AQ に対応するなど，世界的な農業規範の動きに対応した取り組みも積極的に行っており，品質の維持や管理に努力している．Taniyama Siam 社では，集荷から調製作業，出荷まで，完全なコールドチェーンが確立されており，すべて航空便により世界各地へ出荷が行われている（写真 11-17）．

6. フィリピンにおけるアスパラガス生産の現状と課題

　フィリピンのアスパラガスは，大手の青果商社主導により，1987 年にミンダナオ島で試験栽培が開始され，1990 年から商業ベースの生産が行われてきた．フィリピンのアスパラガスは，タイと同様，高単価の輸出品目として，おもに日本をターゲットとしている（Jensen 1996）．フィリピンにおいても，タイと同様，企業が買い上げを行っているだけでなく，種子の供給や技術指導も行う．

　フィリピンでは，通常，8〜10 週間育苗した苗を，10a 当たり 1,800 株程度定植したあと，10 か月後から収穫を開始し，24〜28 週以上を一つのスパンとして周年生産を行う．一つのスパン内で見ると，茎葉の全刈りを行ったあと，収穫開始までが 4 週間，収穫期間が 4 週間，株養成期間が 20 週間となる．平均単収

第 11 章　周年供給と輸出，東南アジアのアスパラガス生産　　165

写真 11-17　Taniyama Siam 社では，集荷，パッキング工場および空港間の移動も企業が保有する専用冷蔵トラックで品質維持に努めている（タイ・ナコーンパトム，元木撮影）

は，10a 当たり 1t 程度を目標としており，平均単収 1.8t を超える生産者もいる．

　除草からかん水，病害虫防除に至るまで，企業によるマニュアルが整備され，規模も拡大傾向にある．1999 年には，生産者 650 戸，栽培面積 1,028ha に達した（宮浦・藤本 2001）．一方，種子の供給から生産技術，販売に至るまでパッケージとして生産者に提供されているためコストが高く，経営が悪化している生産者が多いとの指摘もある（宮浦・藤本 2001）．

7．謝辞

　アスパラガスの休眠性および萌芽性の調査のため，タイを訪問するにあたり，日本貿易振興機構アジア経済研究所の清水達也氏に，日本向けのアスパラガスおよびオクラにおいて，タイ最大の輸出会社である Taniyama Siam 社（写真 11-18）をご紹介いただき，タイにおけるアスパラガス生産の最新情報を得ることができた．ここに記して謝意を表したい．

写真 11-18　訪問先の Taniyama Siam 社（タイ・ナコーンパトム，元木撮影）Taniyama Siam 社はタイにおける野菜輸出の第 1 位のアスパラガスと第 3 位のオクラを扱っている．

第12章 周年安定供給と気候変動との戦い
 －タイおよびラオスにおけるアスパラガス生産の現状と今後の方向性－

1. はじめに

　日本におけるアスパラガスの端境期は，暖地のハウス半促成長期どり栽培の収穫が終了する10月下旬頃から同作型の春どりが始まる2月頃までである．その時期の市場への出荷は，群馬県や秋田県，岩手県などで伏せ込み促成栽培が行われているものの，日本国内の需要に対して生産が全く追いついておらず，輸入品がほとんどを占めている（地子ら 2008）．なかでも，11月は日本国内の生産がほとんどなく（Benson 2012），わずかに北海道や岩手県の一部産地から出荷が行われている程度であるため（山口 2015），オーストラリアやニュージーランド，メキシコ，タイ，ペルーなど，南半球や熱帯地域からの輸入品に依存している（第1，3，6，7，11章）．それらの国のなかでも，タイは肥沃な土地と豊かな水資源を活かして，多くの生産者がアスパラガス栽培に取り組んでおり，1980年代に，王室プロジェクト（Royal Project）として大規模な生産振興が行われ，日本などからの商社が流通を担うようになったことにより大きな飛躍を遂げている（第11章）．一方でタイは，周年温暖な気象条件であるとともに，夏から秋にかけては雨期の影響を受けるなど，アスパラガスの株の維持や病害虫の発生制御にとって不利な面も見受けられる．2011年の雨期には，タイ全域でチャオプラヤ川や流域の河川が大規模に氾濫し，自動車やハードディスクなどのハイテク工場が大きな被害を被ったことは，新聞などで大きく報道されたところである．アスパラガス圃場も大雨による影響を大きく受け，翌2012年の収量が大幅に低下した．その後，タイの産地では，茎枯病を中心とした病害虫の影響が多くの圃場で見られ，生産量の回復が遅れている．そのように，熱帯地域は，植物の生育が早く有利な点があるが，一方で雨期の長雨や洪水などの影響や病害虫の多発が問題となる．

　本章では，2011年2月の訪問（第11章）以降に発生した大雨や洪水により変化したタイのアスパラガス生産の現状と，2014年現在，新たな産地化が進め

られているラオス（612万人，2009年ラオス統計局）のアスパラガス生産の最新情報を紹介する．

2. 岐路に立つタイのアスパラガス生産

(1) 雨期の大雨と洪水

　熱帯地域であるタイは，雨期と乾期に気候が大きく分かれており，雨期は毎日のように降雨があることから，河川の小規模な氾濫はさほど珍しいことではない（沖 2012）．またタイは，北部の山岳地域を除き，全土で傾斜が少ないため，一度河川が氾濫すると排水が困難となるため，大規模な浸水被害がたびたび発生してきた（玉田ら 2013）．

　アスパラガスは，地下部に膨大な貯蔵根を有しており，貯蔵根から発生している吸収根は，多くの水分を給水して地上部の生育を支えている（元木ら 2008）．そのため，アスパラガスの栽培は水が非常に大切である．一方，膨大な貯蔵根や吸収根は，冠水による影響を受けやすく，根が2日間冠水すると，生育に大きな影響を及ぼす（元木 2003）．そのため，水田の転作で作られることが多い日本のアスパラガス圃場では，収量性を確保するために暗きょや明きょの設置が指導されている．雨期の冠水被害が多いタイのアスパラガス産地においても，日本の産地と同様，明きょの施工が重要であり，多くの生産者は，圃場内の水を早期に排水できるように，圃場内に明きょをいくつも掘っている（写真12-1）．

　ところが，大洪水をもたらした2011年および2012年9月の大雨により，膨大な面積が冠水被害を受けた．そのため，アスパラガス圃場内の明きょでは全く効果がなく，多くの圃場で根に大きなダメージを受けたと考えられる．さらに，そのときの大雨の影響によって，それまではもみ殻マルチや若茎の抜き取り収穫などの耕種的防除により発生を抑えてきた茎枯病（第11章）が大発生するようになった（写真12-2）．各圃場における茎枯病菌の密度や被害の発生状況について，2011および2012年の大雨前後のデータはないものの，従来は一部の圃場における発生に留まっていた茎枯病の病原菌が，大雨に伴う浸水被害によって広範囲に広がったことに加えて，滞水の影響により生育が衰えた株に一気に感染して，大規模な発生につながったものと考えられる．

第12章 周年安定供給と気候変動との戦い －タイおよびラオスにおける現状と方向性－

写真 12-1 タイのアスパラガス圃場で見られる明きょ（タイ・ナコーンパトム，山口撮影）

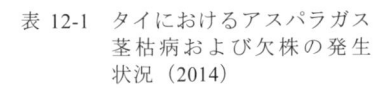

写真 12-2 2012年秋にはタイ全域で茎枯病が大発生した（タイ・ナコーンパトム，山口撮影）

表 12-1 タイにおけるアスパラガス茎枯病および欠株の発生状況（2014）

圃場 No.	茎枯病発病茎率（%）	欠株率（%）
1	7.6±3.3[Z]	40.3±5.8
2	93.7±0.8	39.0±0.7

タイ・ナコーンパトム．園田作表．
[Z] 平均値±標準偏差．

写真 12-3 茎枯病により全滅したアスパラガス圃場（タイ・ナコーンパトム，山口撮影）

2012年11月には，茎枯病が激しく発生した圃場も多く，収穫皆無となっている状況も見られた（表12-1，写真12-3）．2012年は，全滅状態の圃場がタイ全体の圃場の3割程度で見られたとのことである．また，茎枯病の発生程度は異なっても，欠株率が約40%であったことから，茎枯病が発生した圃場の生産性は，低下していると考えられた（表12-1）．その後，2013年の雨期前には，その対策としてトリコデルマ菌などの散布を行ったが，依然，茎枯病の発生が見られている．

タイの場合，農業・協同組合省農業振興局に作物を登録済みの生産者は，作物が洪水の被害を受けた場合，補助金が支給される．特に，アスパラガスの産地があるタイ南部は，現政権の票田となっていることもあり，2009年以前に比

第12章　周年安定供給と気候変動との戦い －タイおよびラオスにおける現状と方向性－　　169

写真12-4　アスパラガス栽培をあきらめた生産者は，うねの肩にタロイモなどの定植を行っていた（タイ・ナコーンパトム，山口撮影）

写真12-5　大雨による生育不良により草勢が回復せず，収量が低い状態が続いていた（タイ・ナコーンパトム，山口撮影）

べて，2011年は手厚い補償がなされている（玉田ら 2013）．しかし，改植から収穫までの期間が長いアスパラガスの場合，再び生産物で収入を得るためには，ほかの品目に比べて期間がかかる．そのため，2011および2012年の大雨により茎枯病の被害を受けた圃場の約6割の生産者は，アスパラガスの栽培をあきらめ，タロイモなどのほかの品目への変更を余儀なくされた（写真12-4）．

図12-1　タイ・ナコーンパトムおよびラオス・セコンの位置
山口作図．出典：http://www.sekaichizu.jp/．

2014年1月にタイのナコーンパトム県の生産地（図12-1）を再訪した際，例年であれば，10a当たりの日収量が5kgであるのに対して1kg程度しかとれて

いない状況であった（写真12-5）．大雨や茎枯病の大発生などの影響が，2014年の再訪時も続いていたものと考えられる．

(2) 株の草勢の回復と茎枯病対策

大雨による滞水被害や茎枯病の被害を受けた株は，貯蔵根Brixが大幅に低下し，株の草勢も極端に低下している．そのため，被害発生前と同じ株管理を行うと，欠株となってしまうため，株の草勢の回復を図る必要がある．幸いタイは，気温が高く日射も強いため，植物は光合成を旺盛に行うことができる．そのため，栽培管理次第では日本に比べてより早期に株の草勢の回復が期待できる．具体的には，茎枯病対策や収穫期間の短縮，収穫の停止などの栽培管理があげられる．

まず，茎枯病対策であるが，2014年現在，タイのアスパラガス生産現場における効果的な茎枯病対策としては，立茎期のかん水停止があげられる．元々，若茎を引き抜いて収穫を行っているタイでは，残茎に残った茎枯病菌による被害リスクが低い（写真11-13右；元木2012，第11章）．一方，ほとんどの圃場では，スプリンクラーによるかん水を行っていることから（写真11-14），茎枯病菌が水滴の跳ね上がりとともに若茎へ感染してしまう（第11章）．つまり，スプリンクラーによるかん水は，茎枯病の防除を考えると問題がある技術と言える．そのため，スプリンクラーの使用が前提となっている圃場においては，茎枯病の感染リスクが最も高い立茎期（茎枯病に感染する軟らかい若茎が圃場に存在している時期）に，かん水を停止することによって，水滴の跳ね上がりによる若茎への感染を大幅に低下することができる．その時に留意する点は，茎枯病の感染リスクがある期間を短くするために一斉立茎を行うなど，立茎を短期間に完了させることである．その後の対策として，最大で年4回の収穫と株養成を繰り返す栽培サイクルにおける茎枯病に対する薬剤防除法の検討，茎枯病の発生を助長するスプリンクラーによるかん水に代わる安価で効果的なかん水法の開発，雨期に対応した防除法の確立などが考えられる．

続いて，株の草勢の回復では，収穫期間の短縮や収穫の停止があげられる．元来，旺盛な生育をするため，収穫が過剰になりがちな熱帯地域であるが，例えば1作収穫を全く行わない栽培管理をすることによって，草勢は大幅に回復することが期待できる．さらに，立茎の際の立茎本数も重要であると考えられ

第 12 章　周年安定供給と気候変動との戦い　－タイおよびラオスにおける現状と方向性－　　171

写真 12-6　大雨被害からの回復が遅れ，草勢が低下したままの圃場（タイ・ナコーンパトム，山口撮影）

写真 12-7　生育むらが欠株の発生につながる（タイ・ナコーンパトム，山口撮影）

る．2014 年 1 月は 6 か所の圃場を訪問したが，消耗した株を回復させるための栽培管理をしていると考えられた圃場は見られず，未だに健全な株と同様の管理や過度なトッピング（摘心）を行っている圃場がほとんどであった（写真 12-6）．

　熱帯地域における株管理の考え方や株の草勢が低下した場合の株管理の手法などについては，早急に生産者への周知を図ることが，タイのアスパラガス産地の復活のために重要であると考えられる．

(3) タイにおける新たな取り組みと課題

　タイで最も利用されている品種は，アメリカ系の「Brock Improve」である（第 11 章）．しかし，実際に圃場で利用されている種子は，F_1 品種もあれば F_2 品種もあり，さらには，生産者自らが自身の圃場に実生から伸びた苗を補植している場合も多々あるとのことである．そのため，同一圃場内でも株ごとの生育に差が見られ，圃場内の株を同一に管理すると，生育不良の株が見られることになる（写真 12-7）．それが，ひいては欠株の発生につながり，生育不良⇒欠株⇒実生苗の補植⇒生育不良という悪循環に陥っている圃場もあると考えられる．

　そこでタイでは，より安定的な生育や収量を得るため，農業・協同組合省とカセサート大学の合同プロジェクトによる培養苗の導入が進められており，一部の生産者圃場において，現地実証試験が始まっている（写真 12-8）．培養に使っている母本は，おそらく「Brock Improve」由来の個体と考えられるが，生育および揃いはいずれも素晴らしく，圃場管理の良さもあいまって非常に多収

172　第12章　周年安定供給と気候変動との戦い　－タイおよびラオスにおける現状と方向性－

写真 12-8　農業・協同組合省とカセサート大学の合同プロジェクトで進められている培養苗の現地実証試験圃場（タイ・ナコーンパトム，左は元木撮影，右は山口撮影）

写真 12-9　培養苗由来の株は若茎の品質もよく，収量が高い（タイ・ナコーンパトム，下左は山口撮影，ほかはいずれも元木撮影）

の圃場となっており，生産者の感覚としては，従来の3倍程度の収量が得られているとのことであった（写真12-9）．合同プロジェクトの取り組みは，研究段階ということもあり，生産者へは1株19バーツ（2014年2月11日現在で約59円）という非常に安価な苗が提供されている．しかし，商業的には，アスパ

ラガスの培養苗は単価が高く，すべての生産者が培養苗を利用できる環境になるにはまだ相当の時間がかかるものと思われる．しかし，揃いの良い苗を利用して生育と株管理を揃えるといった考え方は，タイのアスパラガス栽培においては，非常に重要な考え方ではないかと考える．

スプリンクラーの利用による茎枯病の拡大およびF_2苗や実生苗の利用は，今後のタイのアスパラガス生産にとって大きな阻害要因であると考えられるが，さらに，近年の人件費の増大やアスパラガス買取価格の上昇など，新たな阻害要因も顕在化してきている．タイの場合，ペルーのような1経営体で数百ha〜数千haといった大規模な経営体（第3章）はなく，基本的には小規模な生産者の集まりである．日本向けのアスパラガス輸出企業の最大手であるTaniyama Siam社では，同社にアスパラガスを出荷している生産者を25のグループに分け，資材の販売や収穫物の単価交渉などは，それぞれのグループリーダーを介して行っている．肥料や農薬などの生産資材は，収穫物のリスク管理の面からも同社が一括して購入し，生産者へ配布（販売）している．しかし，前述のとおり，近年の平均単収の低下もあいまって生産者の資材単価に対する不満などが顕在化してきている．さらに，人件費の上昇に伴い，アスパラガスの買取単価も年々上昇している．そのため，タイのアスパラガスは，価格面の優位性が以前に比べて低下してきており，生産量も減少していることから，今後5年程度で生産状況が大きく変化する可能性があるのではないかと推察される．

タイのアスパラガス生産については，引き続き，情報収集を進めながら，最新の情報を得ていくこととしたい．

3. 新たな産地形成が進むラオスのアスパラガス生産の現状と課題

(1) 自給自足のラオスにおけるアスパラガスの位置付け

ラオスは，タイやカンボジア王国，ベトナム社会主義共和国，中国に隣接した，国土面積24万平方キロメートル，人口約651万人の東南アジアの内陸国である（図12-1；外務省HP）．1人当たりのGDPは1,349ドルであり，従来は農業中心であったが，近年の産業構造は，サービス業，農業，工業の順となっている．おもな輸出品は，鉱物や農産林産品，縫製品および電力であり（外務省

HP），特に，国土の多くが山岳地帯という地形を活かした水力発電による電力のタイへの輸出は特徴的である（日本貿易振興機構 2013）．主要な農産物は，コメやサトウキビ，トウモロコシなどであるが，輸出品目としては，コーヒー豆が最も多い(写真 12-10；FAOSTAT 2011 年輸出統計データ)．首都ビエンチャンなどの都市部を除いては，自給自足的な生活が行われている．特に，メコン川流域は肥沃な耕地が広がっており，恵まれた気象条件のもと，多様な農作物が栽培されている．

写真 12-10　ラオス特産のコーヒーを生産するため，パクセ市に建設されたDao コーヒー社の大規模工場（ラオス・パクセ，元木撮影）

写真 12-11　各農家の庭先で乾燥が行われているラオス特産のコーヒー豆（ラオス・ボロベン高原，山口撮影）

　ラオスにおいて，アスパラガス栽培が試行されたのは 2010 年のことである．アスパラガスは高級食材であり，換金性も高いことから，それ以前にもラオスでの作付けは見られていたが（Lao PDR Ministry of Agriculture and Forestry ら 2012），企業的な栽培が行われたことはなかった．タイにある日本とタイの合弁企業である Taniyama Siam 社は，アスパラガスとオクラを中心に日本や諸外国向けの輸出に取り組んでいる企業である（第 11 章）．Taniyama Siam 社は，タイから日本向けのアスパラガスでは最大手であり，近年，日本の産地でも同様な取り組みが行われている「ミニアスパラ」を初めて商品化した企業でもある（写真 11-4；第 11 章）．Taniyama Siam 社のラオス現地子会社である Advance Agriculture 社は，東南アジアにおける新たな野菜生産の拠点として，2007 年，ラオス南部のセコン県タテン地区において，約 62ha の農地の 30 年借地契約をラオス政府と結び，野菜栽培を開始した（Lao PDR Ministry of Agriculture and Forestry 2010）．2007

第12章 周年安定供給と気候変動との戦い －タイおよびラオスにおける現状と方向性－ 175

年当初は，タイの親会社で取り扱っているオクラの栽培から開始し，その後，さまざまな品目の試験栽培を試み，2014年現在，ほぼすべての農地でアスパラガスの栽培を行っている．

同地域は，コーヒー豆（写真12-11）やキャベツ（写真12-12）などの産地として世界的に有名なボロベン高原に近く，近隣の山々から得られる水資源も潤沢に利用することができる．ラオスの同地域の降水量は2,500～3,000mm程度であり，タイと同様（第11章），雨期と乾期がはっきりとしている．雨期は，1か月当たりの降水量が1,000mmを超えることもあり，一日中雨が降っていることが多いが，タイのバンコクに比べて北に位置し，標高も高いことから，バンコクほどは最高気温が上がらない．また，同地域はボロベン高原ほどの標高がないため，最も寒い12～1月であっても，最低気温が15℃を下回ることはほとんどない．

写真 12-12 ボロベン高原周辺で作付けが多いキャベツ（ラオス・ボロベン高原，元木撮影）

Advance Agriculture社は，2007年から野菜栽培を開始したが，2007年当初は，近隣のパクセ市の農業専門学校に声をかけ，100人の若い社員に加え，近隣の村落からの250人と合わせて350人の人員を確保した．自給自足が基本の同地域では，自家消費で余剰となるコメや野菜などを販売し，わずかな現金収入を得ていたが，Advance Agriculture社のような大規模な企業の進出による雇用創出は，地域経済に与える影響が非常に大きいものがあったと言える．

近年，東南アジア諸国などと同様に，ラオスにおいても，携帯電話の普及が相当進んでおり，また，地元住民の重要な足となっているバイクも，地域の若者のステータスとなっている（写真12-13）．さらに，最も人気の娯楽である衛星テレビ（ラオスでは国営放送しかなく，タイからの民放などを視聴している）も，各家庭において爆発的に普及が進んでいる（写真12-14）．それらはいずれも一定の現金収入が得られることが前提となっており，企業の進出は，住民の生活様式も変えようとしている．

176　第12章　周年安定供給と気候変動との戦い　－タイおよびラオスにおける現状と方向性－

写真 12-13　若者のステータスとなっているバイクはラオスで多く見られる（ラオス・パクセ，山口撮影）

写真 12-14　簡素な家に設置されている大型のパラボラアンテナはアンバランスなラオスの生活を象徴している（ラオス・セコン，元木撮影）

写真 12-15　作付けが進められているラオス・セコン県のアスパラガス生産圃場（ラオス・セコン，山口撮影）

写真 12-16　圃場に隣接された場所に設置されたパッキング工場．パックされたアスパラガスは陸路でタイに運ばれる（ラオス・セコン，山口撮影）

（2）ラオスで進むアスパラガスの産地形成

　ラオスのセコン県で進んでいるアスパラガス生産は，まだ緒についたばかりである．2014年1月現在，作付けが終了しているエリアが8ha，さらに，今後1年以内に順次作付けを予定しているエリアを含めると，20.6haとなる（写真12-15）．Advance Agriculture社では2014年現在，圃場に隣接したエリアに，パッキング工場を所有しており（写真12-16），さらなる大規模化への対応が可能である．日本向けについては，2013年12月から少量ながら出荷を開始したところである．同地域の圃場は赤土であり，作土層が浅い（写真12-17）．アスパラガスは，根をできるだけ多く伸長させることが増収に直結するため，できる

第 12 章　周年安定供給と気候変動との戦い　－タイおよびラオスにおける現状と方向性－　　177

写真 12-17　赤土で作土層が浅いラオスの生産圃場（ラオス・セコン，左は山口撮影，右は元木撮影）

写真 12-18　80cm のトレンチャー耕を行ったのちもみ殻や石灰の投入により土壌改良を行っている（ラオス・セコン，山口撮影）

写真 12-19　オープンスペースで自家育苗を行っている．乾期はほとんど降雨がないため，スプリンクラーでかん水を行う（ラオス・セコン，山口撮影）

だけ深耕を行い，根が伸長できるような土づくりが必要である（元木ら 2008）．そのため，2014 年現在，定植が進められているエリアでは，トレンチャーを利用して 80cm 程度の深耕を行い，もみ殻や石灰を投入した上で，高うねを作ってから作付けを行っている（写真 12-18）．

圃場の一部では，全雄品種の試作も行われているものの，栽培している品種はタイの産地と同じ，雌雄混合品種の「Brock Improve」である．育苗は，圃場に隣接した地域で自家育苗を行っている（写真 12-19）．日本のアスパラガス産

写真12-20 黒ポリ鉢に直播きをして育苗している（ラオス・セコン，山口撮影）

写真12-21 地温が確保できるため，定植時にマルチを利用しなくても初期生育に問題はない（ラオス・セコン，山口撮影）

地のように，セルトレイに播種してポットに鉢上げを行う（元木 2003）ことはせず，黒ポリ鉢に直播きをして育苗している（写真12-20）．ただし，播種前に黒ポリ鉢に詰めた培養土に十分なかん水を行っておらず，播種後のかん水もスプリンクラーによるため，発芽率や成苗率は日本のアスパラガス産地に比べて低い．定植は，ロータリー耕とトレンチャー耕で確保した30cmの作土層と，10cm程度の高さに成型した高うねに定植を行っている．日本と異なり，定植時にマルチは利用していない．これは，かん水がスプリンクラー利用ということもあるが，ラオスは元来，強い日射で地温を確保できるため，マルチで地温を上げなくとも，初期生育量の確保には問題ないと考えられる（写真12-21）．

写真12-22 すでに圃場で発生が見られる褐斑病．株の草勢低下や欠株の原因になっている（ラオス・セコン，山口撮影）

うね間は160cm，株間は40cmである．定植後，1年が経過してから収穫を開始し，基本的には，2か月間収穫を行ったあとに1か月間株養成を行う（Restingと呼ぶ）といったサイクルを繰り返し，年間の収穫日数は260日ほどとなって

いる．ただし，日本の春どりのような収穫スタイルではなく，全期立茎栽培である．収穫期間中は毎日かん水を行い，株養成（Resting）期間は，3日に1回程度の間隔でかん水を行う．特に，収穫を終了し，全刈り後に立茎する際には，かん水を控えて病害の発生に注意している．しかし，すでに2014年現在，褐斑病の発生が見られており（写真12-22），株の草勢の低下や欠株の原因になっている．また，アザミウマ類やカメムシ類も確認されている．一方で，タイで大きな問題となっている茎枯病の発生は未だ確認されていない．同地域においても，圃場の排水は非常に重要な管理ポイントであり，今後は明きょの設置など，安定生産に向けた取り組みを実施予定である．

(3) ラオスにおけるアスパラガス生産の今後の方向性と課題

自給自足の生活が中心であったラオスにおけるアスパラガス生産は，人件費が低いことが最大の強みである．同地域の場合，ワーカーの月給は日本円で7千円程度であるが，生活様式の変化とともに，若者の就労意欲は高いと考えられ，規模拡大に対応できる若い労働力は，まだまだ確保可能と思われる．Advance Agriculture社では，2014年現在，圃場に隣接した土地にパッキング工場を所有しており，生産から出荷までの一連の流れが整備されたことから，世界で最も安価で高品質なアスパラガスを供給できる可能性がきわめて高く，特に北半球の秋から春にかけての端境期の一角としての役割が期待される．

一方，安定的な生産や規模拡大を進めていく上で，いくつかの課題も顕在化してきている．まず，2014年現在，ラオスで栽培されている品種は，タイと同様（第11章），「Brock Improve」である．同品種は，雌雄混合品種であることから，雌雄で生育に差があるとともに，こぼれ種からの実生が発生する．タイ全域で利用されている品種であるため，高温に強い特性を有していると考えられるが，それぞれの株の生育に応じた株管理，特に欠株が発生した後に補植した株の管理など，タイの轍を踏まないように，栽培管理を徹底する必要がある．また，栽培規模が大きくなると，圃場で働くワーカーの熟練度が多様になることから，より斉一な生育および栽培管理が可能となる全雄系の品種などの導入についても，今後検討を進めていく必要があると考える．

品種についてもう1点，考慮すべきことがある．2013～2014年にかけての冬は，平均気温が高いラオスにおいても寒波に見舞われた．特に，2013年12月

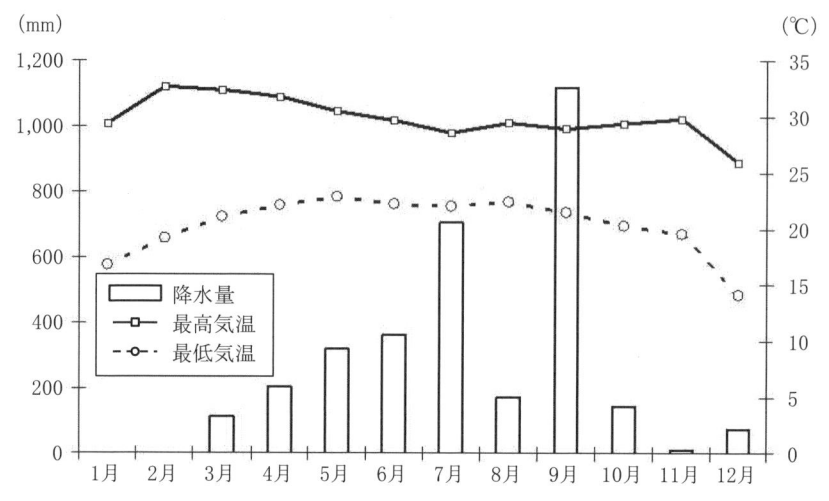

図 12-2 ラオス・セコン県のアスパラガス生産圃場における最高および最低気温と降水量（2013）
Taniyama Siam 社の提供データから山口作成.

写真 12-23 東南アジアのラオスでも，低温により休眠に入り，収量が一時的に停滞する年がある（ラオス・セコン，山口撮影）

写真 12-24 かん水はスプリンクラーにより行われており，病害の発生リスクが高い（ラオス・セコン，山口撮影）

は，最低気温が 15℃を下回る日が 17 日間続き，最低気温が 12℃を下回る日も見られた（図 12-2）。その気温は，日本で栽培が最も多い「UC157」では休眠に入る温度域である。そのため，訪問時の 2014 年 1 月中旬でも，休眠中と考えられる株が多く見られ，収量が大幅に低下していた（写真 12-23）。気温の上昇とともに休眠は打破され，収量は徐々に回復していくと考えられるが，北半球の

端境期で単価が高い12～1月に収量が落ち込むことは，せっかくの周年供給が可能なエリアの栽培においては大きな問題であろう．今後は，2013～2014年のシーズンのような低温に遭遇しても休眠に入りにくい品種の導入についても，リスク管理の上で検討が必要であると考える．

ラオスにおいても，タイと同様（第11章），かん水はスプリンクラーを用いている（写真12-24）．その理由としては，価格面によるものが大きい．ラオスでスプリンクラーシステムを購入する場合，10a当たり3,900,000キップ（日本円でおよそ5万円程度）で装備することが可能である．また，管理する側からは，かん水がチューブに比べて目視で確認しやすい利点がある．しかし，タイの項でも説明したとおり，スプリンクラーの利用は，圃場内に水しぶきをまき散らすこととなり，アスパラガスの重要病害の管理面では大きな問題となる．

まず，すでに圃場で確認されている褐斑病（写真12-22）であるが，褐斑病は，前年に罹病した株にある分生子が立茎時に飛散し，茎に感染することが知られており，茎枯病と同様，降雨や水しぶきによって感染が助長されると考えられている（内川ら 2009）．また，圃場内の湿度が高い場合も，病害の発生を助長するとされていることから，スプリンクラーによるかん水は，褐斑病の発生や感染の拡大を助長していると言える．2014年現在，すでに褐斑病の発生が圃場内で広く確認されており，それが欠株の原因の一つになっていると考えられることから，できるだけ被害を抑えられるような薬剤散布やかん水，立茎のタイミングなどを検討する必要がある．

さらに，2014年現在，ラオスのアスパラガス圃場では茎枯病の発生が確認されていないものの，タイなどの他産地の状況を見ても，近い将来，菌の侵入および発病が起こると考えた方が良い．褐斑病と同様，スプリンクラーによるかん水は，水滴の飛沫による感染を助長し，他産地と同様，茎枯病に悩まされることとなる．できるだけ圃場内に茎枯病菌を持ち込まないように，栽培管理を徹底するとともに，かん水時期やタイミングの最適化を検討していく必要がある．将来的には，ペルー（第3章）のような大規模な点滴かん水システムの導入も検討していく必要があると考えられる．

アスパラガスの永続的な安定生産を実現していくためには，株管理の考え方をしっかりと持つことが重要である．気温が高く日射が強いラオスでは，タイ

と同様（第11章），アスパラガスの生育スピードが速いため，栽培管理がうまく行われれば多収が期待できる．一方，株養成の失敗や収穫が過剰になると，株の消耗が激しくなり，1年に何回も収穫サイクルがある同地域では，早期に株が弱り，欠株につながってしまう．深耕で根量を増やし，大株を養成することは当然であるが，全期立茎栽培を行っていることからも，地下部の鱗芽の動きをとらえ

写真12-25 ラオスの生産圃場でも，すでに生育不良による欠株が見られている（ラオス・セコン，山口撮影）
株の養分収支を考えた栽培管理が重要である．

ながら，立茎位置や立茎本数，親茎（養成茎）などの選択を入念に行う必要がある．ラオスのアスパラガス生産圃場における親茎の立茎の感想は，配置のバランスが悪い，立茎本数が少ない，親茎が細いなどであった（写真12-25）．その原因としては，定植後の株養成量（期間）が不足しているか，収穫が過剰であるためと考えられる．同地域では，今後も面積拡大を順次進めていることから，もう少し株養成期間を長くとり，しっかりとした大株を養成することが，太ものの比率の上昇と品質向上，さらには多収につながるものと考えられる．

さらに，同地域では，1サイクルの収穫期間が2か月であり，その後，親茎を全刈りして1か月間の養成期間となるが，立茎栽培であるならば，より長期間，親茎を維持して収穫を続けることが可能なはずである．しかし，タイやラオスの生産者からは，一様に「2か月で親茎が黄化してしまう」という声が聞かれた．その現象は不明であるが，可能性としては，褐斑病や斑点病などに罹病して早期に黄化していることも考えられる．タイやラオスにおいて，株養成に必要な親茎の寿命が日本に比べて極端に短い点については，今後の調査および研究課題であると考える．その点が克服されると，栽培様式が大幅に変化し，増収する可能性があるだろう．東南アジア諸国におけるアスパラガス生産の今後の動きに注目していきたい．

最後に，タイおよびラオスにおけるアスパラガス生産圃場の調査に際し，

TANIYAMA SIAM CO., LTD の宝迫貴志氏を始め，社員の方々に多大なるご協力を賜った．ここに記して心より感謝の意を表する．

第13章　遺伝資源としてのアスパラガス，ポーランドの取り組み

1. はじめに

アスパラガスのような多年生で雌雄異株，虫媒による他殖性作物の遺伝資源保存の場合，種子での品種・系統保存と並行して，組織培養体や圃場に植えられた株の形で個体保存が行われる．食用アスパラガス（*Asparagus officinalis* L.）の遺伝資源保存を行っている国はいくつかあるが，そのなかで，2012年現在，比較的多数の系統または株を保存しているポーランド共和国（以下，ポーランド）の状況および2012年現在，収集されているアスパラガス属（genus *Asparagus*）遺伝資源の世界的なデータベースについて紹介する．

遺伝資源の国際的な取り扱いに関して，生物の多様性に関する条約（略称：生物多様性条約，CBD：Convention on Biological Diversity）があり，日本も1993年に加入している．その条約には，遺伝資源を利用する際に遺伝資源原産国の同意を得ることや遺伝資源利用から生じる利益の公平な配分などが定められている．なお，国際連合食糧農業機関（Food and Agriculture Organization：FAO）による食糧農業植物遺伝資源条約（International Treaty on Plant Genetic Resources for Food and Agriculture：ITPGR）には，2012年現在，日本は加入していない．

2. ポーランドにおけるアスパラガス遺伝資源保存の取り組み

ポーランドはヨーロッパの中央に位置し．北はバルト海に面し，南はカルパティア山脈に至る約32.3万km^2の国土（日本の約8割）と約3,820万人（2010年日本外務省）の人口（日本の約3割）を有する．国名（ポーランド語でPolska）の語源が「野原」を意味するように，平均標高は173m（日本は394m）で海抜500m以上の割合はわずか3％の広い平原の国である．国土の多くは温帯気候に属し，年間平均気温は北東部で6℃，南西部で10℃，年平均降水量は約520mmと少なめである．

ポーランドにおけるアスパラガス生産は，増減があるものの，ここ数年は約2,000ha前後である（FAOSTAT Data）．ポーランドの農家の規模は，一戸当たり

の経営面積5ha以下の農家が半数を占めることからも分かるように，ヨーロッパのなかでは比較的小さい（木村2009）．ポーランドのアスパラガスは，95%がホワイト，5%がグリーンで（Benson 2012），ドイツに近い西部で栽培されており，その多くはドイツやオランダなどへの輸出作物として生産されている（Knaflewski・Zurawicz 2003）．

ポーランドにおけるアスパラガスの遺伝資源保存は，ポズナン生物科学大学で行われている．ポーランド西部の都市であるポズナンは，首都ワルシャワ（人口約172万人）からベルリンに向かう約600kmの国際鉄道のややベルリンよりに位置する．毎年，国際見本市が開催されることで知られる人口約58万の国際都市であり，中世ポーランド王国の最初の首都であった．ポーランドのアスパラガス研究の中心となっているのは，ポズナン生物科学大学のクナフレフスキー（Knaflewski）教授である．クナフレフスキー教授は，2005〜2009年まで国際園芸学会アスパラガスワーキンググループのグループ長を務めた．

ポズナン生物科学大学では，露地野菜として，アスパラガスをはじめ，ブロッコリーやニンジン，トマト，キュウリなど，ハウス野菜として，トマトやキュウリ，ピーマン，イチゴ，キノコ類，ハーブなどの研究が行われている．蔬菜学科は，6haの試験圃場，1,500m^{2}のガラス室および1,200m^{2}のハウスを有する．2008年に大学を訪問した印象では，広い試験圃場は非常にきれいに手入れされており（写真13-1），研究室や圃場内の調査室も機器類の数はやや少ないものの日本と同等以上の状況で，旧東欧のイメージを引きずっていたため，正直驚かされた．例えば，研究室から車で5分ほどのところにある試験圃場の出入り口の柵は，車のなかからリモコンで操作すると電動で開閉した（写真13-1）．空いた時間に出掛けた動物園や市民が集う広い公園や美術館も，ゆったりしているとともに専門性も高く，住みやすい街との印象を強く持った（写真13-2）．

ポズナン生物科学大学で保存されている食用アスパラガスの遺伝資源の数は，72品種・系統，270株にのぼる（表13-1）．数多くの品種比較試験が行われており，品種育成も視野に入れた研究が進められている．

186　第13章　遺伝資源としてのアスパラガス，ポーランドの取り組み

写真13-1　ポズナン生物科学大学（ポーランド・ポズナン．いずれも浦上撮影）
建物（上左）と園庭（上右），農場入口（下左）と農場内．

写真13-2　ポズナン市の中心部（ポーランド・ポズナン，いずれも浦上撮影）

3. アスパラガス属遺伝資源における世界的データベース構築の現状

　欧州の遺伝資源に関する組織である欧州共同体遺伝資源共同プログラム（European Cooperative Programme for Plant Genetic Resources : ECPGR）のなかに葉菜類ワーキンググループがあり，さらにそのなかにマイナー葉菜の一つと

第13章 遺伝資源としてのアスパラガス,ポーランドの取り組み　187

表13-1　ポズナン生物科学大学における食用アスパラガス遺伝資源の保存品種・系統と保存株数

No.	品種・系統名	育成元由来	保存株数	No.	品種・系統名	育成元由来	保存株数
1	Aneto	フランス	5	38	Jersey King	アメリカ	4
2	Apollo*	ドイツ	1	39	Jersey Night	アメリカ	5
3	Argo	イタリア	4	40	Jersey Prince	アメリカ	4
4	Backlim*	オランダ	3	41	Jupiter* (Lucullus 310)	ドイツ	5
5	Boonlim*	オランダ	7	42	Krzyzowka z Marcelina 1990	ポーランド	1
6	Brooks Imperial	アメリカ	4	43	Larac	フランス	8
7	Brunetto	フランス	3	44	Largo 17-3	スペイン	4
8	Brunswick	ドイツ	4	45	Limbras 18	オランダ	1
9	C. ATLAS	アメリカ	3	46	Limbras 22	オランダ	2
10	C. Viola	アメリカ	2	47	Limbras 26	オランダ	7
11	California	アメリカ	2	48	Lucullus	ドイツ	2
12	Carlim*	オランダ	3	49	Lucullus 135M*	ドイツ	7
13	CAST Apollo	アメリカ	3	50	Lucullus 1813	ドイツ	2
14	CAST Grande	アメリカ	3	51	Lucullus 40*	ドイツ	3
15	Cito	フランス	5	52	Lucullus Record*	ドイツ	4
16	D-231	フランス	4	53	Lucullus Sieg*	ドイツ	10
17	Dariana	フランス	3	54	Mars*	ドイツ	3
18	Dartagnan	フランス	3	55	Marte	イタリア	4
19	Del Monte 361	アメリカ	4	56	Mary Washington	ポーランド	10
20	Desto	フランス	3	57	Mary Washington 4503/81	不明	1
21	Eros+	ドイツ	5	58	Mary Washington 500W	ポーランド	3
22	Experimental Hybrid 1961 A	ドイツ	3	59	Mary Washington	中国	1
23	Franklim*	オランダ	4	60	Prelim*	オランダ	2
24	Golia	イタリア	4	61	SM-15	ドイツ	3
25	Granada	スペイン	4	62	Schwetzinger Meisterschuss	ドイツ	4
26	Greenwich	アメリカ	3	63	Tainan 1	台湾	5
27	Grolim*	オランダ	2	64	UC 157	アメリカ	2
28	Gynlim*	オランダ	2	65	UC 72	アメリカ	2
29	Helios, Helios+	ドイツ	3	66	UC 800	アメリカ	5
30	Hiroshima Green	日本	4	67	Venlim	オランダ	6
31	Huchels L	ドイツ	5	68	Vulkan* (Lucullus 234)	ドイツ	4
32	Hybride Stamm 24/19	ポーランド	4	69	1725 (Saatzucht Moeringen)	ドイツ	2
33	Jersey Gem	アメリカ	4	70	1726 (Saatzucht Moeringen)	ドイツ	3
34	Italo	イタリア	4	71	1727 (Saatzucht Moeringen)	ドイツ	3
35	Jersey General	アメリカ	4	72	8P	スペイン	3
36	Jersey Giant	アメリカ	7	合計			270
37	Jersey Jewel	アメリカ	4				

*全雄品種＋4倍体

して,アスパラガス属植物が取り上げられている(Van Treurenら 2011).そこで2011年に作成された国際マイナー葉菜データベース(International Minor Leafy Vegetables Database)のパスポートデータ(2011)は,インターネット上からダウンロードして閲覧できる

そのデータには,表13-2および表13-3に示すように,食用アスパラガス231点,その他のアスパラガス属植物134点,計365点が記載されている.登録された遺伝資源の一部については,品種名などの備考的な情報も記録されている.なお,登録されている遺伝資源は,原則的として配布可能なものを登録するよ

表13-2 国際マイナー葉菜データベースにおけるアスパラガス属種の登録

No.	属名	種小名	命名者	登録数	No.	属名	種小名	命名者	登録数
1	Asparagus	acutifolius	L.	8	19	A.	litoralis	Steven	1
2	A.	africanus	Lam.	2	20	A.	maritimus	Mill.	1
3	A.	albus	L.	2	21	A.	officinalis	L.	231
4	A.	aphyllus	L.	1	22	A.	oligoclonos	Maxim.	1
5	A.	arborescens	Willd.	1	23	A.	pastorianus		1
6	A.	asparagoides	(L.) Druce	4	24	A.	plumosus		1
7	A.	brachyphyllus	Turcz.	1	25	A.	pseudoscaber	Grecescu	1
8	A.	bucharicus	Iljin	1	26	A.	racemosus	Willd.	8
9	A.	caspicus		1	27	A.	scoparius	Lowe	2
10	A.	cochinchinensis	(Lour.) Merr.	3	28	A.	scandens	Thunb.	2
11	A.	dauricus	Link	3	29	A.	setaceus	(Kunth) Jessop	9
12	A.	declinatus	L.	3	30	A.	stipularis	Forssk.	2
13	A.	densiflorus	(Kunth) Jessop	19	31	A.	tenuifolius		1
14	A.	falcatus	L.	4	32	A.	umbellatus		2
15	A.	gonoclados	Baker	1	33	A.	verticillatus	L.	14
16	A.	halimoides	L.	1	34	A.	virgatus	Baker	4
17	A.	inapertus	Beauverd	1	35	A.	sp.		24
18	A.	laricinus	Burch.	4					

Van Treurenら（2011）と国際マイナー葉菜データベースのパスポートデータ（2011）から浦上作表.

う各国に要請したものであるが，実際の遺伝資源の配布の可否や分類の正否，データの重複や遺伝資源存在の有無などの確認は行われていない．

4. アスパラガス遺伝資源に関わる今後の課題

（1）日本における食用アスパラガス遺伝資源保存の現状

2014年現在，日本国内で配布可能な食用アスパラガスの遺伝資源は，独立行政法人農業生物資源研究所の農業生物資源ジーンバンクに5品種あるのみである．虫媒のアスパラガス種子を遺伝資源保存圃場で交配し，採種することはかなりの労力を要するため，2012年現在，遺伝資源保存のほとんどが株の状態で行われている．育種の効率化のためには，保存株の品種名や株数などのパスポートデータをデータベース化する必要がある．

（2）遺伝資源としての近縁種の利用

クナフレフスキー教授によれば，2013年現在，栽培されている世界の食用アスパラガスの主要品種はすべて「バイオレットダッチ」（以下，「Violet Dutch」）の1品種に由来する（Knaflewski 1996）．そのため，食用アスパラガスの種内に

おける遺伝的変異の幅は比較的狭いと推察され，耐病性などの新たな遺伝的形質の導入には，種を超えた交配育種が必要であると考えられている．

日本を始め，イタリアや中国でも，食用アスパラガスと近縁種との種間交雑研究が始まっている（Falavigna ら 2008, Ito ら 2008, Zhou ら 2009）．まだ実際に育成された品種はないが，今後はその動向が注目される．特に，日本で最も被害の多い茎枯病については，食用種内に抵抗性遺伝子がないと考えられることから，中間母本を含め，遺伝資源の導入，作成，評価および保存を長期的な視点で行う必要がある．抵抗性品種に対する生産現場のニーズは非常に高く，強度の抵抗性品種を育成できれば，経営規模や生産地の拡大，雨よけ施設の不要化にもつながることから，早期の品種育成に向けた日本国内の協力体制の構築が重要になる．

表 13-3 国際マイナー葉菜データベースにおけるアスパラガス属種の登録国と登録数

No.	国名	登録数
1	アメリカ	178
2	ポーランド	39
3	ドイツ	35
4	スウェーデン	18
5	ロシア	16
6	スペイン	14
7	アルメニア	14
8	チェコ	11
9	スロバキア	10
10	ハンガリー	8
11	イギリス	6
12	アゼルバイジャン	4
13	オーストリア	3
14	ブルガリア	2
15	ウクライナ	2
16	ルーマニア	2
17	グルジア	1
18	ベラルーシ	1
19	イタリア	1

Van Treuren ら（2011）と国際マイナー葉菜データベースのパスポートデータ（2011）から浦上作表．

なお，アスパラガス属植物とその種間交雑の全体像については，Kanno・Yokoyama（2011）が詳細に報告している．

第14章 アスパラガスの品種および育種の動向と今後の方向性

1. はじめに

　日本で最も多く栽培されているアスパラガスの品種は，2013年現在，アメリカで育成された雌雄混合種の「UC157」である．アスパラガスは，「UC157」をはじめ，多くの品種が北海道から九州，沖縄まで同一品種が広範囲にわたって栽培されていることから，きわめて広域適応性に優れた作物と言える．しかし，近年は地域環境に適合した高品質で多収性の品種選定も行われており（元木ら 2008），例えば本州寒冷地の長野県では，Motokiら（2008）が22品種を用いて収量や穂先の締まり，若茎の伸長性，病害抵抗性などを調査し，本州寒冷地に適応した有望7品種の選定を行った．一方，海外におけるアスパラガスの栽培品種の特徴は，全雄品種の作付けが主流であり，新品種育成では多収性だけでなく，耐病性品種の育成にも力を注いでいる．それらの取り組みは，栽培地域や消費者の求めに応じた品種選定が必要となっているためであり，選定された品種に対応した多収技術や周年栽培技術の研究も盛んに行われている（元木ら 2008）．

　本章では，日本国内と海外で栽培されている品種および育種の現状と今後の方向性について概説する．

2. 日本国内におけるアスパラガスの品種育成と栽培品種の特性

(1) 日本国内における育成品種

　アスパラガスの品種は，1960年代の全雄品種作成に向けた本格的な取り組みから1970年代の全雄品種完成を機に，多くの品種が育成されてきた．そのなかには同系異名の品種やかなり古い品種も存在しており，名前だけが残っている品種もある．日本国内で確認されている品種数は，2013年現在，およそ48品種であるが，そのうち，実際に品種名で栽培されている品種は15品種程度であり，海外で育成された品種がそのほとんどを占めている．海外から輸入した品種のなかには極めて類似した品種も存在していることから，日本国内における

実際の栽培品種は9品種程度が種子として流通し，栽培されていると考えられる．一方，日本国内で育成された品種数は14品種程度と考えられ，その栽培地帯は育成された地域に限られている．表14-1に日本国内で育成された品種の特性を示す．それらの品種のなかから特徴のある品種について記述する．

日本国内で育成された最も古い品種は，1921年に下田喜久三博士によって，育成された「瑞洋」である（岡本 1963，多賀 1989）．この品種は，アメリカ産の「Connover's Colossal」種とドイツ産の「Ruhm von Braunschweig」種の交配によって育成された「Braunschweig」種に比べて萌芽の時期が早く，穂先は「Palmetto」種に類似し，寒さに強かったとされる（岡本 1963）．1981年に育成された「北海100」は開道百年を記念して命名された品種であり，1969年に

表14-1　日本におけるアスパラガスの育成品種

品種名	育成[z]年次	育成場所	親系統	育成方法	供給方法
北海100	1981	北海道大学，北海道農業試験場，北海道立中央農業試験場	瑞洋とMWからの選抜	集団交配	種子
セトグリーン	1983	広島県立農業試験場	MW500Wの選抜	コルヒチンによる4倍体	組織培養
ヒロシマグリーン	1987	広島県立農業試験場	MW500Wの選抜	3倍体品種	組織培養
クラーク	1991	北海製纖株式会社	雌MWF-37×雄BSM-19	選抜雄個体の栄養系選抜	組織培養
フェスト	1991	北海製纖株式会社	雌UCF-55×雄ZYM-7	選抜雄個体の栄養系選抜	組織培養
グリーンフレッチェ	1999	広島県農業技術センター	圃場優良雄株からの選抜	選抜雄個体の栄養系選抜	組織培養
ズイユウ	1999	北海道農業試験場	雌瑞洋-2×雄ZM.19	超雄株利用による全雄品種	種子
ゆうじろう	2000	北海道大学，北海製纖株式会社	雌No.84×雄ZM.19	超雄株利用による全雄品種	種子
さぬきのめざめ	2002	香川県農業試験場	雌No.17×雄No.16	単交配による雌雄混合種	種子
春まちグリーン	2004	福島県農業試験場	雌9436×雄9324	単交配による雌雄混合種	種子
ハルキタル	2004	福島県農業試験場	雌9307×雄9701	超雄株利用による全雄品種	種子
どっとデルチェ	2006	長野県野菜花き試験場	雌No.0008×雄No.G2	単交配による雌雄混合種	種子
ずっとデルチェ	2007	長野県野菜花き試験場	雌No.0011×雄No.G2	単交配による雌雄混合種	種子
はるむらさきエフ	2008	福島県農業試験場	雌0117×雄0120	単交配・雌雄混合種・4倍体	種子

皆川作表．
[z] 育成年次については推定も含む．

開始された「アスパラガス優勢種子緊急事業」において,農林水産省北海道農業試験場や北海道立農業試験場,北海道大学,北海製罐などが北海道内各地から優良株を選定し,集団隔離採種して系統育成したものである（笠井 1994,小餅 1982）．この品種は多くの選抜株を集団採種しているため,どうしても株間変異が大きいことや穂先の締まりが劣っていること,りん片色が濃紫であることなど,生食用途には不向きであったため,2013 年現在,その栽培はほとんど見られない．

長野県野菜花き試験場では,「ポールトム」の 15 年株から立茎数が多く,草勢や耐病性に優れた雌株と,多収性を示した「Gijnlim」の雄株との交配によって,2006 年に雌雄混合品種である「どっとデルチェ」（写真 14-1）を育成した（元木 2007a,清水ら 2009）．この品種の特性としては,若茎が太く,斑点病耐性を有しており,特に春どり栽培では多収性が認められている．さらに 2007 年には,長期どり作型に対応した雌雄混合品種の「ずっとデルチェ」（写真 14-2）を育成したが,育成に用いた雌株は「MW500W」の 33 年株から穂先の締まりを良くするために第 1 側枝第 1 枝までの高い株を選抜し,雄株は多収を示した「どっとデルチェ」と同じ株を用いている（清水ら 2013）．

福島県農業試験場では,2004 年に「信濃ヨーデル」の雌株と「Gijnlim」の自植後代の雄株との交配によって雌雄混種の「春まちグリーン」（写真 14-3）を育成した．また,同年には「MW500W」と「Gijnlim」の自殖一代の後代から

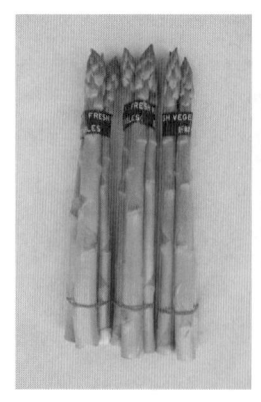

写真 14-1　長野県育成「どっとデルチェ」（いずれも元木撮影）
　　　　　若茎の形状（左）と露地栽培の萌芽状況．

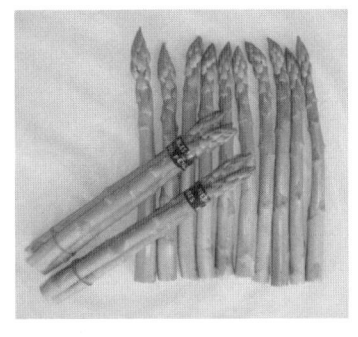

第 14 章 アスパラガスの品種および育種の動向と今後の方向性 193

写真 14-2 長野県育成「ずっとデルチェ」(いずれも元木撮影)
若茎の形状（左）と露地栽培の生育状況，生育状況の写真は左から「MW500W」，「UC157」および「ずっとデルチェ」．

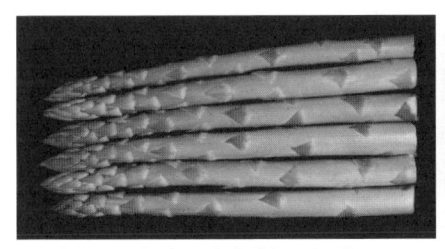

写真 14-3 福島県育成「春まちグリーン」
（園田撮影）

両性果超雄株を得て，「MW500W」から選抜した雌株との交配によって全雄品種となる「ハルキタル」（写真14-4）の育成に成功している（園田ら 2005）．「春まちグリーン」の特徴は春の萌芽が遅いため，遅霜の回避や通常品種の収穫時期と組合せることによる作業の分散が可能となる．「ハルキタル」は春の萌芽が早く，収穫茎数が多い特徴を持っており，全雄であることから種子の落下による野良ばえを回避することのできる品種である．

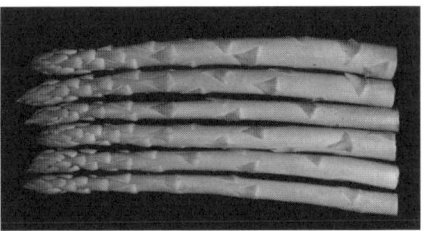

写真 14-4 福島県育成「ハルキタル」(いずれも園田撮影)
若茎の形状（上）とハウス栽培（下左）および遮光ホワイト栽培の萌芽状況．

香川県農業試験場では，2002 年に「さぬきのめざめ」（写真 14-5）を育成し

ている（古市ら 2003）．この品種は雌雄混合種であり，「UC157」に比べて収量性が高く，特に春の早期萌芽性に優れており，穂先の締まりは良好である．

ところで，全雄品種育成の目的としては，雌株に着生した種子の落下による雑草化の回避や，雄株は雌株に比べて若茎の揃い性が良く，多収傾向を示す特性の利用である．日本の全雄品種育成に関わる研究としては，北海道大学における雄性系統に関連した古くからの研究がある（澤田ら 1983）．1964 年に北海道内で栽培されていた「瑞洋」の圃場で果実を着生する雄株を見つけ，遺伝子型の判定によって超雄株（D-3-3）を検出し，「MW500W」から選抜した雌株との交配によって全雄系統である「SM-1」を育成した．おそらくその「SM-1」系統が日本で最初の全雄品種であると思われる．

北海道大学では，1966 年（北海道農業試験場で 1966 年に播種）にカリフォルニア大学より導入した「♯873-3」から両性株を見つけ，超雄株（ZM-19）を検出した後，北海製罐で作成された雌株（No.84）との組合せによって「ゆうじろう」を育成した．「ゆうじろう」の若茎は中サイズであり，収量は近年のヨーロッパの品種に比べてやや低収であった（Yakuwa ら 2008）．

また，北海道農業試験場（2013 年現在の農研機構北海道農業研究センター）では，「瑞洋」から選抜された雌株（瑞洋-2）と北海道大学から分譲された超雄株（ZM-19）との組合せにより「ズイユウ（農林交 1 号）」を育成した．北海道，長野県および宮城県で栽培試験を行った結果，育成地の北海道の収量が高かった（浦上ら 2011）．

雄株の品種育成では，広島県農業技術センターが 1999 年に株間交配育種法ではなく，組織培養による栄養繁殖性の手法を用いて，多収で穂先の締まりや若茎外観形質に優れた雄株品種「グリーンフレッチェ」（写真 14-6）を育成した

写真 14-5　香川県育成「さぬきのめざめ」
　　　　　池内撮影．

写真 14-6　広島県育成「グリーンフレッチェ」（甲村撮影）

写真 14-7　広島県育成「ヒロシマグリーン」（甲村撮影）

（甲村ら 2002）．同じく広島県では，広島県立農業試験場が 1976 年からアスパラガスのコルヒチン処理による倍数性育種研究を行っており，4 倍体品種の「セトグリーン」，3 倍体品種の「ヒロシマグリーン」（写真 14-7）を開発した（長谷川ら 1987，沖森ら 1984）．しかし，それらの品種は，組織培養苗の供給のため，種苗費が種子供給に比べて割高となることや若茎の品質が長期どりのニーズに合わなかったことなどから，2013 年現在，苗供給は中止されている．

ムラサキとして有名な「Purple Passion」，「Pacific Purple」および「Burgundy」は，北イタリアで放任受粉されていた 4 倍体のアスパラガスから選抜した「Violetto di Albenga」に由来する．「Violetto di Albenga」の特徴は，比較的太い若茎で収穫茎数は少なく，紫色の均一性に欠ける（Falloon・Andersen 1997）．福島県農業試験場で育成された「はるむらさきエフ」（写真 14-8）は，「Purple Passion」の検定圃場から収量性や若茎形質の揃いが良好な雌雄株を選抜し，両者を交配させた雌雄混合の 4 倍体の F_1 品種である（仁井ら 2011）．4 倍体のムラサキの特徴である少ない収穫茎数を補うため，元木ら（2011a）は，単位面積当たりの栽植本数を通常の 2〜3 倍にし，「UC157」の慣行栽培と収量を比較した結果，若年株では減少し

写真 14-8　福島県育成「はるむらさきエフ」（園田撮影）

たものの，全体としては「UC157」の慣行栽培と同等の収量を得たとしている．その栽培法は品種の欠点を栽培技術で補う最良の方法であり，高く評価したい．

(2) 日本国内で栽培されている品種の特性

　日本におけるアスパラガスの 2012 年の栽培面積は 6,500ha であり，品種構成では「UC157」が 90％以上の面積であると推定される．残り 10％は「スーパーウェルカム」や，おもとして北海道で作付けされている「Gijnlim」などである．「UC157」は 1975 年にアメリカのカリフォルニア大学で育成された品種であるが，日本国内における類似品種として「ウェルカム」や「グリーンタワー」，「バイトル」などがある．この品種の特徴は，穂先の締まりに優れ，基部に紫色であるアントシアニン色素の発現が少ないため，商品化率の高いことである．しかし，倒伏には比較的弱く，全雄性でないことから種子の落下による雑草化が見られることや，フザリウムに弱いなどの欠点も有している（Benson・Takatori 1978）．一方，オランダで育成された「Gijnlim」は全雄の特徴を有し，耐倒伏性にも優れていることから栽培面積の多い北海道や本州寒冷地などで栽培されている．「Gijnlim」はホワイト用として育成された経緯があることから穂先の開きは比較的早く，基部にアントシアン色素が発現する（Scholten・Boonen 1996）．そのため，グリーン用として好まれている特徴としてはやや不向きな点もあるが，非常に栽培しやすい側面を持っているため，育成後 30 年を経過しても，北海道を中心に栽培され続けている．

　全雄品種の栽培は世界的にも増加傾向であり，日本でも徐々に品種が紹介されている．「ゼンユウメーデル」や「ゼンユウヨーデル」，「ゼンユウガリバー」

写真 14-9　「ゼンユウガリバー」のハウス栽培（左）および露地栽培の萌芽状況（いずれも松永撮影）

第 14 章　アスパラガスの品種および育種の動向と今後の方向性　197

写真 14-10　「クリスマス特急」(左) と「太宝早生」(いずれも松永撮影)

(写真 14-9),「クリスマス特急」(写真 14-10 左),「太宝早生」(写真 14-10 右) などはすべて全雄品種である．それらの全雄品種を一般的に栽培されている「UC157」と比べると，外観形質である鱗片葉や若茎基部のアントシアニン色素の発現は多少見られるものの，穂先の締まりは同程度となっている．収量形質ではいずれも茎は太く，茎数も多いため多収を示す．なお，「クリスマス特急」と「太宝早生」は，日本国内で初めて育成された伏せ込み促成栽培の専用品種であり，「クリスマス特急」は休眠が浅く，萌芽性のよい早生品種を，「太宝早生」は早生で太い品種を育種目標として育成された．

　近年の消費者ニーズは，若茎の外観的品質はもとより，食味においても甘さや軟らかさを求める傾向にある．「Franklim」や「コロポックル」などは比較的軟らかく，食味も良好であるが，倒伏には弱く，穂先の締まりもやや緩い特徴を持っている．しかし，良食味であることから潜在的な要望が多い品種である．「Franklim」はオランダで育成された品種であり，すでに 30 年以上経過したことや新品種の育成によって，オランダにおける採種は中止されたようである．

　日本のアスパラガス品種は，ほとんどが海外からの導入品種であり，そのすべてを輸入種子に依存してきたことから，日本国内における品種の要望があるにも関わらず，栽培できないといった問題が生じるおそれもあった．しかし近年は，一部の品種ではあるが，日本国内における採種も行われているようである．

3. 世界各国で行われた IACT の日本国内の試験結果

新品種導入に当たっては，収量性や品質の評価に多くの時間が必要であり，それらの問題は各国共通の課題となっていた．そこで，1985 年に第 6 回 IAS がカナダのゲルフ大学で開催された際に，アスパラガスの品種比較を国際的な規模で行うことが提案された（浦上ら 1993）．

(1) 第 1 回 IACT

第 1 回 IACT は，当時，アスパラガスワーキンググループ長であったニュージーランドのマッセイ大学のニコル教授により提案され，1986 年に基本的な試験方法と調査方法がアスパラガス研究ニュースレター（Nichols 1986）に掲載された．同じ品種が大きく異なる環境下でどのように反応するかを知り，品種選定手法を改良するという目的で，世界各国共通の 11 品種を用い，25 株 4 反復の試験を行うというものであった．第 1 回 IACT には，日本から北海道農業試験場が参加し，日本国内の育成品種である「北海 100」（小餅 1982）を加えた計 12 品種の比較試験を行った（浦上ら 1993）．その結果，4 年間の累積収量が最も高かった品種は，オランダ育成の「Gijnlim」であり，次いでドイツ育成の

表 14-2 第 1 回 IACT における供試品種の収量および品質（北海道農試 1993）

品種	規格内収量 4年間累積 (kg/a)	規格内本数 4年間累積 (本/a)	規格内 1茎重 (g)	若茎頭部[z] の締まり	最大草丈 (cm)	欠株率 (%)
UC157	39.2	1,947	14.2	4.0	157	36.1
Lucullus 310	53.3	3,445	15.8	2.7	195	17.5
Vulkan	122.7	6,079	19.0	2.6	197	7.5
Cito	45.6	3,096	14.8	2.1	138	20.0
Larac	55.6	2,982	16.7	2.2	169	14.2
Gijnlim	138.8	7,279	18.2	3.4	201	2.5
Franklim	94.4	5,439	17.7	2.7	183	17.5
Jersey Giant	44.8	2,820	15.2	3.8	183	38.4
Del Monte 361	42.6	2,712	14.6	3.4	180	30.8
Largo 17-3	53.9	3,668	14.7	3.3	167	16.7
Tainan No.1	51.9	2,808	18.2	3.7	183	30.8
北海 100	63.0	3,895	16.6	2.8	183	12.5

浦上ら（1993）から浦上作表．
[z] 数値の高いほうが締まり良．

「Vulkan（Lucullus 234）」，オランダ育成の「Franklim」の順であった（表 14-2）．いずれも全雄品種で耐倒伏性に優れたが，「Vulkan」は収穫後半まで 1 茎重が高かったものの，ホワイト用の育成品種のため穂先の締まりは「UC157」に比べて劣った（写真 14-11）．第 1 回 IACT では個別の試験報告はあったものの，IACT 全体の総括はなされなかった．

(2) 第 2 回 IACT

第 2 回 IACT は，次のワーキンググループ長となった「UC157」の育成者であるベンソン博士の呼び掛けにより 1993 年の第 8 回 IAS で準備が開始された（Benson 1994）．25 株 4 反復の試験という点は第 1 回 IACT と

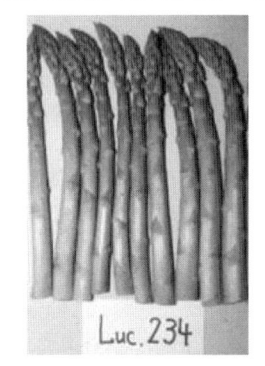

写真 14-11　第 1 回 IACT で最も 1 茎重が高かった「Vulkan」（北海道札幌市，浦上撮影）

表 14-3　第 3 回 IACT の参加国と栽培地域

参加国	栽培地域	参加国	栽培地域
オランダ	Baarlo	ペルー	Pisco
	Horst	中国	Beijing
日本	長野県・神奈川県	スペイン	Seville
アメリカ	California Davis	ポーランド	Bydgoszcz
	California Riverside	ドイツ	Rastatt
	Washington Pasco	ニュージーランド	Lincoln
	NC Granville		Massey
	NJ Pittsgrove	カナダ	Southern Ontario
	MI Hart	チリ	Chillan

表 14-4　第 3 回 IACT で検討された品種および系統

1	Andreas	12	Grolim	23	NJ 977	34	Rambo
2	Apollo	13	Italo	24	NJ 978	35	Ravel
3	Aragon 1798	14	Jersey Giant	25	NJ 1016	36	Solar
4	Atlas	15	Jersey King	26	NJ 1019	37	Thielim
5	Backlim	16	Jersey Deluxe	27	NJ 1064	38	UC 115
6	Cipres	17	Jersey Knight	28	Orane	39	UC 157
7	Dulce Verde	18	Jersey Supreme	29	Pacific 2000	40	VIL-12
8	Eros	19	JWC 1	30	Pacific Purple	41	Purple Passion
9	Fileas	20	Marte	31	Plaverd	42	Rapsody
10	Gijnlim	21	NJ 953	32	Rally	43	Guelph Millennium
11	Grande	22	NJ 956	33	Ramada		

第14章 アスパラガスの品種および育種の動向と今後の方向性

写真14-12 長野県野菜花き試験場における第3回IACTの4年株夏秋どりの圃場（長野市，いずれも元木撮影）

同じであるが，「UC157」，「Jersey Giant」および「Gijnlim」の3品種を標準品種として共通に用いるほかは，世界各国の育成者から提供された品種の適応する気候帯を冷涼，温暖，砂漠および熱帯の4つに分け，それぞれの試験担当者が，それぞれの試験地に合った品種を選んで試験を行うという方法をとることになった．日本からは北海製罐缶詰研究所が北海道札幌市で試験を開始したが，収穫2年目に行われた圃場に

表14-5 日本で行われた第3回IACTの供試品種

	長野県	北海道大学[Z]	神奈川県
1	Andreas	Atlas	Atlas
2	Apollo	Gijnlim	Gijnlim
3	Atlas	Grande	Grande
4	Dulce Verde	Guelph Millennium	NJ953
5	Gijnlim	Jersey Deluxe	NJ956
6	Grande	NJ953	NJ977
7	Guelph Millennium	NJ956	NJ978
8	Jersey Giant	NJ977	NJ1064
9	JWC1	NJ978	UC157
10	NJ953	NJ1050	
11	NJ977		
12	NJ978		
13	NJ1019		
14	Pacific 2000		
15	UC157		
16	Welcome[Y]		
17	0008G2[X]		

[Z] 試験地は北海道美瑛町農業技術研修センター．
[Y] 「Welcome」の種子は日本国内で購入，「UC157」と同一種と考えられる．
[X] 「0008G2」はのちの長野県育成品種「どっとデルチェ」（元木 2007a）．

隣接する道路の工事の影響により，データが得られたのはごく初期のみであった．第2回IACTは世界27か所で行われ，そのうち，台湾，アメリカ（2か所），ペルー，イタリア，チリ（2か所），日本，ニュージーランド，オランダおよびイギリスの11か所の調査データをベンソン博士がとりまとめた（Benson 2002b）．

表 14-6 第 3 回 IACT における露地長期どり栽培の 3 年株の収量および品質，生育特性（長野野菜花き試 2004）

品種および系統	平均1茎重 (g)	規格内収量 (kg/ha)	規格別重量割合 (%) >40g	15-39	10-14	7-9	5-6	可販率 (%)	若茎[Z] 頭部の開き (%)	地表面から第1側枝までの高さ (cm)	若茎の[Y] 伸長性 (cm)
Atlas	23.0 cdef[X]	10,520 efg	10	62	16	8	5	88.3	36.4	43.5	15.0
Grande	27.5 ab	11,220 efg	18	63	11	5	3	90.9	35.4	45.4	13.4
Apollo	19.9 defgh	10,290 efg	5	62	19	10	4	87.3	54.1	37.7	15.3
Dulce Verde	23.5 bcde	2,090 h	11	62	14	10	4	86.9	16.7	48.5	6.0
NJ953	19.6 efgh	13,000 cdef	3	65	19	9	4	93.8	18.1	57.6	15.4
NJ977	24.0 bcd	17,480 a	10	71	11	5	3	95.1	37.1	50.6	16.7
NJ978	21.9 defgh	11,410 defg	6	67	15	8	3	90.9	28.6	52.3	15.4
NJ1019	20.7 defgh	12,960 cdef	5	63	21	8	3	94.9	7.7	56.0	15.2
Jersey Giant	18.8 fgh	14,670 abcd	3	62	22	9	4	91.7	37.5	48.3	15.5
Guelph Millenium	18.6 gh	11,750 defg	3	61	24	10	3	93.7	65.2	44.9	16.0
Pacific 2000	17.7 h	9,850 fg	3	58	22	12	6	92.2	24.7	47.7	13.6
JWC1	18.9 fgh	10,140 efg	6	53	22	14	5	91.3	35.4	39.0	13.4
Gijnlim	20.4 defgh	16,430 ab	7	62	21	7	4	95.7	55.8	47.8	17.3
Andreas	31.0 a	16,070 abc	25	59	8	6	2	88.1	53.6	30.0	15.4
0008G2	26.3 bc	13,400 bcde	17	65	12	5	1	91.7	45.1	38.3	14.1
Welcome	23.5 bcde	9,500 g	10	68	14	7	3	87.7	32.7	44.5	12.7
UC157	22.2 cdefg	9,100 g	10	59	17	9	5	85.7	27.7	47.7	14.4

Motoki ら（2008）から元木作表．「0008G2」はのちの長野県育成品種「どっとデルチェ」（元木 2007a）．
[Z] 収穫 48 時間後の再収穫の際に，可販茎のうち鱗片葉を含む第 1 側枝長が 1cm 以上になった割合（2 年株夏秋どりのデータ）．
[Y] M 級規格（10-14g）以上の可販茎の 1 日当たりの伸長量．
[X] 異なる英文字間で Tukey 法により 5% 水準で有意差があることを示す．

（3）第 3 回 IACT

2001 年に第 10 回 IAS が日本の新潟大学で開催された際に，アメリカ・ラトガース大学のチン教授のとりまとめにより，第 3 回 IACT が開催されることになった．各国で育成されているアスパラガス品種を世界の 20 地域で栽培して評価することになり（表 14-3），それを受けて，2002 年の春には北半球，同年秋には南半球で 43 品種の栽培試験が開始された（表 14-4）．日本では，長野県野菜花き試験場（写真 14-12），神奈川県農業技術センターおよび北海道大学（試験地は北海道美瑛町農業技術研修センター）で試験が行われた（表 14-5；久保ら 2006，元木ら 2008，Motoki ら 2008）．

長野県における 3 か年の試験の結果では，規格内収量は，全雄品種のオランダ育成の「Gijnlim」，フランス育成の「Andreas」，アメリカ育成の「NJ977」および「Jersey Giant」で高かった（表 14-6，図 14-1；Motoki ら 2008）．そのうち，「Andreas」と「Gijnlim」は夏秋どりの穂先の締まりに問題があった．1 茎重は「Andreas」とアメリカ育成の「Grande」で大きく，カナダ育成の「Guelph

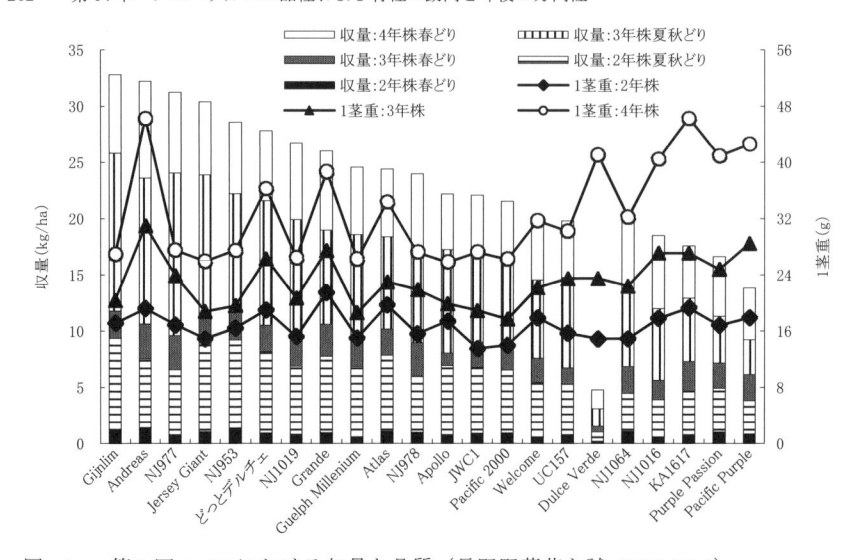

図 14-1 第 3 回 IACT における収量と品質（長野野菜花き試 2002-2004）
Motoki ら（2008）から元木作図.
2002 年の 2 年株は露地 2 季どり栽培（収穫期間は春どり 14 日間，夏秋どり 74 日間），2003 年以降は露地長期どり栽培（収穫期間は 3 年株 186 日間，4 年株 170 日間），4 年株は春どりのデータまで.

Millenium」はルチン含量およびポリフェノール含量が高かった（表 14-7）．それらの品種は本州寒冷地の露地栽培に適すると考えられるが，生育環境や土壌条件などの地域間差があるため，各地域でさらに検討する必要がある．一方，温暖地の神奈川県の結果では，「NJ953」が規格内収量および可販率で優れた（表 14-8；久保ら 2006）．今後，それらの研究成果は新品種導入を図る上で貴重な情報をもたらすことが期待される．

第 4 回 IACT は，2009 年の第 12 回 IAS で討議され，開始が決定した．日本の試験研究機関は参加していないが，第 4 回で注目すべきは，2013 年の第 13 回 IAS 開催国の中国が，江西省，浙江省および北京市の 3 か所で試験を行うとともに，供試品種を 1 品種出したことである（第 9 章）．

(4) IACT への参加とデータ利用

アスパラガスの品種育成はもちろん，品種比較試験にも多くの労力と場所，時間を要する．IACT の場合，これまでに行われた 3 回のデータから，育成系統のおよその傾向が類推できること，育成者が明らかであることなどが特徴で

第14章 アスパラガスの品種および育種の動向と今後の方向性　203

表14-7　露地長期どり栽培の3年株の収穫物におけるルチンおよびポリフェノール含量（長野野菜花き試 2004）

タイプ・品種	育成国	ルチン含量 （mg/100g FW）	ポリフェノール含量 （mg/100g FW）
グリーン			
Atlas	アメリカ	91.2 bcd [z]	78.4 cd
Grande	アメリカ	102.9 bcd	80.8 bcd
Apollo	アメリカ	94.3 bcd	79.4 bcd
NJ953	アメリカ	92.8 bcd	84.1 bcd
NJ977	アメリカ	83.1 cd	79.1 bcd
NJ978	アメリカ	89.1 bcd	80.2 bcd
Jersey Giant	アメリカ	92.4 bcd	79.5 bcd
Guelph Millenium	カナダ	155.0 a	102.6 a
Pacific 2000	ニュージーランド	106.9 bc	85.4 bcd
JWC1	ニュージーランド	113.5 b	90.2 abc
Gijnlim	オランダ	88.2 bcd	82.4 bcd
Andreas	フランス	101.7 bcd	82.1 bcd
0008G2（どっとデルチェ）	日本	100.3 bcd	83.2 bcd
Welcome	アメリカ	99.8 bcd	79.4 bcd
UC157	アメリカ	88.2 bcd	79.9 bcd
ムラサキ			
Purple Passion	アメリカ	93.2 bcd	81.7 bcd
NJ1064	アメリカ	76.3 d	77.1 cd
Pacific Purple	ニュージーランド	80.7 cd	74.7 d
KA1617	アメリカ	114.2 b	94.9 ab

Motoki ら（2008）から元木作表．
[z] 異なる英文字間で Tukey 法により5%水準で有意差があることを示す．

表14-8　第3回 IACT における品種の特性と収量および品質（神奈川農技セ 2004）

品種[z] 系統	雄株 発生率 （%）	萌芽 時期	茎枯病の[Y] 発病程度	若茎頭部の 締まり （緩1〜硬5）	春どりに[X] おける若茎硬度 （kg/cm^2）	2004年（3年株）				
						総収量 （kg/a）	可販収量 （kg/a）	可販率 （%）	A品率 （%）	1茎重 （g）
UC157	69	早	0.4	3.6	16.0 ab[W]	324	281 ab	87	81	18.7 abcd
Atlas	40	中	0.7	2.4	17.8 a	331	268 ab	81	73	20.6 ab
Grande	47	中	0.7	2.9	16.1 ab	292	244 bc	84	77	20.2 abc
NJ953	100	中	0.4	3.3	16.9 ab	361	325 ab	90	79	17.2 cd
NJ956	100	中	0.6	3.4	16.7 ab	315	289 ab	92	85	17.6 bcd
NJ977	100	早	0.6	4.0	15.8 ab	296	257 abc	87	82	18.6 abcd
NJ978	100	中	0.5	3.3	14.5 b	309	259 ab	84	76	17.3 cd
NJ1064	100	遅	0.3	3.3	15.3 ab	240	200 c	87	80	21.3 a
Gijnlim	100	遅	0.3	2.7	16.0 ab	274	210 c	77	57	16.0 d

久保ら（2006）の表を一部加筆修正して浦上および元木作表．
[z] 分譲元：「UC157」，「Atlas」および「Glande」は California Asparagus Seed and Transport（アメリカ），NJ シリーズ5品種はアメリカ・ラトガース大学，「Gijnlim」は Asparagus BV（オランダ）．
[Y] 2004年に養成茎の一部に病斑が発生したため，除去した被害本数（本/株）．
[X] レオメーター（RT-2010-CW, RHEOTECH）の2mmプランジャーで測定した先端部から10cmの5個体の平均値．
[W] 異なる英文字間で Tukey 法により5%水準で有意差があることを示す．

ある．ほかの試験地におけるデータとの比較により形質の安定性を判断するなど，IACT のデータを上手に利用することによって，時間や労力をかけた試験から多くの成果を得ることが可能になる．近年，世界各地では数多くの品種が育成されており，第 4 回 IACT も開催されていることから，新たな品種の情報入手を継続的に行っていくことが望まれる．

4．海外における品種育成

　品種には育成した歴史や背景も重要となるが，アスパラガスの栽培種は「*Asparagus officinalis* L.」の 1 種のみであり，形態的にはほとんど分かれていない．図 14-2 は，ポーランドの Knaflewski（1996）が 1996 年にアスパラガスの系統について作図したものであり，世界的なアスパラガスの雑種集団の大多数は，「Violet Dutch」が起源である（Anido・Cointry 2007）．

　「Violet Dutch」から派生した育種の成果は 2 つの方向で発展していった．フランスの育種家は多くの茎数を得ることを目指し，ドイツとイギリスの育種家は太い若茎を得ることを目指した．それぞれの成果として，フランスでは「d'Argenteuil」，ドイツでは「Brunschweig」というアスパラガス品種をもたらした結果，「d'Argenteuil」の品種からはフランスやアメリカにおける品種育成としての利用が多く，一方で「Brunschweig」はドイツやオランダにおいて利用され，別々に発展していったことが分かる．そして，アスパラガスで優れた業績を代表する「Mary Washington」も，部分的にその品種から由来している．

(1) アメリカにおける育成品種

　アメリカにおける品種の育成は古く，18 世紀初頭には株間交配による系統が作成されている．そして，アスパラガス栽培の変遷もサビ病（*Puccinia asparagi*）に対する育種を避けては通れない（Norton 1913）．1896 年にニュージャージーの農業試験場で始めてサビ病が発見されており，原因はヨーロッパから来たものと考えられている（Halstead 1896）．

　アメリカのノートンはアスパラガスのサビ病抵抗性品種として，1952 年に「Reading Giant」と「d'Argenteuil」の 2 品種によって得られたサビ病抵抗性が高いレベルの後代から「Washington」，「Martha」および「Mary」を選抜し，さ

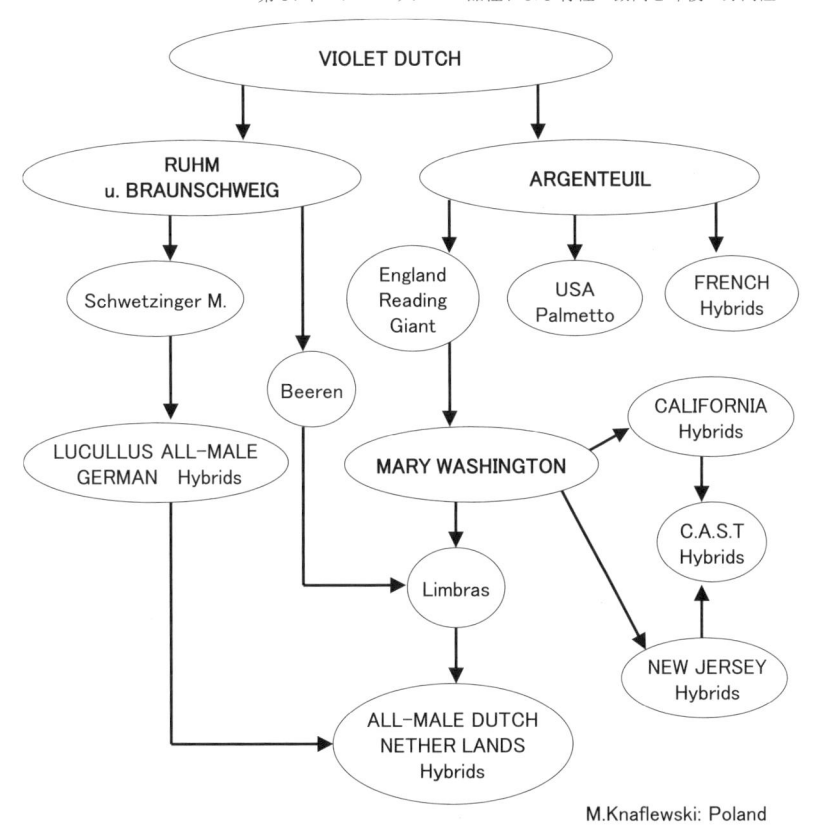

第 14 章　アスパラガスの品種および育種の動向と今後の方向性　205

図 14-2　世界におけるアスパラガス品種の系統図
M. Knaflewski より一部改訂.

らにそれらの交雑によって「Martha Washington」および「Mary Washington」を育成したとしている（Norton 1919）．カリフォルニアでは 1939 年，ハンナが「Martha」や「Mary」よりさらに上の品種を目指して「UC500」および「UC309」を育成し（Jones・Hanna 1939），Benson・Takatori（1978）は，「UC309」から選抜した雄株「M-120」および「UC500」から選抜した雌株「F-109」との単交配により「UC157」を育成している（図 14-3）．一方，「UC800」という品種もあるが，その品種は「UC157」から種子を採種し，市販されているものであり，F_2 種子に当たる．そのため，収量は「UC157」より低く，揃いも劣る．また，「Grande」や「Atlas」，「Apollo」などの品種も育成されているが，それらの品

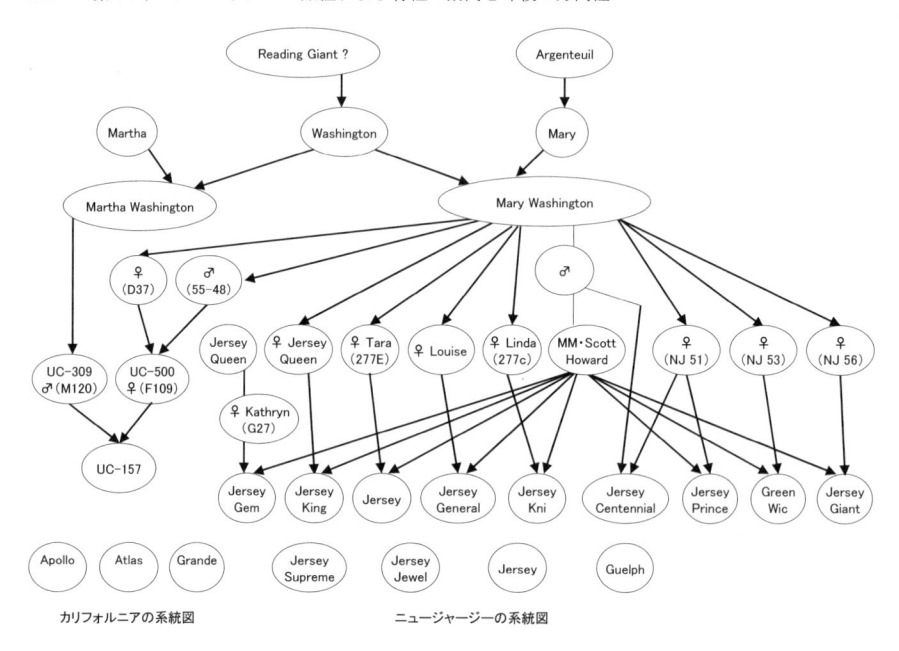

第 14 章　アスパラガスの品種および育種の動向と今後の方向性

図 14-3　アメリカにおけるアスパラガス品種育成の系統図
M. Knaflewski より一部改訂．

種はすべて雌雄混合種である．アメリカで消費されるアスパラガスのほとんどはグリーンであり，アメリカで育成される品種も基本的にはグリーンとしての栽培を念頭においているものが多い．図 14-4 にアスパラガス主要品種の育成経過を示した（Garrison・Chin 2005）．

　アスパラガスは雌雄異株の多年生作物であるため，自家交配による固定品種を作出することはできない．しかし，採種のための交配親を栄養的に維持することは容易であることから，特定の交配親から継続して採種できる．そのため，アスパラガスでは特定の雄株と雌株を用いた単交配で得られる実生群を一代雑種と呼ぶ（尾崎 2010）．「Mary Washington」は，ノートンにより，初めて一代雑種育種法により育成された著名品種である（Norton 1919）．ただし，当時は一代雑種の概念が普及していなかったこともあり（永井 1985），実際に栽培に使用されたのは雑種第二代であったとされている．また，その後代からは 1943

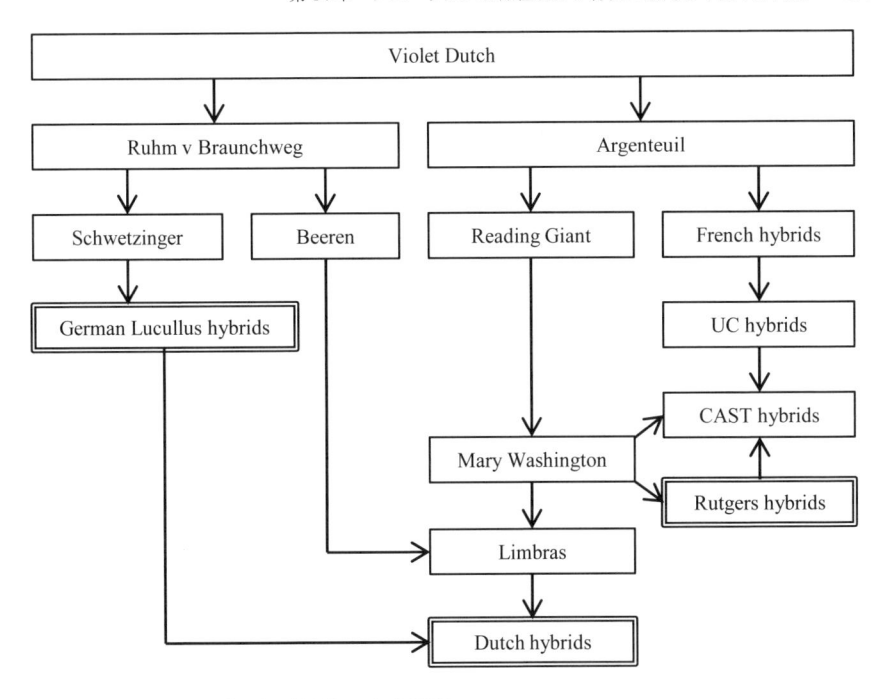

```
                          Violet Dutch
                 ┌────────────┴────────────┐
          Ruhm v Braunchweg              Argenteuil
           ┌──────┴──────┐         ┌──────────┴──────────┐
      Schwetzinger    Beeren   Reading Giant        French hybrids
           │                         │                    │
   German Lucullus hybrids           │                UC hybrids
           │                         │                    │
           │                         │                CAST hybrids
           │                    Mary Washington           ↑
           │                         │              Rutgers hybrids
           │                      Limbras
           └─────────────────────┬───┘
                             Dutch hybrids
```

図 14-4 アスパラガス主要品種の育成経過
Garrison・Chin（2005）による．二重線の囲みは全雄性品種（群）を示す．

「MW500W」とも呼ばれる）が育成された．そのなかでも後者は未だに現役品種として種子が販売されている．

さらに，1975 年に Takatori らによって育成された「UC157」は Mary Washington 系品種群のなかでも傑出したもの（Benson・Takatori 1978）であり，育成から 36 年を経た 2011 年現在でも世界第 1 位の作付を誇っている．急伸する新興産地ペルーでも，2011 年現在，「UC157」の作付が 80％を占めていた（第 3 章）．

「UC157」の採種および販売は CAST 社のベンソン博士に受け継がれたが（第 5，7 章），交配親の栄養系をこれほど長期間にわたって維持できたこと自体が驚くべきことであり，親株圃場内における自然交雑実生の徹底的な防除やアスパラガスウイルス II の感染防止など，たいへんな労力が投入された．また，ベンソン博士は「UC157」から選抜した栄養系を母親，ラトガース系統の後代を父親として「Atlas」および「Grande」を育成し，ほかの品種・系統を含めて「CAST

ハイブリッド」と呼ばれる品種群を形成したが（Bensonら 1996），その父親も「Mary Washington」に由来する．それらの事例は，卓越した選抜眼と日々の厳格な管理作業を実践できる一流のブリーダーであれば，オーソドックスな育種法によっても未だ優良品種育成の可能性が残されていることを示唆している．

　アスパラガスの性発現は雄性遺伝子の存否による（Rick・Hanna 1943）．その遺伝子をMとすると，Mmは雄，mmは雌となる．また，人為的にMMの遺伝子型を持つ超雄と呼ばれる個体が作出され，その個体を雄株として雌株と交配すると，その雑種第一代はすべて雄株になることから，全雄品種の父親に用いられる．アメリカでは種子の着かない全雄品種が一般的に市販されており，特にニュージャージー州立大学で育成されたニュージャージー系統の多くはエリソン博士の手によって開発されている．「Mary Washington」の古い畑に両性株が見られ，その両性花から得られた「NJ 22」は優秀な雄であり，雌株の「NJ 51」との交配によって最初のF_1品種である「Jersey Centennial」を育成した．さらに，「NJ 22」由来の「NJ 22-8」は超雄であり，雌株の「NJ 56」との交配によって「Jersey Giant」を育成し，「NJ 22-8」はその後の全雄ハイブリットに使用された（Ellison・John 1985）．ニュージャージーでは育成系統番号のほかに系統名が付けられている場合が多く，「Jersey Gem」の雄親は「Scott Howard (NJ22-8)」と言い，雌親は「Kathryn (G-27)」と言う（図 14-3）．その技術を元に 2011 年現在，急速に浸透してきているのがニュージャージー州立大学の品種・系統群である．それらは同大学の愛称から「ラトガース系」もしくは「ラトガースハイブリッド」と総称される．それらも元を辿れば「Mary Washington」に由来するものであり，「Jersey Giant」など，育成地周辺では優秀な収量性を示すものもあったが，日本ではそれまで外観品質上の問題からあまり顧みられなかった．近年，国際的に評価の定まった全雄品種の開発に成功したことが飛躍の原動力となった．そのなかでも「NJ953」は，若茎がやや細いがきわめて多収であり，側枝発生位置が高いため作業性に優れている（写真 14-13；久保ら 2006, Motokiら 2008）．また，「NJ977」は「UC157」に類似した特性であり，外観品質にも優れている．両者とも，個体間のばらつきの少なさや雌株に着果した種子に由来する野良生えが発生しないなど，全雄品種のメリットを有している．品種開発手法においては，花成誘導剤（Abe・Kameya 1986）を用いて超雄個体を早期

選抜し，雌株との組合せ検定を行う「ラトガーススキーム」と呼ぶ効率的な手法が確立されている．なお，全雄品種は実用レベルでは多くのメリットがあるが，超雄個体を花粉親とした交配の後代には超雄個体は現れない．すなわち，超雄個体から新たな超雄個体を選抜することは不可能であり，雌株の選抜のみが可能であることから，特に環境に対する適応性や病虫害耐性を向上することは難しい．「NJ953」などはこの難題をクリアすることに成功している．

写真 14-13　アメリカ・ニュージャージー州立大学における「NJ953」の採種と育成者の Chin 教授（佐藤撮影）

また近年では，ラトガース大学で育成された「NJ953」や「NJ977」がアメリカ国内だけでなく，スペインや中国，チリ，日本などにおいても収量性において比較的評価が高い（元木ら 2008）．それらのニュージャージー系の若茎における外観特性は，「UC157」に比べてりん片葉の色はやや紫となり，穂先はやや緩い．

(2) オランダにおける育成品種

オランダのスニープは，1953 年に全雄アスパラガス育成の理論を報告し（Sneep 1953），1958 年から本格的な育種を開始した．オランダの品種は「Violet Dutch」から「Ruhm von Braunschweig」と「d'Argenteuil」の選抜された流れをくみ，「Beeren」と「Mary Washington」から選抜されて交配された「Limburgia」の品種育成が最初と考えられ，その後，有名な品種である「Limbras Hyb」が育成された（Boonen 2001）．

2013 年現在，オランダの品種はすべて全雄品種であるが，最初の全雄品種はフランケンが 1970 年に育成した「Franklim」である．その品種は「Ruhm von Braunchweig」の両性株から自家受粉によって超雄の「Lim26-3」と「Mary Washington」から選抜された雌株との交配によって得られた品種である．

その後，オランダでは「Lucullus」から得られた超雄を片親として「Mary Washington」から選抜した雌株により「Gijnlim」や「Backlim」を育成し，「Limburgia」

の雌株との交配により「Venlim」と「Theilim」を,「Argenteuil」の雌株との交配により「Boonlim」と「Horlim」の全雄品種を育成した(Boonen 1987, 2001). それらの品種は外見的には類似しているが,収量性は異なっていた.なお,それらすべてが全雄品種であり,ホワイト栽培種として育成された品種である.

近年では「Avalim」や「Vitalim」,「Herkolim」,「Carlim (Lim10)」などの品種はオランダの Limseed 社から,「Cumulus」や「Bacchum」,「Magnus」などの品種は同じくオランダの Bejo 社から販売されている.

(3) イタリアにおける育成品種

イタリアにおけるアスパラガスの栽培地帯は,北の大陸地域と,中央および南地中海地域の気候が異なる2地域である.

イタリアにおける育種プログラムは,1970年代後半から北イタリアにおいて「Early of Argenteuil」の葯培養による全雄品種の育成から開始された.イタリアの品種開発は,おもとして全雄であることを前提とした耐病性および収量性である.そのため,半数体倍加系統クローンの遺伝子プール拡大に向けて,海外から葯の供与体としての品種導入を行い,異なった雑種起源半数体の倍加によって耐病性を保持した超雄株の作成を目標とした.倍加半数体で再生された株は *Fusarium* spp.の汚染された圃場に定植され,生存株や活力,生産性,品質評価などについて3年間の調査後に選抜された結果,1993年に「Marte」,「Eros」,「Golia」,「Gladio」,「Ringo」,「Argo」および「Sirio」を育成した.そのうち,「Marte」は多収性であり,「Golia」と「Gladio」はサビ病に対する高い抵抗性を保持した品種であった.しかし,「Gladio」の若茎は紫色素の強い品種であることから今後は増殖しないとしている.それらの品種のほかに,新しいイタリアの雑種として,雌は「Early of Argenteuil」から,雄は「Jersey Giant」から得た半数体倍加クローンによって収量や若茎色,穂先の締まり,形状などにおいて有望とされている「H-524」を育成している.

1992〜1997年に北イタリアと中央および南イタリアにおいて,アメリカのカリフォルニアとニュージャージー,フランス,スペインおよびイタリアの品種を比較した.その結果,北イタリアの試験では,「Gijnlim」やイタリア育成の5品種が高い生産性を示した.「Gijnlim」やイタリア育成5品種以外は,最初の2年間は高い生産性と旺盛な生育を示したが,4〜5年後には急速に減少した.一

方，中央および南イタリアでは，カリフォルニアの気候に類似していることもあり，「Grande」や「Atlas」，「Apollo」，「UC157」などのカリフォルニアの品種は多収性を示し，中央および南イタリアの生育環境に適応した品種であると確認された．一方，「Gijnlim」やイタリア育成の 5 品種は，北イタリアで観察された高い生産性を示すことができなかったことから，生育環境に適合した品種改良が必要と考えられた（Falavigna ら 1999）．

(4) フランスやドイツ，ニュージーランドなどにおける育成品種

フランスにおける品種改良も古くから行われており，「d'Argenteuil」は最も有名であり，そこから早生系の「d'Argenteuil Hatif」や晩生系の「d'Argenteuil Tardive」などが育成された．フランスでは Thevenin によるダブルクロスの育種法によって「Larac」や「Mira」，「Junon」，「Minerve」，「Diane」などの品種が開発され，それらの品種は従来の品種に比べて全収量で 30％，早期収量で 60％高いと言われている．また，組織培養によるクローン雑種としては「Steline」や「Desto」，「Aneto」，「Gito」などの品種が育成され，均一性はダブルクロス雑種に比べて高い．また，フランスにおける最近の育成種として「Andreas」がある（Corriols ら 1990）．その雄株は葯培養で，また雌株は多胚種子から得られ，両親とも同型接合をもった最初のアスパラガスである．

フランスと並んでドイツにおけるアスパラガスの品種改良も古く，「Ruhm von Braunschweig」が歴史的な品種である．2013 年現在の品種は，その「Ruhm von Braunschweig」からの選抜系とほかの品種との交雑による「Schwetzinger Meisterschuss」から多くの品種が作成され，「Lucullus 234」および「Lucullus 328」の系統や「Rekord（Lcullus 中生）」および「Early Rekord（Lcullus310）」などの全雄品種が開発されている（Greiner 1990）．

ヨーロッパにおけるアスパラガス栽培は，ホワイトを食用として普及してきた経緯がある．そのため，栽培は高うね培土で遮光することから，穂先の開きや紫色の着色程度はあまり問題視されることが少なく，むしろ全雄性や収量性に重点をおいた品種育成を目指してきた．しかし近年は，若茎の形状や紫色の薄い品種も育成され，グリーン用としてヨーロッパ以外にも流通されている．ヨーロッパの全雄品種育成は，葯培養によって得られた半数体植物を倍加し，同型接合の超雄を得て任意の雌株との交配による育成が多い傾向にある．

一方，ニュージーランドにおいても多くの品種を育成しているが，特に日本国内で馴染みの多いムラサキの「Pacific Purple」がある．この品種はカリフォルニアの品種である「Purple Passion」と同じ親である「Violetto di Albenga」から選抜した4倍体品種であり「Purple Passion」よりも紫色が濃いのが特徴である（Falloon・Andersen 1997）．また，Asparagus Pacific 社の Falloon ら（2002）はグリーンの「Pacific 2000」を育成し，2011年現在，ニュージーランドにおける新植の60%を占め，特に南島では90%を占める．

5. アスパラガスの耐病性育種に対する取り組み

　そして今，アスパラガスの世界的な品種育成の方向は耐病性育種である．ニュージーランドでは，疫病（*Phytophthora* spp.）に対する抵抗性品種を育成するため，アスパラガスをいったん罹病させ，菌を分離して再発生させながら選抜する手法をとった結果，いくつかの耐病性株を得ている（Falloon ら 2002）．中国では，茎枯病（*Phomopsis asparagi*）の発生が最も多く，全面積の12%が感染し，特に定植1年目の圃場では50%が犯され，多大な影響を及ぼしている（Yinら 2012）．一方，株腐病（*Fusarium* spp.）はメキシコおよびアメリカの南カリフォルニアにおける5年以上の圃場で40〜80%の圃場が感染しており，大きな収量低下をもたらしている（Guerrero ら 1997）．Sonoda ら（2002）は株腐病について16品種および系統間差を調査した結果，「Gijnlim」，「No.9837」および「No.9708」が抵抗性を示したとしている．ドイツにおける株腐病の発生率は場所や季節によって異なるものの，*F. proliferatum* が61%，*F. oxysporum* は5%の比率であった（Koch ら 2012）．*F. proliferatum* は傷を付けて接種した若茎から無接種の根に拡大し，全身に感染した．アスパラガスの病気は生産に大きく影響を与え，各国とも耐病性品種の育成を進めているが，今後は世界共通の課題としてその問題に取り組む必要があると考える．

6. おわりに

　アスパラガスは，新規の増反を除けば，数年間は更新しない作物である．そ

のため，生産者は新品種を導入する際に慎重になることが多く，新品種の導入に当たっては，他産地における実績を参考にするか，まずは小面積で栽培した株を観察する程度であることから，今後は公的機関などが新品種を先行導入して品種比較を実施し，その結果を生産者にできるだけ早く示すことが必要と考える．世界のアスパラガスにおける品種および育種の動向に注目し，情報収集していく必要がある．

第15章　日本におけるアスパラガスの生産，輸入および消費の動向

1. 日本におけるアスパラガス栽培の歴史とその生産動向

(1) 日本におけるアスパラガス栽培の歴史と発展

日本のアスパラガスは，1781（天明元）年，オランダの貿易商により，観賞用として長崎県に伝わり，「オランダキジカクシ」と呼ばれ（呉・原田 1837），栽培が始まった．食用としては，1920（大正9）年頃，北海道の缶詰会社がホワイトを商品化したのが始まりである（写真15-1）．その後，長い間，寒地および本州寒冷地の換金作物として重要な地位を占めてきた．

写真 15-1　日本におけるアスパラガス発祥の地碑（北海道岩内町，元木撮影）

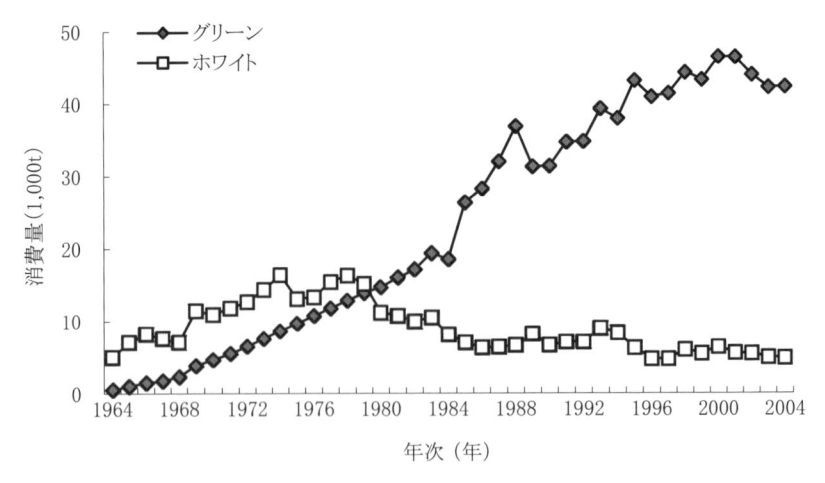

図 15-1　日本におけるグリーンとホワイトの消費の推移（1964-2004）
「農林水産統計」と「貿易統計」および日本缶詰協会の資料を基に元木作図．

第15章　日本におけるアスパラガスの生産，輸入および消費の動向　215

　1960（昭和35）年以降，日本人の食習慣が欧米化し，グリーンの需要が伸びると，ホワイトの生産は急激にグリーンへと切り替わっていった（元木 2003）．1978（昭和53）年には国内のグリーンの生産量がホワイトを超え，それ以降，生産が増加している（図15-1；元木 2003）．その背景には，国策であるコメの生産調整による水田転作や中山間地における養蚕からの転換が奨励されたことも大きく影響し，1988（昭和63）年までは露地栽培の面積が急増した．国内のアスパラガスの栽培面積は，1988年にピークの11,000haとなり，38,000tが生産された（図15-2）．

　平成（1990年代）に入り，国内のアスパラガスの面積および生産量は，ともに露地を中心に減少した．平均単収は1990（平成2）年の大型台風の上陸などの影響により過去最低となったが，その後は上昇し続け，生産量も増加した（図15-2）．アスパラガスの生産量が増加した最も大きな理由として，長期どり栽培（写真15-2）の開発と普及があげられる（伊藤ら 1994，Kohmura 2002）．1988（昭和63）年までは露地の面積が急増したが，平均単収は減少傾向にあった（図15-2）．長崎県や佐賀県で半促成長期どり栽培が開発され（小林・新須 1992，

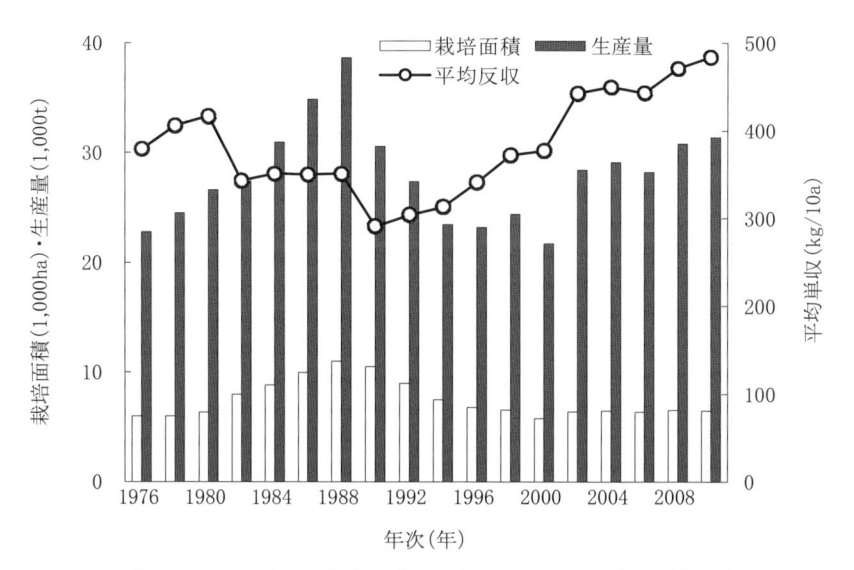

図15-2　日本のアスパラガスの栽培面積，生産量および平均単収の推移（1976-2010）
　　　　農林水産省「野菜生産状況表式調査」および「農林水産統計」から井上作図．

216　第15章　日本におけるアスパラガスの生産，輸入および消費の動向

写真 15-2　アスパラガスの長期どり栽培（長崎県西海市，元木撮影）

作型	12月	1月	2月	3月	4月	5月	6月	7月	8月	9月	10月	11月
半促成長期どり栽培		春どり					夏秋どり					
半促成春どり栽培			春どり									
露地長期どり栽培					春どり		夏秋どり					
露地2季どり栽培					春どり			夏秋どり				
露地普通栽培					春どり							
伏せ込み促成栽培	伏せ込み											

□：収穫　――：株養成

図 15-3　グリーン栽培のおもな作型

重松 1998b），その技術がやがて全国へと波及し，その後の平均単収の伸びにつながった．最近では平均単収が10a当たり6tを超えた事例も報告された（元木ら 2008）．国内生産量が増加した背景として，残留農薬や鮮度などの輸入農産物に対する消費者の不信感もあげられ，輸入品のシェアを国産品が奪取した形となった．

（2）日本におけるアスパラガス生産の現状

　アスパラガスのおもな作型は，栽培形態（施設および露地）や収穫期間（春

どり，長期どりおよび2季どり）の組合せである（図 15-3）．おもな産地は北海道や長野県，福島県などの寒地および本州寒冷地から，長崎県や佐賀県，香川県などの暖地と全国に広く分布している（表 15-1～表 15-3）．

グリーン栽培における初期の導入形態としては，北海道ではホワイト栽培からの転換，福島県ではコメからの転作，長野県ではコメや養蚕からの転作が多く，長崎県や佐賀県などでは施設野菜の一つと位置づけられてきた．そのため，前者は土地利用型栽培，後者は集約的栽培が行われている．暖地でも導入当初は露地栽培であったが，茎枯病の被害が大きく，栽培面積は激減した．しかし，茎枯病はビニルハウスによる雨除け栽培によって抑制できるようになったため，暖地では施設栽培が普及した．その後，立茎栽培による長期どり栽培技術が確立されたことにより，収穫期間と収量が大幅に拡大した（井上 2009）．

長期どり栽培では，春期に地下部の貯蔵養分をエネルギー源として萌芽する若茎を収穫（春どり）した後，夏秋期に茎葉を繁茂（立茎）さ

表 15-1 アスパラガスのおもな産地と平均単収，中心となる作型（2010）

地域	平均単収 (kg/10a)	中心作型
佐賀	2,440	半促成長期どり栽培
福岡	2,160	半促成長期どり栽培
熊本	1,940	半促成長期どり栽培
長崎	1,880	半促成長期どり栽培
栃木	1,630	半促成長期どり栽培
愛媛	1,290	半促成長期どり栽培
茨城	1,260	半促成長期どり栽培
香川	1,110	半促成長期どり栽培
岡山	583	露地長期どり栽培
広島	570	露地長期どり栽培
島根	511	露地長期どり栽培
山形	414	露地普通栽培
福島	394	露地普通栽培
秋田	360	露地普通栽培
青森	357	露地普通栽培
宮城	297	露地普通栽培
北海道	295	露地普通栽培
新潟	286	露地普通栽培
群馬	280	伏せ込み促成栽培
長野	265	露地普通栽培
岩手	214	露地普通栽培
全国	485	

栽培面積 20ha 以上の都道府県．
農林水産省「農林水産統計」から井上作表．

写真 15-3 アスパラガスの露地普通栽培（北海道名寄市，元木撮影）

せて得た同化養分をエネルギー源として萌芽する若茎を収穫（夏秋どり）し，多収が得られる（元木ら 2008）．例えば，2010（平成 22）年の露地普通栽培（写真 15-3）主体の北海道の平均単収が 10a 当たり 300kg 程度であるのに対し，半促成長期どり栽培主体の佐賀県は 10a 当たり 2,440kg と，寒地や本州寒冷地の露地普通栽培に比べて，暖地の施設を利用した長期どり栽培では 8 倍超の収量が得られている（表 15-1）．なお，平均単収が 10a 当たり 1t を超えている地域は，すべて半促成長期どり栽培である．

アスパラガスは産地が全国に分布することから，栽培方法や

表 15-2 アスパラガスの生産量上位 20 の都道府県（2004，2010）

地域	2010 年 t	順位	2004 年 t	順位
北海道	5,550↑	1↑	5,170	2
長野	3,450	2	5,420	1
佐賀	3,250↑	3↑	2,690	4
長崎	2,710	4	2,990	3
福島	1,880	5	1,920	5
熊本	1,800↑	6↑	906	8
秋田	1,720↑	7	1,630	6
山形	1,380↑	8↑	707	13
福岡	1,190↑	9	843	9
栃木	1,080↑	10↑	406	17
香川	966↑	11	808	11
新潟	832↑	12	731	12
広島	770	13	961	7
愛媛	717	14	818	10
青森	678	15	704	14
岩手	618↑	16	546	15
群馬	465↑	17	448	16
茨城	441↑	18↑	102	22
岡山	375↑	19	283	18
山口	173↑	20	118	20

農林水産省「農林水産統計」から井上作表．
↑は 2004 年より上昇．

経済的地位が異なり，生産者の技術格差も大きい．また，収量差が発生する原因としては，茎枯病や改植時のアレロパシーの影響も大きいと考えられる（元木ら 2008）．

（3）国産に根強い人気

日本国内の 2011 年産アスパラガスの生産量は 28,800t，国内消費量は 44,043t であり，近年は国産品に根強い人気がある．2000 年前後には国内消費量の 50% 程度あった輸入品の割合は，2011 年には 35% 程度まで減少している（図 15-4）．2010 年産アスパラガスの生産量をみると，北海道が 5,550t で全国第 1 位，次いで長野県が 3,450t で第 2 位，佐賀県が 3,250t で第 3 位，長崎県が 2,710t で第 4 位，福島県が 1,880t で第 5 位の順となっており上位 5 位までの生産道県で国内生産量のおよそ 5 割を占めているが，近年は全国各地でアスパラガスの生産量

表 15-3 都道府県別のアスパラガス栽培面積と生産量（2004，2010）

地域	栽培面積 (ha) 2004年	2010年	増減	生産量 (t) 2004年	2010年	増減
全国	6,480	6,490	10	29,100	31,400	2,300
北海道	1,940	1,880	-60	5,170	5,550	380
青森	184	190	6	704	678	-26
岩手	254	289	35	546	618	72
宮城	27	30	3	66	88	22
秋田	476	477	1	1,630	1,720	90
山形	212	333	121	707	1,380	673
福島	457	478	21	1,920	1,880	-40
東北	1,610	1,797	187	5,573	6,364	791
茨城	11	35	24	102	441	339
栃木	33	66	33	406	1,080	674
群馬	171	166	-5	448	465	17
埼玉	6	14	8	11	31	20
千葉	3	5	2	29	60	31
東京	1	2	1	3	10	7
神奈川	0	1	1	0	17	17
関東	225	289	64	999	2,104	1,105
山梨	13	10	-3	46	35	-11
長野	1,540	1,300	-240	5,420	3,450	-1,970
甲信	1,553	1,310	-243	5,466	3,485	-1,981
新潟	281	291	10	731	832	101
富山	15	13	-2	23	15	-8
石川	1	2	1	1	3	2
福井	4	2	-2	15	10	-5
北陸	301	308	7	770	860	90
岐阜	6	7	1	18	42	24
静岡	9	5	-4	57	29	-28
愛知	6	9	3	20	114	94
三重	13	9	-4	55	61	6
東海	34	30	-4	150	246	96

が増えており，上位道県の国内全体に占める割合がここ数年減少している（表15-2）．以下，熊本県が 1,800t で第 6 位，秋田県が 1,720t で第 7 位，山形県が 1,380t で第 8 位，福岡県が 1,190t で第 9 位，栃木県が 1,080t で第 10 位であり，北海道と長野県以外は九州および東北地方が占めている（3～9 位）が，第 10 位の栃木県や第 18 位の茨城県といった関東地方の増加が目立つ．また，生産量の多い道県について，2010 年の栽培面積を比べると，寒地の北海道，本州寒冷

表 15-3 都道府県別のアスパラガス栽培面積と生産量（2004, 2010）（続き）

地域	栽培面積（ha） 2004年	2010年	増減	生産量（t） 2004年	2010年	増減
滋賀	3	3	0	15	19	4
京都	2	1	-1	4	4	0
大阪	0	1	1	3	4	1
兵庫	3	9	6	10	27	17
奈良	9	7	-2	111	88	-23
和歌山	2	4	2	8	33	25
近畿	19	25	6	151	175	24
鳥取	8	8	0	57	53	-4
島根	14	23	9	73	118	45
岡山	51	64	13	283	375	92
広島	152	135	-17	961	770	-191
山口	9	12	3	118	173	55
中国	234	242	8	1,492	1,489	-3
徳島	0	4	4	1	26	25
香川	87	87	0	808	966	158
愛媛	62	56	-6	818	717	-101
高知	2	8	6	9	140	131
四国	151	155	4	1,636	1,849	213
福岡	45	55	10	843	1,190	347
佐賀	127	133	6	2,690	3,250	560
長崎	154	144	-10	2,990	2,710	-280
熊本	56	93	37	906	1,800	894
大分	15	16	1	137	152	15
宮崎	8	8	0	67	86	19
鹿児島	9	4	-5	93	55	-38
九州	414	453	39	7,726	9,243	1,517

農林水産省「農林水産統計」から井上作表.

地の長野県および福島県の順に，全国第 1 位（1,880ha），第 2 位（1,300ha）および第 3 位（478ha）となっており，暖地の佐賀県および長崎県はそれぞれ第 12 位（133ha）および第 10 位（144ha）であった（表 15-3）．全国的にもアスパラガスは増産傾向にあり，九州や東北地方だけでなく関東地方でも急増しており，アスパラガスの勢力図は年々変化している．

（4）地域間や農家間で大きな単収差

北海道や長野県，福島県などの古くからのアスパラガス産地では，栽培面積は 1988 年頃をピークにその後は減少か横ばい傾向にある．10a 当たりの 2009

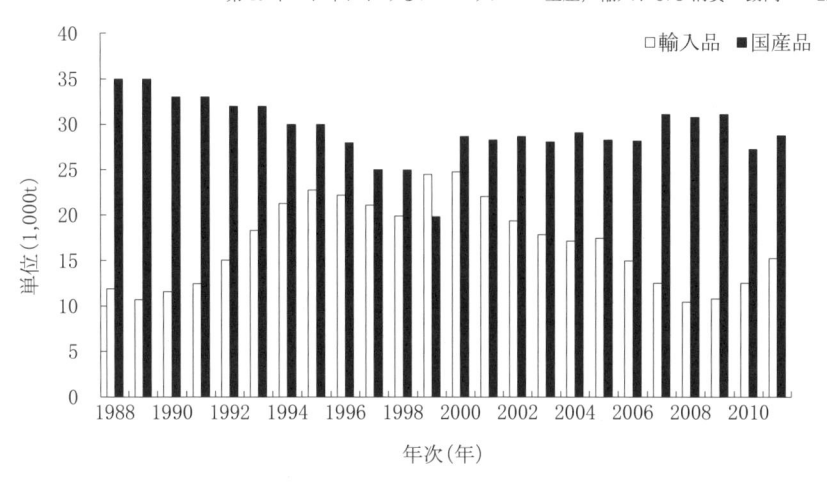

図 15-4 アスパラガスの国産品と輸入品の推移（1988-2011）
野菜生産出荷統計および貿易統計のデータから元木作図.

年の平均単収は，全国平均で478kgであるが，栽培面積の多い北海道，長野県および福島県では，順に307kg, 265kgおよび419kgといずれも全国平均を下回っている．一方，暖地の佐賀県および長崎県の2009年の平均単収は，それぞれ2,448kgおよび1,887kgと全国平均を大きく上回り，世界のなかでもトップクラスの平均単収を誇る．アスパラガスの収量は，前年の養分蓄積や年生，作型などによる差が大きいため，収量を比較するにはこの点を考慮する必要があるが，同じ長野県内でも北信（県北部地域）の平均単収が307kgであるのに対し，南信（県南部地域）が917kgであるというように，ほかの野菜品目以上に地域間や農家間で大きな開きが見られる（元木ら 2008）．

そうした平均単収の地域間や農家間の差は，単純に気象条件や株の年生だけで片付けられることではなく，株管理による影響も大きい．また，アスパラガスでは改植時の連作障害が大きな問題となり（元木 2007b, 2007c, 元木ら 2008），改植が思うように進まず，古くからの産地では生育の劣る老朽園が多いことも平均単収が低い原因の一つである．

日本国内において，アスパラガスを収益性が高い，より魅力的な品目として定着させるには，まずはアスパラガスの生理・生態を理解したうえで，きめ細かな株管理を行い，収量と品質の向上につなげる必要がある．

2. 日本におけるアスパラガスの輸入と消費

　日本国内で流通するアスパラガスは，輸入品も多く，おもにメキシコやオーストラリア，ペルー，アメリカ，タイ，フィリピンなどから輸入されている（第1，3，5，6，7，11，12章）．近隣のアジア諸国からは船便で輸入されるが，船便は輸送に日数がかかるため，冷蔵コンテナを使用している．一方，航空便の場合，輸送中に冷蔵されないため，検疫や通関に時間がかかると，著しく品質低下することがある．現状では，輸入品の価格は国産品に比べて安いものの，鮮度などの品質が劣る．しかし，今後，鮮度保持技術や流通技術の発達により，高品質のアスパラガスが輸入されるようになれば，輸入品が低価格を武器にして，日本国内の市場へ大きな影響を及ぼすようになると考えられる．

　2010（平成22）年の東京中央市場におけるアスパラガスの取扱量を見ると，メキシコ産は1～4月，アメリカ産は4～5月，国産品は3～9月，オーストラリア産は10～12月がピークであり，国産品と輸入品は上手く補完関係にあるように見える（図15-5）．また，価格面では，4月の輸入品の平均価格が723円/kgに対して国産品は1,422円/kgであり（図15-6），国産品は高級品から普通品，輸入品は安価品というイメージが定着している．しかし，図15-6に示すように，7月の輸入品の平均kg価格が830円に対して国産品が859円，8月の輸入品が716円に対して国産品が730円と，夏場のアスパラガスの価格差はなくなっている．ちなみに，個別に見ると，2008年の7～8月，2009年の7～8月および2010年の7月は，輸入品の平均価格が国産品に比べて高かった．

　東京中央市場において，アスパラガスは近年最も激しく産地地図が変わった品目である（小林 2009）．年明けからのメキシコ産，秋から年内を引き受けるオーストラリア産の基本的な地位は変わらないが，春から秋まで長期に出荷する長崎県や佐賀県などの九州産，夏場を受け持つ福島県などの東北産が地位を上げた（図15-5）．一方，長野県産は5月，北海道産は6月が中心となった．

　アスパラガスは新旧の産地が激しく交代している品目であり，それが結果として輸入品のシェアを国産品が奪取するという興味深い現象を引き起こした（図15-7；小林 2009）．単価の高い厳寒期の1月に秋田県などの東北地方が市場の定位置を確保したのは，東北地方が「伏せ込み促成栽培」（写真15-4）を

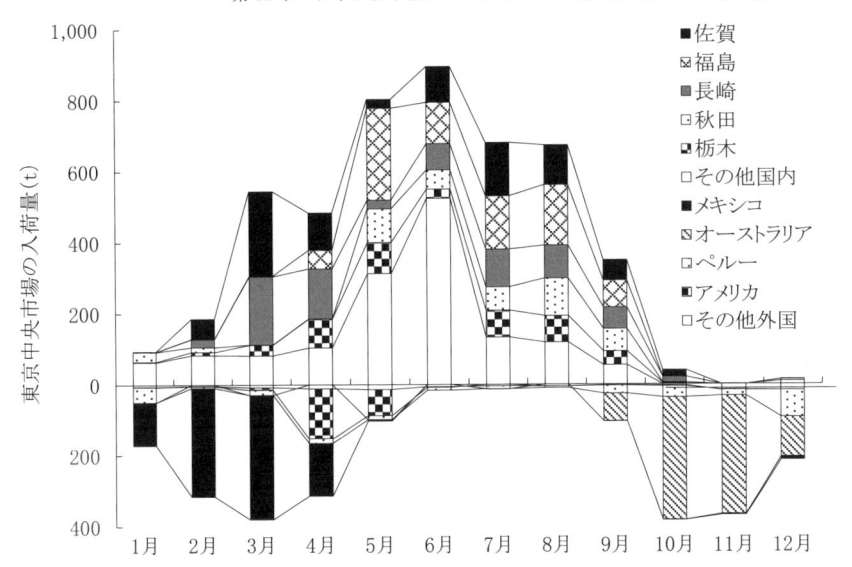

第 15 章　日本におけるアスパラガスの生産，輸入および消費の動向　223

図 15-5　東京中央市場におけるアスパラガス産地別取扱実績（2010）
　　　　東京中央市場のデータから井上作図．

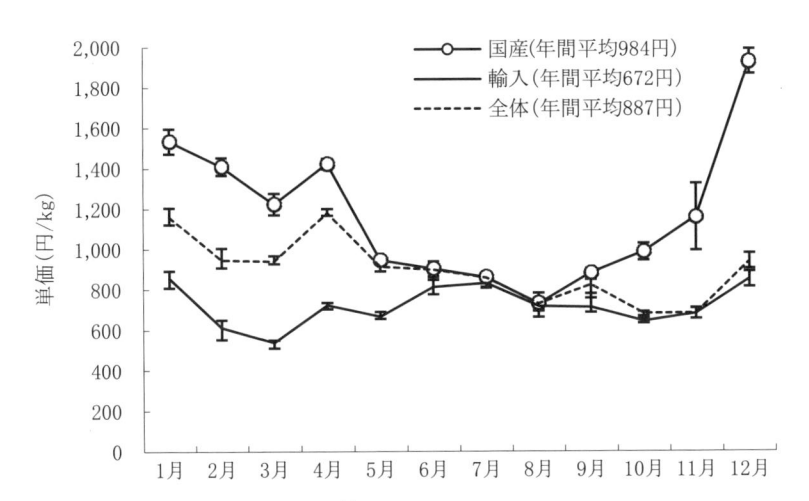

図 15-6　アスパラガスの月別単価
　　　　東京中央市場の 2006〜2010 年のデータから井上作図．
　　　　5 年間の平均値．縦棒は標準誤差．

普及，拡大しているためである．雪国が電熱で地温を上げる栽培方法を定着させたことは，広島県や長崎県，佐賀県などの温暖地が成功させた立茎長期どり

224　第15章　日本におけるアスパラガスの生産，輸入および消費の動向

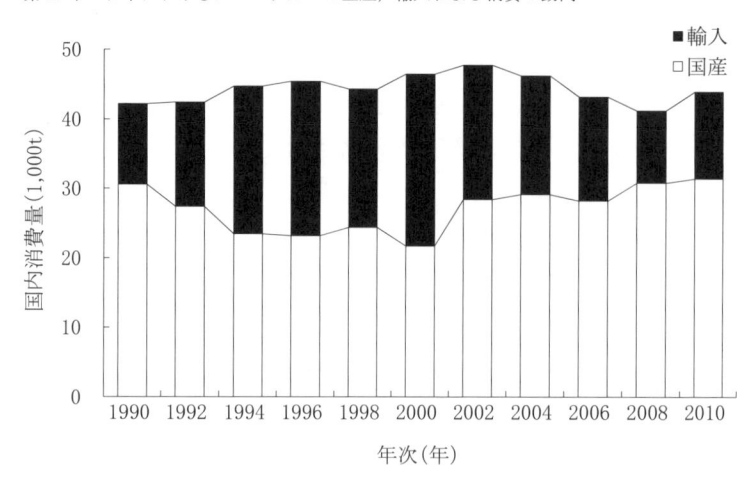

図15-7　アスパラガスの国内消費量（1990-2010）
　　　　輸入量は財務省「貿易統計」，国内生産量は農林水産省「農林水産統計」から井上作図．

写真15-4　アスパラガスの伏せ込み促成栽培（秋田県三種町八竜，いずれも元木撮影）

栽培技術とともに革命的である．それに対し，長野県や北海道は品種改良や生食用ホワイト，立茎長期どり栽培の技術の導入による生産量の確保などで巻き返しを図ろうとしている．

　アスパラガスは本来の旬の5月に入荷のピークがあり（小林 2009），3～8月に大量に出回る（図 15-8）．それでも東京中央市場のアスパラガスの入荷量は増勢である．2010（平成22）年は1～4月の安価なメキシコ産の急増（図15-9，図15-10）など，入荷の大幅な増加により単価が下がったものの，2005～2009年に比べて入荷が減少した5, 9および10月には単価が上昇した（図15-8）．

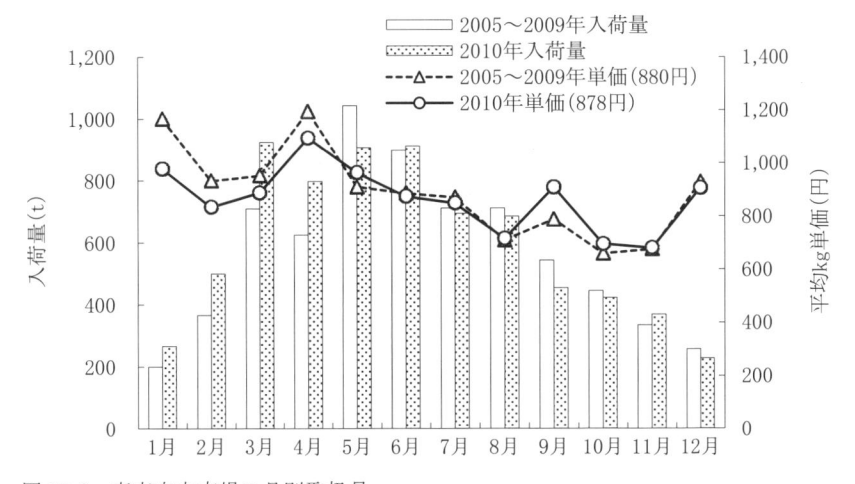

図 15-8　東京中央市場の月別取扱量
　　　　 東京中央市場のデータから井上作図．(　　)は期間全体の平均単価．

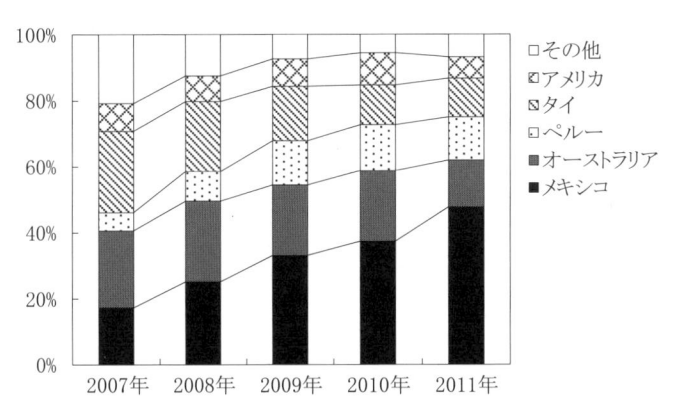

図 15-9　アスパラガスの輸入国別割合の年次推移（2007-2011）
　　　　 財務省「貿易統計」から井上作図．

そのことは，アスパラガスはまだまだ作っただけ売れる野菜であることを裏付けている．特に，単価の高い4月（図 15-8）にいかに多く出荷するかという栽培技術がポイントの一つとも言える．しかし，例えば暖地の半促成長期どり栽培において，安定的に単収向上を目指すのであれば，4月の高単価につられて無理に立茎を遅らせることは，地下部の貯蔵養分不足から欠株を生じ，梅雨前に立茎が完了しないと病気に感染しやすいので避けたほうがよいと思われる．

　輸入量は1990（平成2）年以降急増し，1994（平成6）年頃には国内生産量

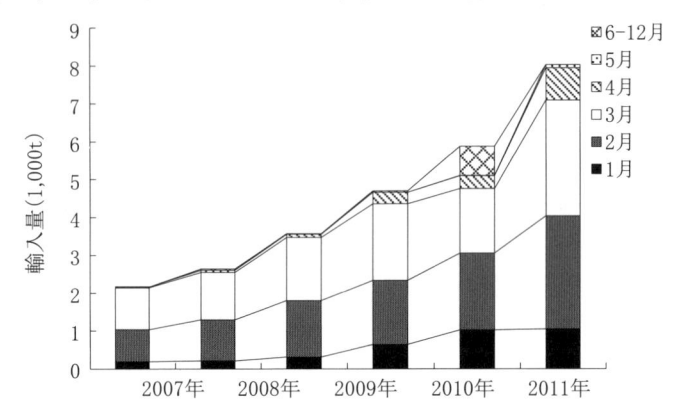

図 15-10 メキシコからのアスパラガスの月別輸入量の年次推移
財務省「貿易統計」から井上作図. 2012 年 5 月までのデータ.

表 15-4 日本ならびに日本へアスパラガスを輸出している主要国におけるアスパラガスの生産状況 (2005, 2009)

	栽培面積 (ha)		平均単収 (kg/a)		グリーン (%)		生食用 (%)		輸出用 (%)	
	2005	2009	2005	2009	2005	2009	2005	2009	2005	2009
日本	6,800	6,500	37	50	99	99	100	100	1	1
メキシコ	15,825	18,300	37	45	100	100	100	100	95	98
オーストラリア	4,000	1,604	50	61	95	95	95	95	70	60
ペルー	18,000	26,800	141	95	70	83	60	56	99	99
タイ	2,200	2,840	150	115	100	98	100	98	70	42
アメリカ	20,000	14,400	37	37	100	100	100	100	17	17
中国	80,000	57,000	80	120	50	50	38	65	55	35

Benson (2012) のデータから井上作表.

に並び，2000（平成 12）年には 1990 年の 2.13 倍となった（図 15-4，図 15-7）．2000 年までは国内生産量が減った分を輸入でカバーしていたが，国内生産量の増加に伴い，輸入量は減少し，2010 年の輸入量は 2000 年の半分となった（図 15-4，図 15-7）．2010 年の年間の国内消費量は 44,353t であり，国民一人当たりの年間消費量は 351g とほぼ横ばいで推移している．また，日本ではアスパラガスの旬といえば春というイメージが定着しているが，立茎栽培による長期どりの作型が開発されたことや輸入品が通年供給されるようになったこと，年間を通して需要があることなどから，近年は年間を通じて消費されている．年間の国内消費量は，2002（平成 14）年がピークであり，その年には国民一人当たり年間 375g（＝国内消費量÷総人口）のアスパラガスが消費されていたが，これは 1976（昭和 51）年の 241g の 56 ポイント増であった．

日本へアスパラガスを輸入している主要国の栽培面積は，2009 と 2005 年を比べると，オーストラリアとアメリカでは減少したが，メキシコ，ペルーおよびタイでは大幅に拡大した（表 15-4；Benson 2012）．輸入国の平均単収は，メキシコとアメリカでは日本と同等であるが，タイ，ペルー，中国およびオーストラリアでは日本よりもむしろ高い．また，割合は異なるものの，すべての国が日本と同じ生食用のグリーンを中心に生産している．さらに，ペルーやメキシコなどではアスパラガス生産のほとんどが換金作物として，輸出のために栽培している（第 1 章）．

　東京中央卸売市場の 2010（平成 22）年のアスパラガスの入荷量は 7,155t（国産品 4,768t，輸入品 2,387t）であり，4 年前の 2006 年に比べて 10 ポイント増加した．野菜全体が 1 ポイントの増に留まるなか，アスパラガスの伸びは群を抜いている．また，アスパラガスの消費もここ数年，際立って伸びている．東京青果が 1998（平成 10）年に行ったアンケート調査では，アスパラガスは，日本人が好む葉菜類の第 3 位にランクインした．調理が楽でいろいろな材料に合うこと，栄養豊富なこと，そして美味しいことが人気の理由であり，年代を問わず好まれている．また，需要の増加を支える国産の周年化や利益商材としての価値などが後押しをしている．

　なぜ，それほどまでにアスパラガスの消費が伸びたのか？　一つ目は「健康志向（機能性）」である（元木ら 2008）．アスパラガスは緑黄色野菜の一つであり，健康の維持および増進に欠かせない．また，がんや動脈硬化の予防，疲労回復など機能性豊かな野菜である．二つ目は「多様な用途（調理の簡便性）」である（元木ら 2008）．サラダはもちろん，炒め物や蒸し物，焼き物，揚げ物などと料理の用途が広い（写真 2-18，写真 15-5）．三つ目は輸入に代わり，国産が増えて「鮮度と安全性が向上」したことである．

　平成に入って，半促成長期どり栽培の開発普及により九州が台頭し，その後東北および関東の新興産地が頑張り，特に夏の入荷量を押し上げた．その結果，アスパラガスの 2008（平成 20）年の輸入量は 2000（平成 12）年の 42% まで落ち込んだ（図 15-4，図 15-7）．

　日本国内のアスパラガスの 2010（平成 22）年における栽培面積（6,490ha）は，2000（平成 12）年（5,759ha）に比べて 13 ポイント（731ha）増加した（図

228　第15章　日本におけるアスパラガスの生産，輸入および消費の動向

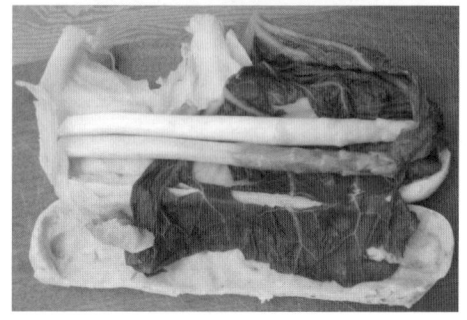

写真 15-5　アスパラガスを使った料理
　　　　　上左は，グリーンのベーコン巻き（千葉市，佐藤撮影），上右は，ムラサキの生食のサラダ利用（ニュージーランド，Peter G. Falloon 撮影），下はグリーンとホワイトの冷製および温製サラダの2品（長野県茅野市，いずれも元木撮影）

15-2）．ニーズに合わせて増産できた背景には，国産志向に加え，平均単収および品質の向上技術や夏季昇温抑制技術，病害虫の物理的防除技術など，産地の悩みを解決してきた点も見逃せない（井上 2010a, 2010c, 井上ら 2008b, 2008c）．

　また，アスパラガスは軽量品目のため高齢化が進む産地で拡大してきた．平均単価が高く安定していることも拡大を後押ししている．技術革新も進んだ．発砲スチロールやコールドチェーンが発達し，夏の鮮度アップと遠隔地輸送の問題解消により，小売りも安心して安定的に販売ができる環境が整った．売る側にとって「集客商材」であるだけでなく，「利益商材」となった．さらに，最近は太ものが目立ってきた．一方で，「ミニアスパラ」など包丁を使わないで済む商品など多彩な提案を売る側ができるようになった（井上 2010b）．

　アスパラガスは，消費や流通，産地の目的などの評価が揃えば，販売環境が厳しい時代でも，需要の掘り起こしが可能な品目であると考える．

第 16 章　日本国内におけるホワイトおよびムラサキの流通事情と先進地オランダから学ぶホワイト生産の展開

1. はじめに

　アスパラガスにはグリーン，ホワイトおよびムラサキの3つの若茎色のタイプがあり（写真 16-1），最近ではムラサキを遮光し，その後に少し光を当てて桃色に着色させたピンクも栽培され始めている（三好 2010）が，日本におけるホワイトやムラサキの生産量はわずかであり，関心はあっても実際に導入するに至っていない生産者も多いのではないかと考える．

　本章では，日本国内におけるホワイトおよびムラサキの生産の現状と若茎色を組合せた販売促進の事例について，海外産地と対比しながら紹介する．

2. 日本におけるホワイトの生産状況

　日本におけるアスパラガスの生産状況は 2010 年現在，栽培面積が約 6,500ha，生産量が約 31,500t である（表 15-3；第 15 章）が，そのほとんどはグリーンである．しかし，日本におけるアスパラガス栽培は缶詰原料としてのホワイト栽培から始まったものであり（第 15 章），2013 年現在でも北海道や岩手県などに

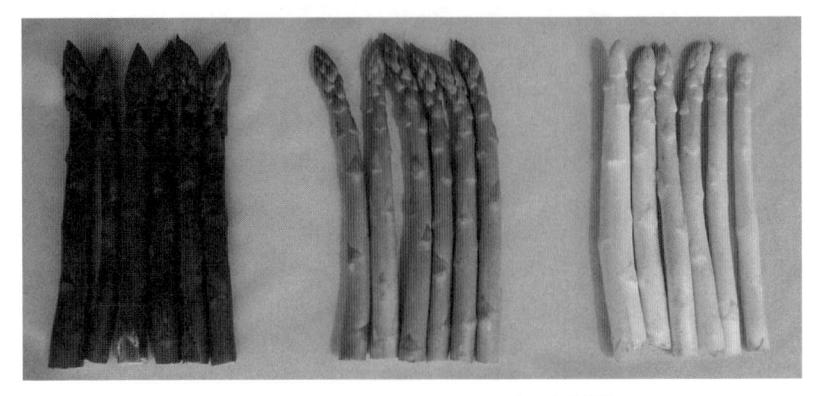

　写真 16-1　アスパラガスのカラーバリエーション（元木撮影）
　　　　　　左からムラサキ，グリーンおよびホワイト．ほかにもムラサキを遮光して育て，少しだけ太陽光を当てたピンクも最近流通している．

おいて，わずかに缶詰原料用としてのホワイト栽培が行われている（写真16-2）.

一方，近年の食の多様化により，フランス料理を始めとする西欧料理がポピュラーになるに伴い，ヨーロッパにおける春の食の風物詩である生食用のホワイトの存在が徐々に知られるようになってくるとともに，日本国内における生食用ホワイトの栽培も徐々に広がりを見せている（Jishi ら 2012，地子・田中 2009，Maeda ら 2012a，元木 2008，元木ら 2008）. 缶詰原料用のホワイト栽培は，古くからの慣行法である培土栽培（以下，培土法）で行われている. しかし，生食用のホワイトについては，培土法の栽培は比較的少なく，遮光性が非常に高い「トーカンホワイトシルバー」（東罐興産，遮光率：99.9%以上）を始めとする遮光フィルムによるトンネル栽培（以下，遮光法）が一般的である.

写真 16-2 北海道における缶詰原料用のホワイトの収穫風景（北海道喜茂別町，元木撮影）

ホワイトの栽培面積，生産量および流通量については正確な統計がないが，缶詰原料および生食用を含め，ある程度まとまった量を生産しているのは，北海道や岩手県，福島県，長野県，香川県，佐賀県などであり，日本農業新聞の2012年5月26日付けのアスパラガス関連記事や日本罐詰協会による缶詰生産量統計，各産地からの聞き取り情報などを総合すると，ホワイトの栽培面積は缶詰原料および生食用の合計で100ha前後であると推測する. それ以外にも，試験的にホワイト栽培に取り組む産地や，生産者が個人的に栽培している事例などが全国に見られ，特に生食用ホワイトの栽培面積は徐々にではあるものの増えていると推測される.

3. 日本におけるホワイトの栽培技術

（1）遮光法による軟白栽培

オランダにおけるホワイト栽培（第2章）のように，日本においても，かつ

てはホワイト栽培と言えば培土法による軟白栽培が一般的であった．しかし，培土法は収穫に熟練や労力を要するため，培土法によるホワイト栽培は減少の一途をたどってきた．一方で最近，きわめて高い遮光性を有するフィルム資材を用いてトンネル栽培を行う遮光法によるホワイト栽培が開発され（地子ら2008，地子・田中 2009），収穫に関わる労力が軽減されたことから全国的に普及してきている．遮光法は，既存のグリーンのうねをほぼ100％の遮光性を有する遮光フィルムでトンネル状に覆うものである．トンネルの高さは任意であるが，収穫の際にフィルムをめくる操作が必要な低いトンネル（写真16-3）では，収穫時に光が当たって着色茎の発生が避けられないことから，高さ2m前後の高いトンネルを設置し，収穫時にはヘッドライトを装着する方法が多く採用されている（写真16-4）．その方法ではフィルムをめくったり戻したりする操作が不要なうえ，着色茎の発生はほとんど見られない．遮光法は露地，ハウスを問わず行えるため，露地普通栽培（写真16-5），ハウス半促成栽培（写真16-6）および伏せ込み促成栽培（写真16-7）の各作型で行われている．一方，広島県では，夏秋期の立茎栽培時に母茎押し倒し法と遮光法を組合せた作型を開発し，それまで難しかった夏秋期におけるホワイト栽培を可能にした（写真16-8；三原・甲村 2010）．また，フィルムによる遮光ではないが，長野県坂城町では，新幹線建設の際に作られたトンネル横坑において年間を通じた恒温恒湿の暗黒条件を活用したホワイト栽培も行われている（写真16-9；元木 2008）．さらに，遮光資材として塩化ビニル製の筒（直径4cm，長さ20cm）の一方をフ

写真 16-3　簡易遮光法によるホワイトの露地栽培（長野市，元木撮影）

写真 16-4　ヘッドライトを装着した遮光法によるホワイトの収穫（北海道滝川市，地子提供）

第 16 章 日本国内におけるホワイトおよびムラサキの流通事情と生産，今後の展開　233

写真 16-5　遮光法によるホワイトの露地普通栽培（北海道蘭越町，前田撮影）

写真 16-6　遮光法によるホワイトのハウス半促成栽培（北海道栗山町，いずれも前田撮影）

ィルム状遮光資材により覆った器具が作成され，夏秋どりでもホワイトの生産が可能になっている（写真 16-10；北條 2007）．

　遮光法は伏せ込み促成栽培の作型と組合せることにより暗黒条件と適度な温度があれば生産できるため，例えば温泉ホテルの温泉廃熱を利用して栽培したホワイトをレストランの食材として利用することや農産物貯蔵施設の冬期間の有効利

写真 16-7　遮光法によるホワイトの伏せ込み促成栽培（北海道新篠津村，前田撮影）

234　第 16 章　日本国内におけるホワイトおよびムラサキの流通事情と生産，今後の展開

写真 16-8　母茎押し倒し法と遮光法を組合せたホワイトの夏秋どり栽培（広島県，いずれも甲村撮影）

写真 16-9　新幹線の作業用トンネルを利用した生食用ホワイトの生産（長野県坂城町，いずれも小河原秀昭撮影）
「トンネルアスパラ」は美しい乳白色に仕上がる（下左）.

用法として検討されるなど，さまざまな手法が試行されている.

(2) 培土法による軟白栽培

　ホワイトは従来，うね上に高さ 20cm を超える培土（盛り土）を行い，培土中に伸長したホワイトの若茎をアスパラガスナイフと呼ばれるノミ状の専用の

第16章　日本国内におけるホワイトおよびムラサキの流通事情と生産，今後の展開　235

写真 16-10　夏秋どり栽培における青果用ホワイトの栽培（奈良県橿原市，いずれも北條雅也撮影）

写真 16-11　培土法におけるアスパラガスナイフを用いた収穫の様子（北海道岩内町，前田撮影）

用具を用いて収穫する（写真 16-11）．しかし，培土法では，若茎が培土の表面を越えて伸長すると日光に当たって着色して等級や規格が下がってしまうため，生産者は培土の表面に生じるわずかな亀裂をたよりに地中の若茎を探したり，夜明け前から収穫作業を行ったり，日に何度も収穫作業を行ったりと，熟練と多大な労力を必要とする．

　培土法は多量の培土が必要となるため，露地栽培で行われるのが一般的である．20cmを超える培土を行うため，専用の培土機を用いる．また，うね幅も一般的なグリーン栽培に比べて広めにする（180cm以上）必要がある．培土機は他品目用の培土機を転用することもできるが，トラクターに装着する両がけタイプと，耕耘機に装着できる片がけタイプのアスパラガス専用の培土機が，2013年現在，北海道の農機具メーカーで受注生産されている（写真16-12）．

写真16-12　アスパラガス専用の培土機（北海道名寄市，前田撮影）

(3) 遮光法と培土法の相違点

日本では培土法と遮光法による2種類のホワイトが生食用として流通している．国産品の多くは遮光法で栽培されたものであり，特に佐賀県および香川県を始めとする暖地，長野県や福島県，群馬県などの本州寒冷地の産地では，ほとんどは遮光法で栽培されている．輸入品においては東南アジア産のホワイトを時折見かけることがあるが，それらも遮光法で栽培されたものである（元木 2008）．

一方，ヨーロッパやペルーから輸入されたホワイトは，ほとんどが培土法によって栽培されたものであると考えてよい．また，アスパラガスの生産量が日本で最も多い北海道において，古くからホワイトが栽培されてきた羊蹄山麓や安平町および由仁町周辺，美瑛町および富良野地域などの古参の産地では伝統的な培土法が多く，名寄市や栗山町，新ひだか町，美幌町などの新興産地では遮光法がおもに行われており，両方のタイプが混在している．

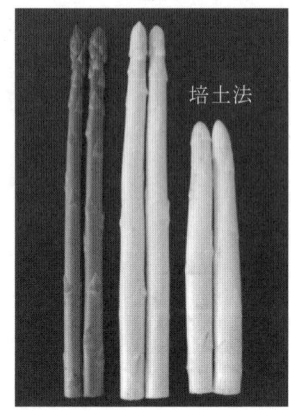

写真 16-13 栽培方法によるホワイトスの形状の違い（地子撮影）

通常はほとんど意識されていないが，遮光法で栽培されたホワイトと培土法で栽培されたホワイトでは，外観や食味などの品質が大きく異なっていることが明らかとなってきた（Jishi ら 2012，Maeda ら 2012a，2012b，元木 2011a）．まず外観であるが，一般に遮光法のホワイトはグリーンと同じ長さの規格で出荷されることが多いため，25cm前後の長さがあるが，培土法ではそこまで長いものはなく，一般的には缶詰用と同じ17cm程度の長さとなっている．両者は先端部の形状がやや異なっており，遮光法のものの方がグリーンに近い形状をしている（写真16-13；元木 2011a）．また，硬さにも特徴があり，特に若茎の先端部と中部において遮光法のものの方が軟らかく，培土法のものは硬い傾向がある（Jishi ら 2012）．

食味にも両者には大きな違いがあり，特にホワイト特有のほろ苦みが異なっている．ホワイトにはサポニン化合物が含まれており，そのサポニン化合物がホワイト特有のほろ苦みのもとになっている（Brueckner ら 2010，Schwarzbach

ら 2006). サポニン化合物のうち, おもなものはプロトディオシンと呼ばれる物質であり, 基部に多く, グリーンにはほとんど含まれない (元木ら 2008, Motokiら 2012b). そのプロトディオシン含量は, 培土法で栽培したものの方が遮光法に比べて多いことが明らかになっている (図 16-1; Maedaら 2012a, 2012b). そのため, 遮光法で栽培されたホワイトはほろ苦みが少なく, いわゆるクセがない風味であり, 培土法で栽培されたものは独特のほろ苦みが強い. ホワイト特有のほろ苦みは, 人によっては嫌う場合もあるが, 多くの山菜と同様に, そのほろ苦みこそがホワイトの魅力であると感じる人も多い. つまり, 遮光法と培土法のホワイトの品質の違いは, 互いに優劣がつくものではなく, それぞれの個性と捉えることが大切である. 生産, 販売および消費のそれぞれの段階において, その両者の相違点および個性を正しく理解し, それぞれの個性を活かした調理法の情報を消費者に伝えることが今後のホワイトの普及拡大を図る上で大切であると考える.

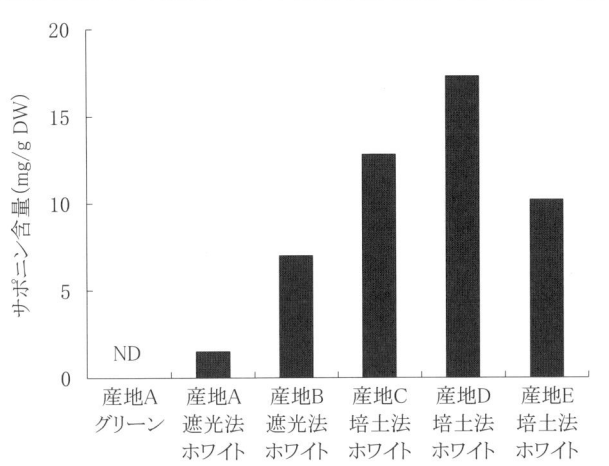

図 16-1 ホワイトの軟白方法がサポニン含量に及ぼす影響 (Maedaら 2012a)
品種は「Gjinlim」. 北海道の複数産地において収穫した若茎の基部1/3を分析対象とし, HPLC法で分析した.

(4) ホワイトの流通の現状と課題

生食用ホワイトの普及は, フランス料理などに使われる高級食材というような形で, 西欧料理の普及にともなったものであった. そのため, ホワイトの流通はグリーンと同様の市場出荷以外に, レストランやホテルなどと直接取引という形が存在している.

市場出荷についてはグリーンと一緒に出荷できることから手がけやすいが,

いくつか難しい点がある．その一つは，ホワイトが市場経由で量販店や一般の小売店に並んだ際，消費者に食材としてまだまだなじみが薄いことである．そのため，店頭に並べても販売自体が滞ったり，その特性が理解されていないことによる品質低下（店頭における着色）が発生したりするなどの問題が発生するケースも見受けられる．そうしたことから，市場経由のホワイトは一般的に高値がつきにくく，極端な場合はグリーンと同じ値段しかつかないこともある．

一方，レストランやホテルとの直接取引という販路を見出した場合，その単価は市場におけるグリーンの単価をはるかに上回る場合もある．西欧料理を始め，最近では和食でも生食用ホワイトは食材として認知されてきており，そうした業務用需要は根強いものと考えられる．ホワイトの業務需要については，高級レストランが多く存在する大消費地だけではなく，特色のある高級食材やブランド農作物として，地産地消および地域資源の一つとして地域の食品産業や観光産業の活性化にも資するものと考えられる．今後はそのような業務需要をいかに発掘し，さらに創出していくことと，それらの業務需要を生産者側できちんと捉えていけるかが課題である．業務需要の創出と，それを把握し，生産者側の生産および出荷状況を調整できる仕組みが確立されれば，生食用ホワイトの生産もより活気づくことが期待される．

（5）オランダ式のシート被覆栽培の普及状況

日本における生食用ホワイトの生産は，遮光法が先行する形で進んでいるが，2005年にオランダで行われたIASに参加し，培土法において，培土表面をシートで被覆する新たな軟白方法（以下，シート被覆法，第2章）を学び，シート被覆法を培土栽培が盛んな北海道の産地に導入することを試みた．その結果，北海道の試験場において実証試験に取り上げられるとともに，生産現場では少しずつシート被覆法に取り組む生産者が増えてきており，2012年現在，羊蹄山麓や安平町で合計約6haを超える面積まで普及が拡大している．その際，ただやり方だけを生産者に紹介するだけではなく，培土法による生食用ホワイトの魅力を認め，シート被覆法の普及のために本場のヨーロッパからシートを輸入して下さった種苗会社や，シートをめくる機械の開発を異例のスピードで行ってくれた農機具メーカーの協力，さらに本手法の普及を後押しして下さった現地の農産加工業者や農業改良普及センターの諸氏，そして生産現場の生産者な

写真 16-14　北海道におけるシート被覆法によるホワイト生産（北海道喜茂別町，いずれも元木撮影）

ど，関係者が一体となった取り組みがあったことをここに記しておきたい．

　シート被覆法は，通常の培土を行った上に，厚さ 0.1mm 程度，幅 140cm ほどの白黒のシートで培土上面を被覆し，収穫の際はシートをめくって収穫を行う．シートの両端には袋状の折り返しがあり，圃場の土砂を少量入れることによりシートが風でめくれることを防ぐ構造になっている（第 2 章）．慣行の培土法では培土上に若茎が伸長すると着色してしまうが（元木 2011a），シート被覆法で用いるシートはきわめて高い遮光率であり，若茎が少々培土上に伸長しても着色することはない．そのため，収穫時にはわざわざ培土中の若茎を探る必要はなく，培土表面に露出している若茎のみを収穫すればよい．その結果，それまで熟練と労力を要していた収穫作業が楽になるとともに，着色する若茎の割合も低くなるという利点がある．シートが厚く重いため，めくったり戻したりの作業に労力を必要とするが，その部分についてはシートをめくる機械が開発されており，労力の削減が可能である．機械がない場合でも，慣れれば女性 1 名でこなせる作業である（写真 16-14 右）．実際に生産現場の生産者に聞き取り調査を行ったところ，慣行の培土法では，収穫される若茎のうち，多いときは 4 割程度が着色による等級落ちとなるが，シート被覆法では，真っ白な一等品の比率が 8〜9 割であり，収益性が大幅に向上したとのことであった．

4．日本におけるムラサキの栽培および流通状況

　ムラサキはグリーンとは品種が異なる．市場に出回っているムラサキは

「Purple Passion」や「満味紫」を始め，ほとんどが4倍体の品種である（元木 2011b）．ムラサキは表皮部分に多量のアントシアニン色素を発現するため紫色を呈する．生の状態では全体的に紫色であるが，加熱するとアントシアニン色素が壊れて，濃い緑色になる．2013年現在，出回っているムラサキ品種の一般的な特性として，2倍体品種に比べて若茎は太く，軟らかく，糖含量が多いため，食味が優れる（甲村・渡邊 2005，元木 2011b）．ムラサキの収量性は，グリーンの代表的な品種である「UC157」に比べてやや低いものの，従来の2〜3倍程度の密植栽培を行うと，「UC157」の慣行に近い収量を得ることができる（写真16-15；元木ら 2011）．また，最近

写真 16-15　ムラサキの密植栽培（長野市，元木撮影）

では福島県で収量性が優れる新品種として「はるむらさきエフ」が育成されたこともあり（仁井ら 2008，第14章），今後は収量性の改善が見込まれる．

　ムラサキの栽培方法は，基本的にはグリーンと同様であるため（写真16-16），グリーンの産地であればどこでも導入可能であり，全国的に広く栽培されている．ただし，今のところ市場に出回る量はごく少なく，生産量の統計資料は見当たらない．最近ではムラサキを遮光し，その後に少し光を当てて桃色に着色させたピンクも栽培され始めている（三好 2010）．

　ムラサキは甘みが強く，歯ざわりも優れており，アメリカやニュージーランドでは紫色と食感を活かし，非加熱のままサラダで食べている（写真15-5 上右；第15章）．最近では，日本国内の小売店でもムラサキを見かけるようになってきたが，旬の時期に採りたてのものを使えれば，サラダにおける具材としての消費拡大も期待できる．

5. ホワイトとムラサキを組合せた販売戦略

　最近では，多くの産地や生産者において，グリーンとホワイトのセット販売

第 16 章　日本国内におけるホワイトおよびムラサキの流通事情と生産, 今後の展開　241

写真 16-16　ムラサキの萌芽状況（いずれも
　　　　　　元木撮影）
　　　　　　左は春どり，右は夏秋どり.

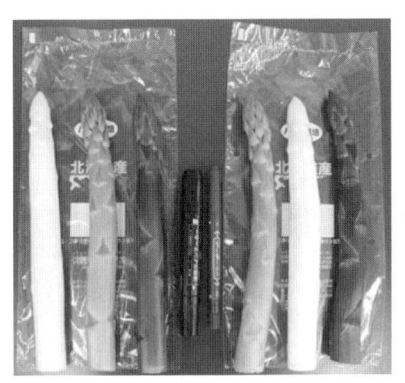

写真 16-17　3色アスパラのセット販売（左は元木撮影，右は前田撮影）
　　　　　　北海道新ひだか町産の極太セット（左）と北海道新千歳空港内の土産店.

や，さらにムラサキも加えた「3色アスパラ」のセット販売など，複数のタイプを組合せた販売戦略がとられている（写真 16-17；元木 2015, 元木ら 2008）. その販売戦略は，通信販売や直売所において消費者の興味を引きつけるのに非常に有効である. また，その戦略は単にホワイトやムラサキの販売促進に役立つだけではなく，グリーンの単価も引き上げている場合が多く，総合的に生産者の収益を向上させる有効な戦略であると考えられる.

　グリーンに加え，ホワイトやムラサキを取り入れることは栽培上もメリット

がある．ホワイトは同じ品種を同じ圃場で栽培した場合，平均1茎重が重いため，収量自体がグリーンに比べて多くなる（元木 2011a）．培土法ではうね間の土壌を培土のため深く耕転することから，根圏の土壌改良が可能となるうえ，永年性の雑草の防除にも有効である（元木 2003）．また，遮光法による栽培も，遮光トンネル内では雑草の繁茂が大幅に抑えられることから，圃場の雑草管理に有効である．グリーンの圃場の2割程度をホワイト栽培とし，ホワイト栽培を行ううねをローテーションすることにより，結果的に圃場全体を長期間良好な状態に保つことが可能となる（元木 2003）．一方，ムラサキについては1茎重が重く，規格内比率が高いため，収穫や選別の手間はグリーンに比べて少ない（元木 2011b）．

そのように，3色のアスパラガスを組合せて栽培することは，販売面だけでなく栽培面でも有効な戦略である．今後は生産者単位に留まらず，産地がまとまって戦略的にホワイトやムラサキの栽培を取り入れてロットをまとめることにより，市場経由の販売においても，産地の差別化を図るうえで有効な戦略となり得るものと考える．ほかにも，レギュラー商品として定着してきているミニアスパラ（写真11-4；第11章，第15章）や，遮光したムラサキに太陽光を当て，ほんのりピンク色にしたピンク（写真16-18；三好 2012）など，消費者の差別化や個性化の指向を受け，バラ流通や特殊規格流通なども含め，アスパラガスの出荷および流通形態は多様化している．アスパラガスは，新たな食材としての利用とともに，今までにない経営スタイルを創出可能なモデル農産物となり得る可能性を秘めている．

写真 16-18　新食材であるピンク（甲村撮影）
↑の若茎がピンク．

第 16 章　日本国内におけるホワイトおよびムラサキの流通事情と生産，今後の展開

第 17 章　平均単収世界一を誇る日本の暖地を中心としたアスパラガス生産と流通および販売戦略，地球温暖化への対応

1. はじめに

アスパラガス栽培において，地球温暖化によって引き起こされる問題として，長雨や気温上昇，台風などの気象災害，茎枯病や新規病害虫の発生，さらには低温遭遇不足による黄化の遅れや休眠覚醒の不足などが考えられる．

本章では，平均単収世界一を誇る日本の暖地を中心とした日本国内におけるアスパラガス生産と流通および販売戦略，地球温暖化への対応について，ペルー（第3章）や中国（第8，9章），タイ（第11，12章）の熱帯および亜熱帯地域の生産と対比しながら，今後の日本国内のアスパラガス産地の方向性を示したい．

2. 平均単収世界一を誇る日本の暖地を中心とした日本国内の長期どり栽培技術

世界各国のアスパラガスの平均単収は表17-1のとおりである．日本の10a当たり平均単収は 500kg 程度（表15-1；第15章）であるが，フィリピン，中国，タイおよびペルーでは1tを超える．それらの国々はいずれも熱帯および亜熱帯気候であり，長期にわたってアスパラガスの収穫が可能な地域である．しかし，日本国内でも半促成長期どり栽培が主体の地域では，平均単収1tを超えている（表15-1；第15章）．特に九州の産地では平均単収が高く，10a 当たり収量が 5～6t を越える事例

表 17-1　アスパラガスのおもな生産国における2005および2009年の平均単収（kg/10a）

生産国	2009 年	2005 年
フィリピン	1,390	490
中国	1,200	800
タイ	1,150	1,500
ペルー	950	1,410
イタリア	678	530
スペイン	650	450
ドイツ	620	600
オランダ	612	800
オーストラリア	610	500
日本	500	370
フランス	500	350
メキシコ	450	370
ニュージーランド	450	370
アメリカ	366	365

Benson（2012）から井上作表．

(1) 暖地の半促成長期どり栽培の平均単収が高い理由
①収穫期間が長いため収量が多い
　日本国内のグリーン栽培のおもな作型(図15-3)における最大の収穫期間は，半促成長期どり栽培が1～10月の10か月間に及ぶのに対し，半促成春どり栽培が2～5月の4か月間，露地長期どり栽培が4～9月の6か月間，露地2季どり栽培が4～5月および8～9月の4か月間，露地普通栽培が4～6月の3か月間，伏せ込み促成栽培が12～2月の3か月間と短い（第15章）．

②苗代が安価で収穫開始が早い
　海外のアスパラガス産地に見られるような1年養成株（第2章）ではなく，セル成型苗（播種後40～50日程度）を定植するため，苗代が安価である．しかも，暖地におけるアスパラガス栽培は，温暖な気候によって成長が長期にわたり旺盛になり，栽培法によっては定植当年から収穫が可能である(池内 1998)．

③ビニル被覆の保温により収穫開始が早まる
　パイプハウス内の被覆方法と温度の変動を図17-1に示す．早朝6時の露地の気温（-6.6℃）に対するハウス内部の温度はビニル一重で+2.1℃，ビニル二重で+4.1℃，ビニル二重とコモで+10.7℃も高くなる．厳寒期の1月でもハウス内の温度を上げることにより，アスパラガスの春芽の萌芽と萌芽後の伸長が促進される（井上 2011b）．また，1～2月の厳寒期にア

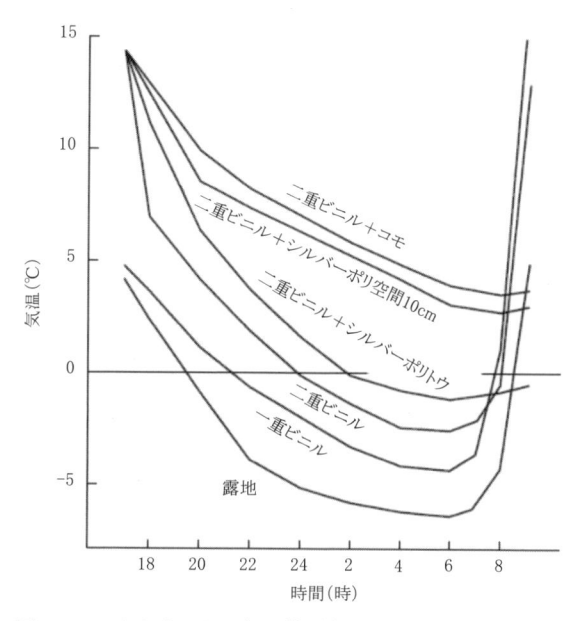

図17-1　パイプハウス内の被覆方法と温度の変動（本多 1977）

スパラガスを萌芽させるには，地温の確保が必要である．地下 10cm の地温を 20℃程度まで上昇させるには，ハウス内の最高気温を 40℃まで上げる必要がある．その場合，乾燥状態では若茎が高温障害を受けるため，かん水後に密閉して湿度 100％の状態にすることにより，高温障害の発生を抑制する必要がある．

④30℃までは温度が高いほど若茎の伸長が速まる

気温とアスパラガス若茎の伸長速度の関係を図 17-2 に示す．若茎は気温が上がると伸長速度が上昇し，収穫する長さである 26cm に達する日数も短くなる（元木ら 2008）．また，若茎を収穫することにより萌芽を促し，収穫の回転も速まる．別の角度からの温度とアスパラガス若茎の特性を図 17-3 に示す（重松 1998a）．気温 30℃を超えると高温障害の危険性が増加する．しかし，ハウス内を多湿状態にすれば高温障害を回避することができ，同時に株全体の一斉萌芽が促される（井上 2011b）．そこで，1～2 月のビニル被覆と適度なかん水によりハウス内気温を 40℃まで上げる．そのことにより株全体の春芽の収穫期間も揃い，貯蔵根に蓄えられた養分の効率的な利用が図られ，春芽の最大収量が得られやすくなる．さらに，一斉立茎によりスムーズな夏芽収穫に移行できるため，夏芽の収量も最大限得られ，年間を通した収量向上につながる．

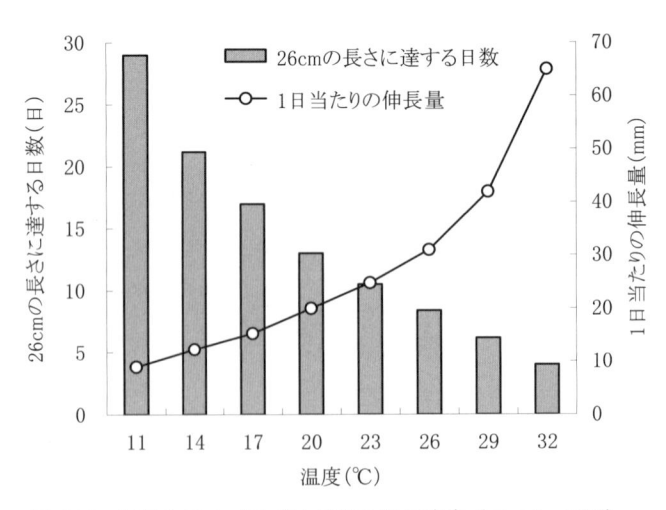

図 17-2 気温とアスパラガス若茎の伸長速度（元木ら 2008）「UC157」の 1 年株．

⑤日射量が多い

アスパラガスの光補償点は1.5〜2.0klxであり，光飽和点は生育前〜中期の株で40〜50klx，生育後期の株では10〜20klxである（稲垣ら 1989）．親茎（茎葉）は一つの群落と見なすことができる．立茎栽培すると，アスパラガス群落の周縁部の茎葉では日光が十分当たるため，光合成量が最大になると考えられる．しかし，うねの上の茎葉の内部には日光が届きにくく，茎葉の中心部は日中でも光補償点レベルになり，呼吸量が真の光合成量を上回ることもある．

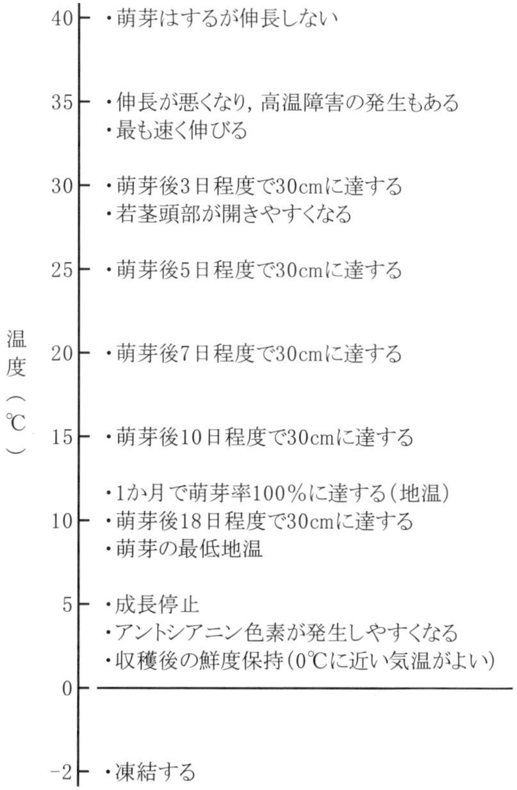

また，若茎の着色にも日光が必要であるが，親茎が

温度（℃）

- 40 ・萌芽はするが伸長しない
- 35 ・伸長が悪くなり，高温障害の発生もある
  ・最も速く伸びる
- 30 ・萌芽後3日程度で30cmに達する
  ・若茎頭部が開きやすくなる
- 25 ・萌芽後5日程度で30cmに達する
- 20 ・萌芽後7日程度で30cmに達する
- 15 ・萌芽後10日程度で30cmに達する
  ・1か月で萌芽率100％に達する（地温）
- 10 ・萌芽後18日程度で30cmに達する
  ・萌芽の最低地温
- 5 ・成長停止
  ・アントシアニン色素が発生しやすくなる
  ・収穫後の鮮度保持（0℃に近い気温がよい）
- 0
- -2 ・凍結する

図17-3 温度とアスパラガス若茎の特性（重松 1998a）
重松作図．元木一部加筆

茂った状態では，日光が株元の若茎まで届きにくいため，夏芽の着色不良が問題となる．その点でも日射量の多い暖地は有利となる．また，機能性成分であるルチンは日光がよく当たった緑色の濃いアスパラガスほど多く含まれる傾向にある（図17-4；Kohmuraら 2008，Maedaら 2010）．

⑥ハウスにおける雨除けと親茎繁茂量の制御による病害抑制

アスパラガス茎枯病の発病度の推移を表17-2に，雨除け栽培における薬剤散布による茎枯病防除効果を図17-5に示す（小林・新須 1992）．薬剤の散布回数が多いほど茎枯病を抑制するが，それ以上に雨除け栽培は露地栽培に対して効果が大きい．また，梅雨明け後に茎葉を更新すると，露地栽培の雨除け栽培で

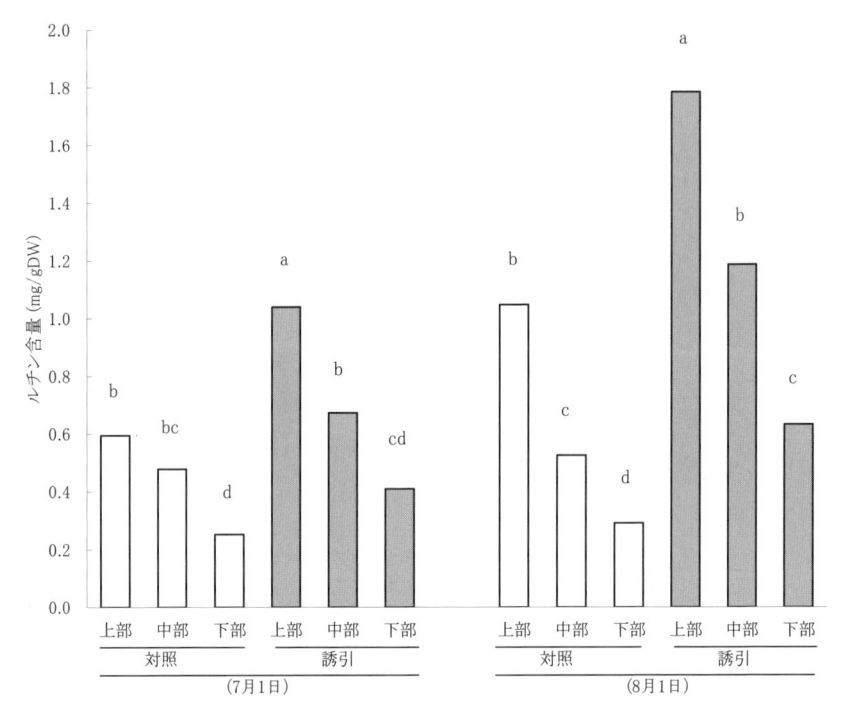

図 17-4 アスパラガス半促成長期どり栽培の夏秋どりにおける地上茎の誘引と若茎のルチン含量（Maedaら 2010）
同採取日において異なるアルファベット間にはTukeyの多重検定（5％水準）で有意差あり．対照区は地上50cm以下の垂れ枝をすべて切除．誘引区は茎葉を切除せずに，通路に沿って垂直方向に張ったネット（幅 1m で目合い10cm）で，地上50～150cmまでの親茎の両側を誘引．

も茎枯病は減少する（小林・新須 1992）．タイでも，本病の対策として罹病茎の抜きとりと圃場外への持ち出しを行っている（第11，12章）．病害対策としては，少なくとも立茎後に過繁茂にならないように管理し，ハウスの換気や親茎の摘心などの耕種的防除と薬害を起こさない化学的防除を行い，健全な茎葉を維持することが大事である．

⑦親茎の黄化や株の休眠には適度な低温が必要である

アスパラガスの生産地における月別平均気温を図17-6に示す．アスパラガスの多収産地である暖地（長崎）では，親茎の黄化や株の休眠を誘導するとされる15℃以下の適度な低温があるが，東南アジア（バンコク）や沖縄（那覇）に

表 17-2 アスパラガス茎枯病の発病度の推移（小林・新須 1992）

作型	防除回数 (回)	茎枯病発病度 7月11日	7月25日	10月5日
露地	0	7.3±0.4	12.6±0.1	20.7±3.1
	9	4.6±1.4	7.2±0.4	13.4±0.5
	15	1.0±0.0	3.3±0.0	9.9±1.4
雨除け	0	0.0±0.0	0.2±0.0	3.9±2.5
	9	0.0±0.0	0.0±0.0	2.2±1.0
	15	0.0±0.0	0.0±0.0	1.8±1.0

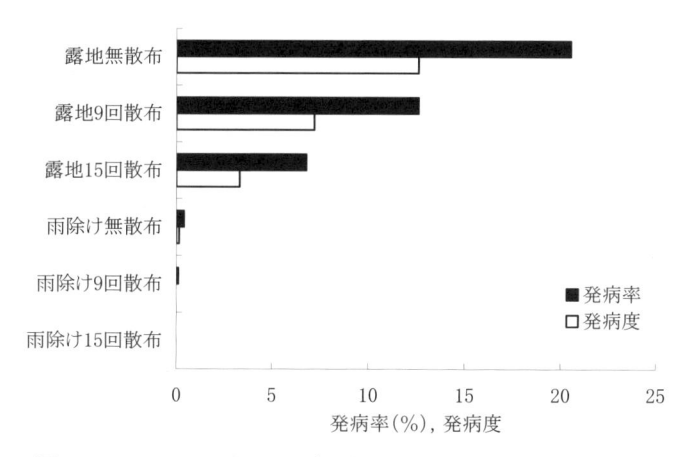

平均値±標準誤差．

図 17-5 アスパラガスの雨除け栽培における薬剤散布の茎枯病防除効果（小林・新須 1992）
1983年7月25日調査．

はない．熱帯気候であるタイのアスパラガス栽培では，低温による休眠が見られず，一年を通じて絶えず萌芽してくるため，長期にわたって株を維持するための特殊な栽培が行われている（第11, 12章）．日本の沖縄も亜熱帯気候のため，タイと類似した周年供給の新栽培法を開発できる可能性がある．

⑧品種は「UC157」が主流

　日本の暖地における主力品種は「UC157」である．「UC157」は世界的に広く栽培されており，商品率が高く，収量も多い品種である（元木ら 2008，第14章）．また，「UC157」の育成地であるカリフォルニア州の年平均気温は 17.3℃

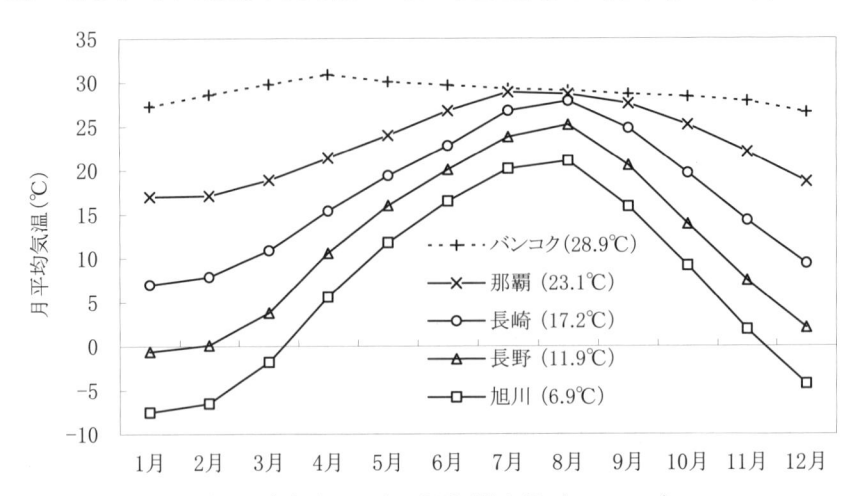

図17-6 アスパラガスの生産地における月別平均気温（1981-2010）
日本国内は文部科学省国立天文台理科年表から，バンコクは世界の雨温図から井上作図．（ ）内の数字は年平均気温．

（ロサンゼルス）であり，長崎（17.2℃）に近い（図17-6）．育成地の気候が栽培地に近いことも栽培上重要な要素である（元木ら 2008）．

⑨施設野菜として集約栽培が行われている

寒地や本州寒冷地で多くみられる露地のアスパラガス栽培は面積が大きく，アスパラガスは土地利用型作物として扱われる（元木 2003，元木ら 2008）．それに対し，日本の暖地におけるアスパラガス栽培は施設栽培がほとんどであり，イチゴやトマトなどと同様に，集約的な栽培が行われている．そこには多くの資材と手間，そして時間がかけられている．

⑩アスパラガスは軽量かつ高単価で安定

東京中央市場データにおける国産アスパラガスの年平均kg単価は2001年が907円であったが，その後，横ばいから微増傾向にあり，2011年は1,064円であった（図17-7）．1988年からの通算平均kg単価は国産品が1,021円，輸入品が555円であり，アスパラガスは今後も，高単価な軽量野菜として流通していくものと考えられる．

⑪最近は壊滅的な台風被害がない

暖地におけるアスパラガスのハウス栽培で最も怖いのは台風である．過去に

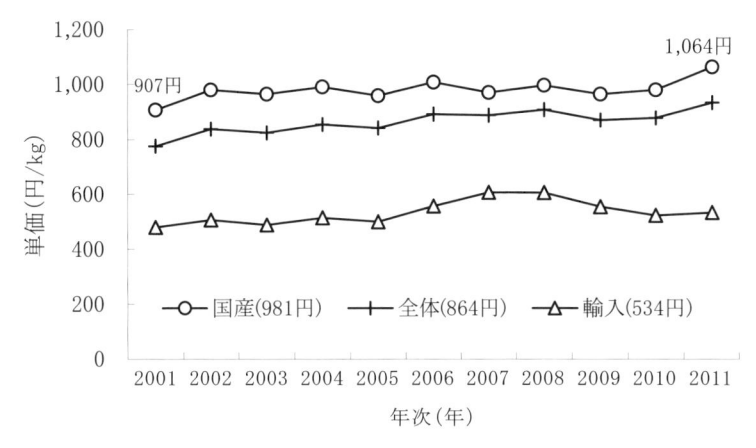

図17-7 アスパラガスの年別単価（2001-2011）
　　　　輸入は財務省「貿易統計」から，全体と国産は「東京中央市場データ」から井上作図．（　）内の数字は全期間の平均単価．

は壊滅的な被害を及ぼした台風もあったが，九州では2006（平成18）年9月17日の台風13号を最後に，近年は直撃による壊滅的な被害を受けていない．

⑫自治体による有利な補助融資制度がある

　アスパラガスは，長崎県や佐賀県などで県の重要推進品目の一つである．そのため，国や県，市町村などの補助融資制度が比較的手厚く，生産者はアスパラガス栽培に取り組みやすい．生産者やJAはその制度を活用してハウスの設置や苗の新改植を行ったり，栽培に必要な資材を購入したりすることができる．

⑬産地ごとに共同選別および出荷場が設置されている

　暖地では，アスパラガスの産地がまとまっているため，各産地に共同選別および出荷場が設置されている．それらは前述の補助融資制度を利用して設けられ，生産振興が図られている．生産者は圃場で若茎を26cm以上で収穫後，各家庭に持ち帰り，新聞紙などで1kg程度に束ね，通いコンテナに入れる．そして軽く予冷をして共同選別場へ運ぶ．生産者は出荷用に長さを揃えたり，規格別に分けたり，100g束にしないで済む分，アスパラガス圃場の栽培管理などに時間と手間をかけることができ，栽培面積の規模拡大もしやすくなる．アスパラガス生産部会としても規格および品質の一定化とスピード化が図られ，市場からのクレームにも対応しやすくなる．

3. アスパラガスの経営安定対策と流通および販売戦略，今後の方向性

(1) 平均単収の向上対策
①保温性の改善
　春芽の萌芽促進や一斉萌芽，平均単収向上などに地温確保は欠かせない．具体策としては，ハウスの大型化（写真 17-1）や連棟（写真 17-2），二重カーテン（写真17-3），内トンネル被覆（写真17-4）などがあり，中国（第 8, 9 章）や韓国（第 10 章）などの方向性とも類似する．

②夏期のハウス内気温の昇温抑制
　アスパラガスの半促成長期どり栽培を行う場合，特に暖地において，夏期の高温は親茎の葉焼けや成長点の枯死，薬害，斑点病などの病害発生による生育の悪化，若茎の開きや曲がり，裂開などの発生による収量および品質の著しい低下，さらには作業環境の悪化などを引き起こすため，昇温抑制対策が不可欠である（表 17-3，写真 17-5；井上 2010c）．

③病害虫の防除を徹底し，秋口に健全葉を残す
　半促成長期どり栽培では，1〜10 月まで収穫するため，病虫害を受け易い．また，被害の影響も長引くため，致命傷となりやすい．翌年度の平均単収向上のためにも徹底的な病害虫防除は欠かせない（井上 2011a，小川 2008）．

写真 17-1　高軒高ハウスを利用したアスパラガス栽培（中国上海市，元木撮影）

写真 17-2　アスパラガスの連棟ハウス（熊本県山鹿市，元木撮影）連棟ハウスではハウス内気温および地温が安定する．画像は盛夏期の撮影であり，遮光資材の利用も見られる．

④失敗しない改植

前作の低収の原因をはっきりと見極め，その対策を確実に行うことが大切である（元木 2007b，2007c，元木ら 2008）．

⑤多収品種の検索

世界的に広く栽培されている「UC157」も，2013年現在，育成からすでに35

写真17-3 アスパラガスの二重カーテン（元木撮影）
長野県埴科郡坂城町．地温確保のため，連棟ハウスで二重カーテンと小トンネルが行われる．

写真17-4 アスパラガスの内トンネル（元木撮影）
長野県伊那市．寒冷地のハウス半促成栽培でも春芽の萌芽促進に内トンネルが行われる．

表17-3 換気処理の昇温抑制効果（井上 2010c）

高さ[Z]	換気処理法	10～16時における昇温抑制効果（℃）		
		最高気温	最低気温	平均気温
200cm	側窓拡大[Y]	-4.3±0.8[W]	-1.9±0.2	-3.3±0.2
	屋根開口[X]	-6.0±0.5	-2.1±0.1	-3.9±0.2
	側窓拡大＋屋根開口	-6.8±0.6	-3.1±0.5	-4.4±0.4
100cm	側窓拡大	-2.9±0.3	-0.6±0.2	-2.3±0.1
	屋根開口	-3.0±0.2	-1.0±0.2	-2.5±0.2
	側窓拡大＋屋根開口	-3.4±0.3	-1.5±0.3	-2.7±0.2
10cm	側窓拡大	-1.7±0.3	-0.2±0.1	-0.8±0.2
	屋根開口	-1.5±0.3	-0.2±0.2	-0.6±0.4
	側窓拡大＋屋根開口	-3.3±0.3	-0.4±0.2	-1.8±0.2

[Z]「高さ」はハウス内の中央部における地面からの高さ，2006年8月調査．
[Y]「側窓拡大」処理は側窓開口幅100cm（慣行）に対し，150cmに拡大．
[X]「屋根開口」処理は屋根を100cm開口（慣行は開口なし）．
[W] 表中の数値は慣行区との各気温差（＝各処理区－慣行区）の平均値±標準誤差（n=3）．

写真 17-5　アスパラガスの若茎の高温障害（井上撮影）
　　　　　上左：帯化茎（上）と正常茎（下），上右：左から正常茎，開き茎および
　　　　　　　　曲がり茎，下左：裂開（はじけ）茎，下右：りん片異常茎．

年が経過しており，「UC157」の特性を上回る品種の育成や選抜が重要な課題である（元木ら 2008）．

⑥早期雌雄判別法の開発とその利用

　「UC157」は雄株と雌株があり，雌雄間の特性が異なる．日本国内における2013年現在の栽培技術は，基本的に雄株に合わせたものであり，雌株の特性を活かしたものではないと考えている．太ものの単価が高くなった近年，雌株の有効利用もあってよいのではないだろうか？　すなわち，雄株は慣行栽培で，雌株は密植栽培で利用するというような方法が考えられる．

（2）価格向上対策

①時期別の収穫比率を夏秋どりから春どりにシフトさせる

　アスパラガスの単価は，春芽が夏芽に比べて高いため，生産面からは高単価の時期に収穫時期をシフトさせる．輸入品は年間を通して単価の変動が小さい

のに対し，国産品は単価の変動が大きく，春が高く，8月が最低となる．なお，4月の単価は3月に比べて高い（図15-6；第15章）．

②マーケティングの改善による単価向上と高付加価値の追求

a. 新商材として，タイ（第11章）で開発された「ミニアスパラ」（写真11-4）の取り組み（写真17-6；井上2010a，第15, 16章）．

b. 個性化および差別化として，「太もの」の別売り販売（写真16-17，写真17-7；井上2010b）やグリーン，ホワイト，ムラサキおよびピンクの「カラーバリエーション」の提案（写真16-1，写真16-7；元木ら2008，第16章）．

c. 機能性および栄養成分から，アスパラギン酸やルチン，プロトディオシン，グルタチオン，ダイエタリーファイバーなどのPRによる消費拡大（Maedaら2010，元木ら2008）．中国や韓国などでも機能性および栄養成分に関わる取り組みが盛んである（第8, 9, 10章）．

d. 地産地消および安全安心野菜として，産直活動の展開（元木ら2008）．

e. 特産品として，加工食品の開発（写真17-8，写真17-9；元木2015，元木ら2008）．

f. 未利用部位の活用として，擬葉や若茎の切り下部分などの食品化（写真17-10，写真17-11；元木2015，Motokiら2012a, 2012b）．海外では，塩漬けにしたキュウリなどの野菜を酢や砂糖などで調製した漬け液につけ込み，乳酸発

写真17-6 「ミニアスパラ」（左）とレギュラー品（井上撮影）

写真17-7 1本50gを超える長崎県産の「王様アスパラ」（井上撮影）

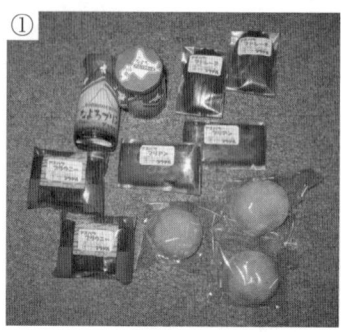

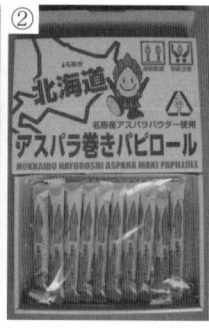

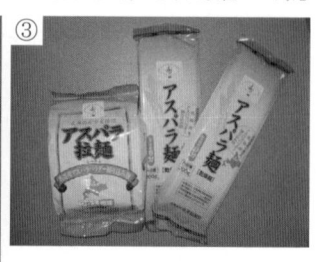

写真17-8 北海道名寄市が開発したアスパラガスの特産品（いずれも元木撮影）
①左上からプリン，焼菓子および大福．②「アスパラ巻きパピロール」．①②の焼菓子や大福には，アスパラガスの若茎の切り下部分などをフリーズドライにより粉末化した「アスパラパウダー」が含まれている．③地元企業と開発した「アスパラ拉麺」および「アスパラ麺」．

写真17-9 アスパラガスの加工食品の事例（いずれも元木撮影）
①福島県会津地域で地元企業と開発したスープやスパゲッティ．②北海道富良野市のポタージュスープ．③北海道喜茂別町のどら焼き．

酵させたピクルスがよく利用されているが，ヨーロッパではアスパラガスのピクルスも多く，家庭料理によく使われる（写真17-12；元木ら 2008）．日本でも，国産アスパラガスを使ったピクルスや漬物が製造・販売されており，好評を得ている（写真17-13；元木 2015）．

（3）経営規模の拡大のための対策

経営規模を拡大するためには，①基肥一発施肥などの施肥の省力化，②防除の省力化や物理的および耕種的防除による安全性の高いアスパラガスの生産

写真 17-10 アスパラガスの未利用部位の活用（①は元木撮影，②③は井上撮影）①ルチンが豊富な擬葉を使った青汁の商品を開発（北海道旭川市）．②「アスパラの力」（日本健康食品研究所）．③長崎産アスパラガスのジュース（JA全農ながさき）．

写真 17-11 アスパラガスの粉末を使った大手メーカーの商品（いずれも元木撮影）

写真 17-12 アスパラガスのピクルス（元木撮影，オランダ Horst-Melderslo）

（表17-4，図17-8），③労働環境の快適化を目的とした夏期昇温抑制技術，④品種や保温時期などによる作型の分散，⑤労働力ヘルパー制度の導入（雇用），⑥高齢者対策（省力化）などが考えられる．

（4）生産および流通コストの削減

施肥の改善や病害虫防除回数の減少は，省力化と合わせて生産コストの低減

写真 17-13 国産アスパラガスを使ったピクルスと漬物（いずれも元木撮影，①②は北海道喜茂別町，③北海道新千歳空港，④⑤は北海道長沼町）
①は手前がピクルス，奥が缶詰，②は缶詰（上）とピクルスのギフトセット，③グリーンの醤油漬け，④ホワイトの甘酢漬け，⑤ムラサキのたまり漬け．

表 17-4 立茎期間中のネギアザミウマ成虫および幼虫のハウス内密度（井上ら 2008b）

フィルム	調査日	12か所の[Z]払い落とし総数 成虫	幼虫	密度指数[Y] 成虫	幼虫
慣行フィルム展張	5月11日	11±1.4	7± 0.7	100	100
	5月16日	16±1.9	33± 6.1	100	100
	5月20日	29±4.0	92±19.6	100	100
近紫外線除去フィルム展張	5月11日	3±0.3	6± 0.9	28	79
	5月16日	7±0.9	26± 5.4	46	79
	5月20日	11±1.4	58±10.4	39	63

[Z] 平均値±標準誤差（n=2）．
[Y] 慣行区に対する割合として算出．

の効果が期待できる．また，出荷容器や出荷形態の改善は，流通コストの低減とともに，販売戦略（マーケティング）ともリンクする．さらに，選果コストの削減のため，バラ詰め出荷や機能性フィルムの利用などについて研究および検討が必要である．店舗では，アスパラガスの切り口を中心に乾かないように，

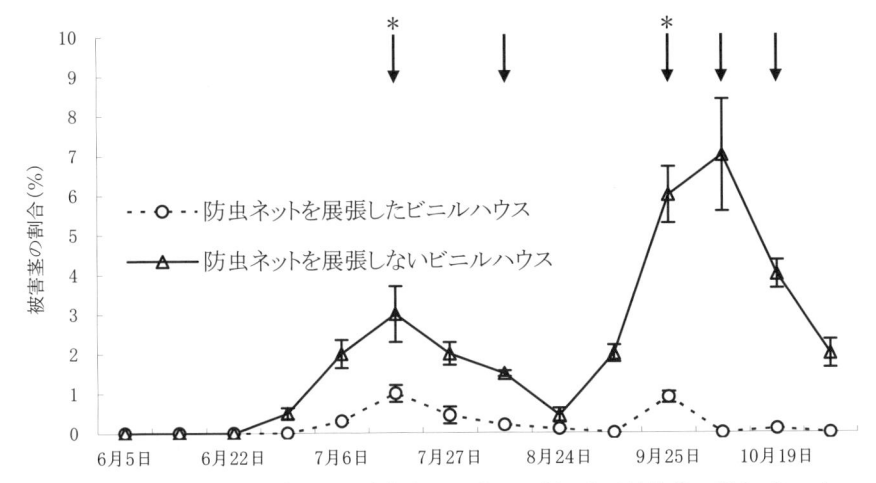

図 17-8　4mm 目合い防虫ネットの有無とヨトウムシ類による被害茎の割合（2004）縦棒は標準誤差（n=2）．矢印は防虫ネットなし区の農薬散布で，防虫ネット展張区は*印のみ散布（左から7月13日，8月13日，9月25日，10月5日および10月19日）．

丁寧に切り口を水につけて販売している．バラ詰め販売の場合，国産品の評価そのものを落とさないように注意することが大切である．

4. アスパラガス生産における地球温暖化への対応

(1) 温暖化に対応した立茎および整枝技術

　アスパラガスの露地栽培で茎葉管理の指標とされている GI（Growth Index；生育指標，元木 2003）は，ハウス栽培では現実的な指標として活用できない．半促成長期どり栽培では，倒伏防止と通気性の確保，そして平均単収の向上を目的とした親茎の摘心（先刈り）を行っているからである（井上ら 2008a, 2008d）．アスパラガスの擬葉は針状であるため，真の最適葉面積指数は数値化できない．北海道の露地栽培でも 150cm（31 枚）以上の茎葉は光合成器官としての役割が少ないと報告されているが（皆川 2007a），夏芽の収穫期間中は 150cm 以上の茎葉で生産された同化産物は茎葉自体の呼吸と地下部に転流するまでのロスでほとんど消えるのではないかと考える．ただし，翌年の春芽の収量については，摘心位置がある程度までは高い方が多収となる傾向にある（図 17-9；井上ら

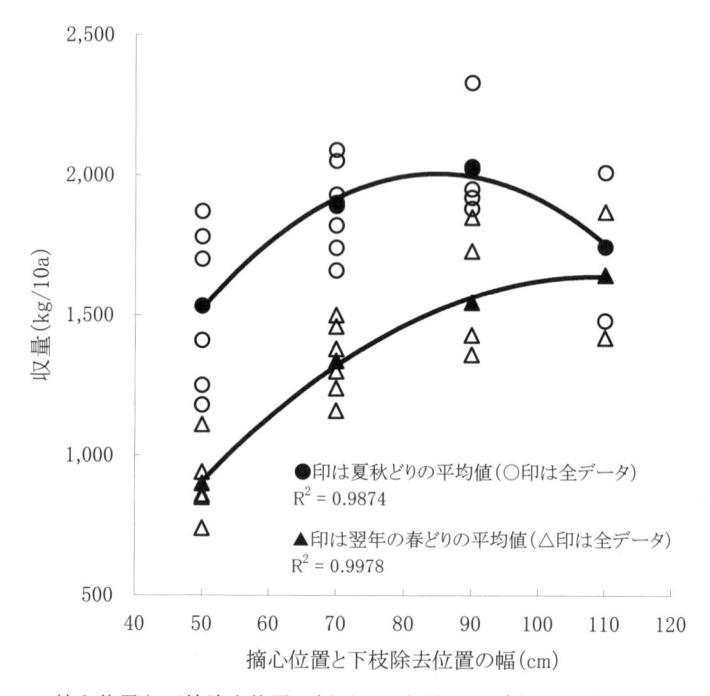

図 17-9　摘心位置と下枝除去位置の幅が可販収量に及ぼす影響（井上ら 2008a）

2008a）．実際のハウス立茎栽培では，GI ではなく，親茎の太さや本数，摘心位置などを指標としている（井上 2010d，井上ら 2007）．さらに，各生育ステージにおける貯蔵根の糖含量の基準値も新たな指標として報告されている（Wilson ら 2008）．

　今後はアスパラガスの生育と収量の関係を解析するために，新たな成長解析法を確立する必要がある．それによって単に収量だけでなく，若茎の着色や栽培のしやすさを考慮した栽培技術の改良（うね幅や栽植密度，草型など）や光合成関係の研究の進展が期待される．

　温暖化に直接関わるハウス内気温の昇温対策および台風対策は避けられない課題である．昇温対策としては，効果的なハウスの換気技術や遮光技術（井上 2010c），親茎の整枝技術（井上 2010d）があげられる．台風対策としては，防風ネットの設置や支柱，誘引ネットの強化（高さ 50cm と 100cm の 2 段），パイプの補強や筋交いのほか，ビニルを剥ぐ（天井パイプに束ねる）か否かの風速

表 17-5　パイプハウスの寸法・重量および断面性能（日本施設園芸協会 1999）

寸法 (mm) 外径	厚さ	重量 (kg/m)	断面積 (cm^2)	断面係数 (cm^3)	強度比			
19.1	1.2	0.530	0.675	0.284	1.0	0.7	0.5	0.3
22.2	1.2	0.621	0.792	0.394	1.4	1.0	0.7	0.4
25.4	1.2	0.716	0.912	0.527	1.9	1.3	1.0	0.5
31.8	1.6	1.190	1.518	1.090	3.8	2.8	2.1	1.0

機械構造用炭素鋼鋼管 JISG3445STKM の寸法，重量，断面性能．強度比は同列中の比較．

の判断基準などがあげられる．ビニルを剥いでハウスを開放する場合には，親茎地際部の揺れをなるべく避けるため，支柱同士を直管パイプで固定（横串）して強固な紐などによって親茎を補強し，さらに台風通過後には薬剤散布や親茎の手入れが必要である．また，パイプの強さは断面係数に比例する（表17-5）．直径 19.1mm のパイプを 22.2mm にすると強度が約 1.4 倍になる．さらに直径 22.2mm のパイプを 25.4 および 31.8mm にすると強度が約 1.3 および 2.8 倍になる．パイプを太くすることは，ハウス構造の強化の方法の一つである．建設コストは上がるものの，補助事業などを活用して太いパイプ（直径 31.8mm）の単棟ハウスで栽培する事例もある（元木ら 2008）．

　熱帯気候であるタイのアスパラガス栽培では，低温による休眠が見られず，倒伏や捻枝などにより株を強制的に休眠させることにより季節を問わずアスパラガスが栽培できる（第 11 章）．また，砂漠気候であるペルーでは，かん水制限による乾燥を利用し，茎葉の黄化と養分転流を行い，通年栽培を実現している（第 3 章）．今後，日本においても地球温暖化の影響，特に盛夏期の高温が想定されるなかで，それらの地域の株養成法は日本国内におけるアスパラガス栽培の参考になるものと考えられる．

(2) 低温遭遇不足による黄化と休眠覚醒の遅延

　アスパラガスの主要な産地は，北海道や長野県，福島県などの寒地および本州寒冷地から長崎県や佐賀県，香川県などの暖地と全国に広く分布する．

　暖地と寒冷地の主要産地における年間の平均気温の推移を 10 年単位で見ると，暖地の長崎市は 1900 年代（1900〜1909 年）が最低の 15.3℃，2000 年代（2000〜2009 年）が最高の 17.5℃であり，その差は+2.2℃である（図 17-10）．一方，

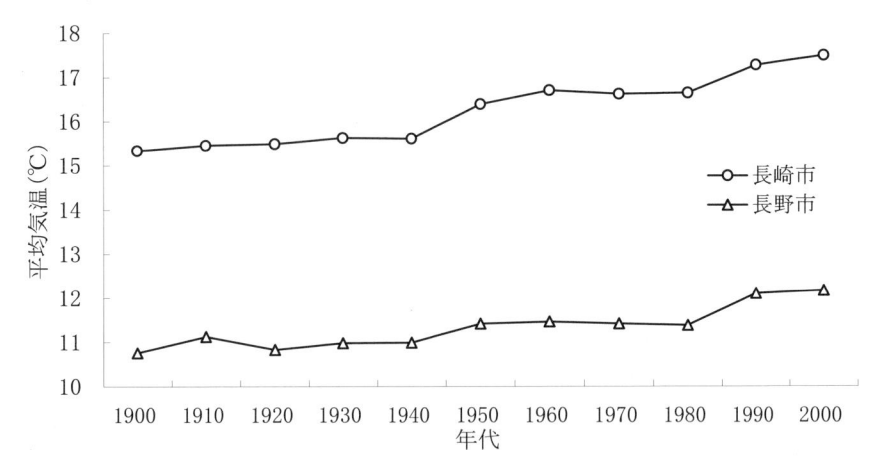

図17-10 長崎市と長野市における年間の平均気温の推移（気象庁）井上作図.
長崎市の最高17.5℃，最低15.3℃，その差2.2℃.
長野市の最高12.2℃，最低10.8℃，その差1.4℃.

表17-6 月別平均気温と期間収量の相関係数（井上 2011a）

期間収量	5月	6月	7月	8月	9月	10月	11月	12月
夏芽	-0.49	0.46	0.05	-0.37	-0.10	-0.29	-0.27	-0.46
翌年の春芽	-0.01	0.04	0.07	-0.49	-0.20	-0.48	-0.66*	-0.60*
年間	-0.32	0.31	0.07	-0.48	-0.04	-0.44	-0.56*	-0.61*

年間は夏芽+翌年の春芽，*（0.05）=0.553，n=13.

寒冷地の長野市は1900年代（1900～1909年）が最低の10.8℃，2000年代（2000～2009年）が最高の12.2℃であり，その差は+1.4℃である．そのように，中長期的にも確実に平均気温が上昇しており，アスパラガスの主要産地においても，地球温暖化の影響は免れない．11月の気温は，アスパラガスの親茎の黄化と翌年の春芽の収量に最も関係する（表17-6；井上 2011b）．長期的な11月期の平均気温も，年間の平均気温と同様に，確実に上昇しており（図17-11），生産現場では，地上部茎葉の黄化と地下部への養分転流が遅れてきている．それに合わせ，暖冬による休眠覚醒の遅延も起きている．短期的にも，温暖化の影響で11月の気温の変化が大きくなっており，茎葉刈り取り時期の判断が難しくなってきている．併せて春芽の収量の増減も大きくなっている．

アスパラガス栽培における今後の温暖化への対応策として，タイなどの東南

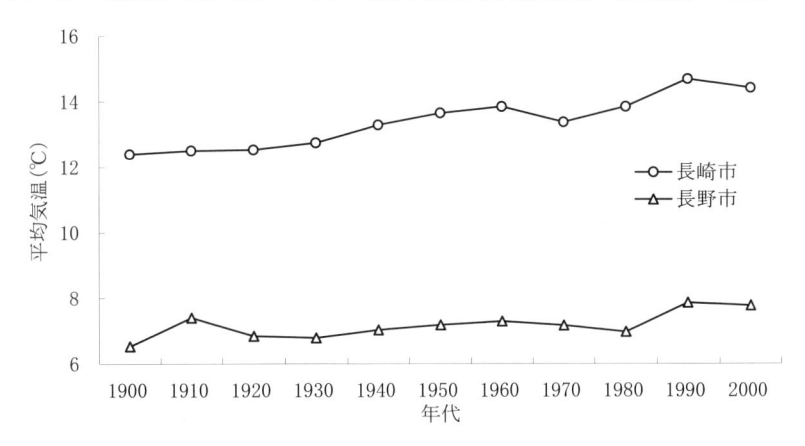

図17-11 長崎市と長野市における11月の平均気温の推移（気象庁）
井上作図．
長崎市の最高14.7℃，最低12.4℃，その差2.3℃．
長野市の最高7.9℃，最低6.5℃，その差1.4℃．

アジアの熱帯の産地の栽培法（第11, 12章）なども考慮しながら，日本国内の産地において，早急に検討を始める時期に来ている．

本章で示した総合的な組み立てが必要であり，試験研究から技術の普及，出荷および販売に至る関係機関の役割分担と連携強化により，10年先を見通した生産振興策が求められる．

第18章 日本特有の「伏せ込み促成栽培」の現状と今後の方向性

1. はじめに

日本国内のアスパラガスの作型は，露地栽培，ハウス栽培および伏せ込み促成栽培に分けられる（図15-3；第15章）．そのなかでも，12月〜翌年3月頃までの冬春期の生産を担っているのが伏せ込み促成栽培である．伏せ込み促成栽培は，群馬県昭和村発祥の作型であり（群馬県そ菜技術研究会 1992），露地圃場で養成したアスパラガスの根株を秋に掘り取り，ハウス内に設置した伏せ込み床に伏せ込み，加温を行い，若茎を収穫する（写真18-1）．

伏せ込み促成栽培は，アスパラガスの休眠打破に低温が必要であるため（林・平岡 1983），おもに東日本の寒冷地を中心に栽培が広がり，

写真 18-1　収穫直前の伏せ込み床（山口撮影）

群馬県のほか，秋田県や長野県，岩手県，山形県などで栽培が行われ（地子ら 2008），近年では，北海道でも取り組まれるようになっている（地子ら 2012）．元々は2年間，株を養成した後に根株を掘り取り，伏せ込みを行う作型であったが，近年は，より早期に，低コストに株の養成を行うため，定植時期や品種，養成法などが改良され，1年株養成法が主流となってきている（小泉ら 2003）．

群馬県では，おもに1月からの出荷となっているものの（小泉ら 2002），東北地域や北海道などでは，より高単価が期待できる12月からの出荷が中心となっており，年々，出荷時期の前進化が進んでいる（山口・山田 2010）．しかし，アスパラガスは秋期に休眠性を有することから，休眠打破前に掘り取りを行ってしまい，収量の低下を招いている事例も増えている．また，依然として日本国内の生産が少ない端境期の11月の出荷は困難な状況である（図18-1）．

本章では，日本特有の伏せ込み促成栽培の1年株養成法における技術開発の取り組みについて紹介するとともに，アスパラガスの端境期生産に焦点をあて，

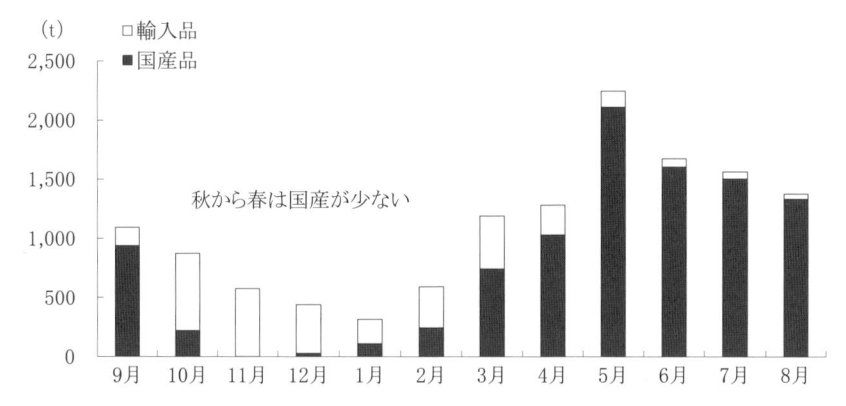

図 18-1 日本国内の主要卸売市場におけるアスパラガスの流通状況（2007-2008）
農林水産省青果物流通統計旬報から山口作図.

その時期の国内外の生産状況と今後の展開について概説する．

2．伏せ込み促成栽培の基本的な栽培体系

（1）収量が高い大株の養成

アスパラガスの伏せ込み促成栽培における1年株養成法では，目標とする株は根株重 1.5kg 以上である（写真 18-2）．大株養成のポイントについて以下に記す．

①育苗と定植

アスパラガスの若茎収量は，株の重量との間に相関があることが知られている（日笠 2000）．伏せ込み促成栽培は，株養成期間が1年（実質10か月）であり，その期間にできるだけ大株を養成することが増収に直結する．そのため，ほかの作型に比べて播種時期を早め，大苗を早期に定植する必要がある（春山ら 1985，田村ら 2002）．岩手県の場合，2月上旬頃が播種適期であるが，群馬県では，1年半株養成法として，より早い時期の播種を行っている事例もある

写真 18-2 掘り取り直後の根株（山口撮影）1.5kg 以上の重量を目標とする．

（小泉・中條 2008）．また，大苗を養成するには，ポリポットなどへの鉢上げが重要であり，根域が制限されるセル苗の2月播種では，ポット苗ほどの大株は期待できない（元木ら 2008）．

育苗した大苗は，できるだけ早期に圃場へ定植し，株養成期間を長くとることが大切である．寒冷地の場合，早植えは晩霜の心配があるが，一度くらい霜にあたったとしても，早く植えるべきである．そのためにも，定植は深植を心掛ける．深植は，晩霜の被害を抑制するだけでなく，生育初期の乾燥害の防止や倒伏防止にも有効である（清水ら 2016）．定植後は，できるだけ早く活着させるため，適宜株元かん水を実施する．アスパラガスは初期生育が緩慢であり，できるだけ早く活着し，根の伸長や新しい芽の萌芽を促すことが大切である．

②定植後の管理（除草，かん水および病害虫防除）

初期生育が緩慢なアスパラガスでは，特に初期の除草が重要である．必要に応じて，除草剤や防草シートを利用すると省力的である．また，植穴は手取り除草となるため，定植時は植穴を小さくし，茎数が増加してから植穴を大きくしていくことも有効である．

近年，夏期の高温や乾燥条件が続いており，若茎の90％以上が水分であるアスパラガスでは，生育中のかん水が大株養成に重要となる（元木ら 2008）．特に，急速に萌芽数および根量が増加していく7月中旬頃からの時期に圃場が乾燥すると，萌芽が抑制され，草丈も低下し，光合成量を十分に確保することができない．かん水は，かん水チューブやスプリンクラー，うね間かん水など，圃場条件に合わせて実施するが，かん水チューブを利用したほうが，より深く根を張らせることが可能となり（Drost 1997），大株につながる．一方，アスパラガスの根は過湿に弱いため（元木 2003），特にうね間かん水を行う場合は，過度なかん水には留意する必要がある．

伏せ込み促成栽培の株養成において問題となる重要病害虫は，茎枯病，斑点病，アザミウマ類，カメムシ類およびチョウ目の幼虫があげられるが（元木 2003，元木ら 2008），大株を養成する上で重要な病害虫は，茎枯病とアザミウマ類である．茎枯病は，7月頃からの重点防除を実施することが大切である．防除がうまくいかないと1kg以下の小さな株に終わってしまうことが多く，収量の低下を招く．また，近年，全国各地で発生が多く見られているアザミウマ類は，

岩手県の場合，7〜8月頃の若茎の萌芽が多い時期に多発している．微少な害虫であるため，生産者が気付かない場合が多いが，アザミウマ類の吸汁害を受けた養成茎は，擬葉が展開する前に先端部が萎凋するため，容易に識別することができる（写真18-3）．本害虫の被害が多い場合，擬葉が展葉する前に成長点が枯死する養成茎を連続的に発生させる結果となり，株を大幅に消耗させることになる．斑点病（写真18-4）とチョウ目の幼虫（写真18-5）は，伏せ込み促成栽培の1年株養成法では，おもに8月以降に発生が顕著な病害虫である．いずれも養分転流を控えた擬葉が被害を受けるため，大株養成というよりは，貯蔵根Brix糖度の上昇に大きく影響を与える病害虫である．

写真18-3 アザミウマの吸汁により萎凋した養成茎の先端部（山口撮影）

（2）茎葉の黄化と的確な休眠打破
①茎葉の黄化

伏せ込み促成栽培における伏せ込み後の収量は，株の養成量（根株重×貯蔵根のBrix糖度）と相関があり（日笠 2000），大株を養成できたとしても，秋の茎葉黄化が順調に行かない場合には，高収量は期待できない．茎葉の黄化は，

写真18-4 斑点病に罹病すると，擬葉が大量に脱落して圃場に落ちる（山口撮影）

写真18-5 擬葉を食害するチョウ目幼虫（山口撮影）
地域により加害種は異なる．

秋の低温によって引き起こされる（元木 2003，元木ら 2008），黄化時期には品種間差がある（Landry・Wolyn 2012）．茎葉の黄化により，おもにフルクタンとして貯蔵根に糖が蓄積され（金・崎山 1989），露地栽培であれば春どりの収量に，伏せ込み促成栽培であれば伏せ込み後の収量に直結する．基本的に，黄化時期は秋の低温の早晩に依存するが，秋遅くまで肥効が続いていると，黄化が遅れることから（元木 2003），9月以降の追肥は控えるべきである．

また，人為的に茎葉の黄化を促進する手法として，茎葉を付着させた状態で根株を掘り取り（写真 18-6），圃場で乾燥させることにより黄化を促し，貯蔵根の Brix 糖度を高める技術が確立されている（写真 18-7；山口ら 2009）．ペルーの栽培例（第3章）でも見られるように，茎葉の黄化には，温度だけでなく，乾燥条件も関係していると考えられる．

② 的確な休眠打破

大株で貯蔵根の Brix 糖度が高い株であっても，休眠打破が図られていない株の場合には収量が減少する（山口ら 2010）．アスパラガスの休眠は，秋の寒さ（15℃以下）により導入され，その後，一定期間の低温（5℃以下）に遭遇することにより休眠が打破される（春山 1981）．休眠打破に必要な低温遭遇量は，品種や雌雄，株の年生によって異なり（小泉ら 2002），岩手県では，「UC157」の1年養成株の場合，5℃以下の低温に90時間以上遭遇してからの掘り取りを推奨している（山口ら 2008）．

一方，近年の秋の温暖化傾向のため，5℃以下の低温の訪れが遅れてきており，

写真 18-6 茎葉を付着した状態で根株を掘り取る（山口撮影）

写真 18-7 圃場に静置することにより人為的に茎葉の黄化が可能（山口撮影）

それにより出荷時期が遅れる事例や，産地によっては，目安となる低温遭遇時間で掘り取りを行っても収量が低下する事例もある．休眠打破に必要な低温は，従来5℃以下とされていたが，近年，8℃以下の低温にも休眠打破効果があることが指摘されており（山口ら 2009，渡辺ら 2010），従来の目安で休眠打破が十分に図られない事例は，5〜8℃の遭遇時間が不足したことが影響している可能性がある．

伏せ込み促成栽培の収量に大きな影響を与える休眠打破に必要な温度域や低温遭遇時間については，より詳細な研究が必要であり，2013年現在，全国の研究機関が連携して休眠特性の解明が進められている（芳賀ら 2013，浦上ら 2011，山口ら 2011）．秋冷が早い北海道の一部地域を除き，日本国内のアスパラガス産地では休眠打破に必要な低温が得られないため，11月上旬からの出荷は難しい状況となっている．

(3) 株を活かす伏せ込み技術

①大株，②高い貯蔵根 Brix 糖度，③低温遭遇による休眠打破の3条件をクリアした場合，いよいよ伏せ込み床での若茎の収穫となる．伏せ込み床における栽培のポイントは，①伏せ込み資材，②伏せ込み温度，③吸収根の再生の3点であり，収量および収益を高めるには，それらすべてに留意する必要がある．

まず，伏せ込み資材は，一般に使われている土以外にも，山砂やもみ殻，もみ殻堆肥，おがくずなど，産地によりさまざまな資材が使われている．吸収根が水を吸うことができる保水性が確保できれば資材は問わないが，大量の株を使用する伏せ込み作業の場合，収益性を高めるためには作業性も重要なポイントとなる．また，厳冬期に伏せ込みを行うため，加温コストを抑えることができる資材であることも望まれる．それらを勘案した場合，もみ殻やもみ殻堆肥の利用が作業の軽労化にもつながり，伏せ込み資材として適していると考えられる（芳賀 2010）．

次に，伏せ込み温度であるが，伏せ込み床で設定されることが多い温度としては16〜20℃が一般的である（芳賀 2011）．より高い温度の方が収穫開始までの日数が少なくなるが，吸収根の再生との兼ね合いもあり，収穫期間や総収量が減少することが多い．そのため，伏せ込み温度は16〜18℃程度が適温である．

最後に，吸収根の再生に留意する必要がある．伏せ込み促成栽培の場合，秋

270　第18章　日本特有の「伏せ込み促成栽培」の現状と今後の方向性

に掘り取り機などを利用して根株を掘り取るが，その際に，大部分の吸収根は，脱落（写真18-8）もしくは乾燥状態となり，伏せ込み時には株の吸水能力は大幅に低下している．若茎の90％以上が水分であるアスパラガスにおいて，りん芽から連続的に若茎を萌芽させ，伸長させるためには，貯蔵根に含まれる水分だけでは到底足りず，吸収根で伏せ込み床から吸水する

写真 18-8　根株の掘り取り時に吸収根が脱落する（山口撮影）

必要がある．そのため，伏せ込み後，できるだけ早期に吸収根の再生を促す必要がある（写真18-9）．吸収根の再生を早めるには，伏せ込み後，できるだけ萌芽を遅らせる．そのため，伏せ込み後1週間から10日程度は加温を行わない．それにより萌芽が遅れることとなり，吸収根の再生のための期間を確保できる．仮に，伏せ込み後すぐに加温を開始すると，萌芽が開始され，吸収根の再生にエネルギーを使うことができなくなる．その場合，若茎の萌芽および伸長に利

写真 18-9　伏せ込み後に吸収根が再生する（山口撮影）
　　　　　　吸収根の再生が進まない貯蔵根（左）と吸収根の再生が進んだ貯蔵根．

写真 18-10　吸収根の再生が進まないことにより生じる曲がり茎や開き茎（山口撮影）

用できる水分が不足し，低収および品質低下の原因となる（写真 18-10）．

3. 周年出荷実現に向けた端境期におけるアスパラガス生産の取り組み

(1) 日本におけるアスパラガス生産
①人為的な休眠打破技術による 11 月生産

アスパラガスは秋に休眠性を有しているため，早期に休眠打破に必要な低温が得られる北海道の一部地域を除き，11 月上旬からの生産は困難である．一方，確実に休眠打破が可能な温度条件は明らかになっていることから，集約的な管理を行う伏せ込み促成栽培の場合，冷蔵施設などを利用することによって，人為的に休眠打破を図ることが可能である．

山口・藤尾（2012）は，岩手県において，9 月下旬に掘り取った「UC157」を，5℃の冷蔵施設で 12 日間処理を行うことによって休眠打破を図り，11 月上旬からの生産が可能な体系を確立している．9 月下旬掘り取りの場合，十分な根株重は得られるものの茎葉は黄化しないため，そのままだと貯蔵根の Brix 糖度が低く，高い収量が得られない．そこで，茎葉が付着した状態で根株を掘り取り，人為的に黄化を促進させ（写真 18-7），冷蔵処理と組合せることによって，実用的な収量が得られるようになった．

その技術では，黄化処理を行った後の茎葉刈りとり作業の負担があること，冷蔵施設が必要であることなどから，産地全体で取り組むことが難しい．しかし，国産品がほとんど出回らない 11 月からの生産が可能であることから，単価面で大いに期待できるとともに，産地として周年出荷が実現できる技術として普及が始まっている．

②休眠が浅い品種を利用した秋冷が早い地域における 11 月生産

アスパラガスの休眠性は，品種によって異なることが知られており（小泉ら 2002），特に近年は，休眠が浅い伏せ込み専用品種が育成されている．北海道の美幌町では，秋の低温遭遇が早い地の利を活かし，休眠が極めて浅い伏せ込み専用品種の利用によって，11 月生産を実現している（地子ら 2012）．しかし，秋の訪れが早いということは株養成期間が短いということでもある．そのため，美幌町では，前年の夏から株養成を行う 1 年半株養成法により，株重の確保に

努めている．

（2）タイにおけるアスパラガス生産

　熱帯モンスーン気候に属しているタイでは，バンコク近郊のナコーンパトム県やカンチャナブリ県などでアスパラガス生産が行われている（第11, 12章）．タイは，北半球に位置しているものの，日本では出荷が困難な11月を含め，周年生産が行われている．基本的には，露地栽培で周年生産を行っているが，生産量には季節間差が見られる．季節による生産量の違いは，おもに秋の雨期に見られる大雨の影響と考えられ，雨期の時期には生産量が減少する．しかし，大雨の影響以外で見ると，アスパラガスの休眠導入が可能な温度域にさらされることはほとんどないことから，タイのアスパラガスは自発休眠に入らないと考えられる．そのため，北半球の他産地では生産ができない秋から春にかけての時期でも，問題なく生産が行われている．

　一方，タイでは低温による休眠現象が見られないことから，アスパラガスが養分転流を行って萌芽を停止するステージ（アスパラガスを休ませる時期）をとることができない．そのため，そのまま栽培を継続すると，年生が進むにつれて株が消耗し，早期に改植となってしまう（Onggo 2001）．実際，熱帯地域では，定植後2～3年目の収量が最も高い（Onggo 2008）．

　ペルーでは，砂漠における乾燥条件を利用して株を休ませる時期を設定しているが（第3章），熱帯地域のタイでは，土壌条件も異なるため，乾期であっても完全に乾燥条件を設定することはできない．そのため，タイでは，かん水を停止することに加え，養成茎を捻枝することによって，できるだけ貯蔵根への養分転流を促し，株を休ませる期間を設定している（第11, 12章）．それにより，数年で改植となることはなく，長期間にわたって株を維持することを実現している．

（3）ペルーにおけるアスパラガス生産

　南半球に位置している南米のペルーでは，おもにコスタと呼ばれる，海岸沿いの乾燥地帯でアスパラガスを栽培しており，トルヒーヨやイカなどで大規模な生産が行われている（第3章）．2013年現在，アスパラガスの生産量は中国が世界第1位であるものの，輸出量はペルーが世界第1位である（第1, 3章）．

　ペルーのアスパラガス生産地域は年間を通じてほとんど降雨がない．また，

平均気温は最も低い8月で20℃を下回ることはなく,最も高い2月で27℃を上回ることがないため,比較的気温の季節間差がない気象条件となっている.そのため,南半球の気象条件を活かし,北半球では生産が困難な端境期に生産することが可能であるだけでなく,アスパラガスが自発休眠に入る気温になることがないため,周年生産が可能となっている(第3章).

ペルーでは,年間を通じて,ほとんど降雨がない条件で栽培を行っているため,国営事業で大規模な灌漑施設を整備し,すべての株は,点滴チューブによるかん水を行っている(第3章).

アスパラガスが休眠に入らない地域では,タイ(第11,12章)と同様,株を長期間にわたって維持していくために,アスパラガスを休ませる時期を設ける必要がある.そこでペルーでは,かん水を停止することによって萌芽抑制および茎葉黄化を図り,株を休ませる時期を確保している(第3章).アスパラガスは極端な乾燥条件になると萌芽が抑制され(強制休眠),また,乾燥条件は茎葉の黄化を促進させることが分かっている(第3章).

ペルーでは,ほとんど降雨がない,本来であれば作物生産に不適な気象条件をうまく利用し,アスパラガスの休眠を自在にコントロールすることによって,計画生産および周年生産を実現している.

4. おわりに

本章では,日本特有の「伏せ込み促成栽培」の現状と今後の方向性について,日本国内の産地の最新情報と,タイおよびペルーの周年出荷実現に向けた取り組みを紹介した.今後は海外産地におけるアスパラガスの周年出荷の動向にも注目しながら,日本特有の伏せ込み促成栽培を組合せた国産アスパラガスの周年出荷技術の確立に向けて,全国の研究機関が連携して取り組んでいきたい.

第19章　世界および日本各地で問題となる茎枯病と連作障害対策

1. はじめに

アスパラガスに最もダメージの大きな病害は茎枯病（*Phomopsis asparagi*，写真 19-1，写真 19-2）であり，最近はハウス栽培でも多発するようになってきた．北海道の露地栽培においても発生が認められ，日本国内のアスパラガス栽培の北限産地である北海道名寄市でも発生が確認されたが（橋下 2013），2013年現在，本病に対する実用的な抵抗性品種は育成されていない．また，一部の産地では，桑畑の跡地土壌の客土において紫紋羽病（*Heliocobasidium mompa*；元木 2003，元木ら 2008）が，大雨による浸冠水により疫病（*Phytophthora* sp.；元木ら 2008，山崎・守川 1998）が発生しており，決め手となる対策がない．さらに，報告は少ないものの，温暖化に伴い，カスミカメムシやタバココナジラミなどの被害が問題となっている（元木ら 2008，小川 2008，山崎ら 2012）．地球温暖化に伴い，それらの病害虫がより多く発生し，北上すると考えられる．

一方，日本国内のアスパラガスの主要生産地では，10年以上栽培している圃場がほとんどであり，今後は改植の増加が予想される．しかし実際には，土壌病原菌密度やアレロパシー物質の増加などが危惧されており（元木 2003，元木ら 2008），改植に踏み出せない生産者が多い．圃場を変更するのが最も無難で

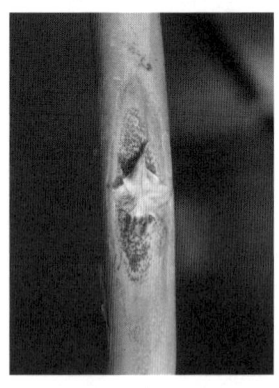

写真 19-1　アスパラガス茎枯病の拡大病斑（園田撮影）

写真 19-2　アスパラガス茎枯病の大型病斑と柄子殻（園田撮影）

あるが，圃場を変えられない場合は，改植技術（元木 2007b，2007c）や補植技術（井上 2011c）を参考にする必要がある．

本章では，病害虫対策として，最も重要と考えられる茎枯病を取り上げるとともに，連作障害対策として，日本国内と海外産地における連作障害の歴史と要因，その対策および今後の方向性を概説する．

2. 茎枯病の発生生態と対策事例

（1）茎枯病の発生生態

アスパラガス茎枯病は *Phomopsis* 属菌によって引き起こされ，アスパラガスの生産に重大な被害を及ぼす病害である（守川 1991）．本病害の発生は，日本だけでなく，台湾や中国，オーストラリアなどのアジアおよびオセアニア地域，イタリアやフランス北部などのヨーロッパ地域でも報告されている（Bubák 1906, Davis 2002, Saccard 1884, 沢田 1922, 田中ら 1987, Yinら 2012）．本病の被害の重大性については，日本の暖地の露地栽培の産地において，1960年に入って本病の発生が問題となり，1960年代後半には収穫が皆無となった産地があったことからも容易に想像できる（新留・小芦 1967）．

茎枯病は，病原菌の胞子が雨滴やかん水の跳ね上げにより立茎時の若茎頭部に感染する（図19-1；園田 2010）．感染した若茎の伸長に伴って病斑を地際からの高さ70cm以下に形成する（図19-2）．形成された病斑からは，柄胞子が散出し，次に萌芽する若茎や繁茂した茎葉に感染することにより圃場全体に蔓延していく（写真19-3）．柄子殻の形成された茎葉残渣は，翌年の伝染源となる．また，春に萌芽する実生苗でも病斑形成が確認されていることから，実生苗も伝染源の一つと考えられる．そのため，茎枯病の発生生態は，罹病茎残渣⇒（実生苗）⇒若茎⇒茎葉⇒茎葉残渣（越冬）であり，本病は適切な防除対策を講じないと恒常的に発生する病害となる．また，本病は隣接する発生圃場からの伝搬も見られることから，風や水，人などによっても伝搬すると考えられる．

（2）茎枯病のフザリウム病害との併発

生産圃場において本病の病斑を観察すると，ピンク～オレンジ色の菌糸に覆われている場合が散見され，その菌叢（きんそう）を検鏡すると胞子の形態か

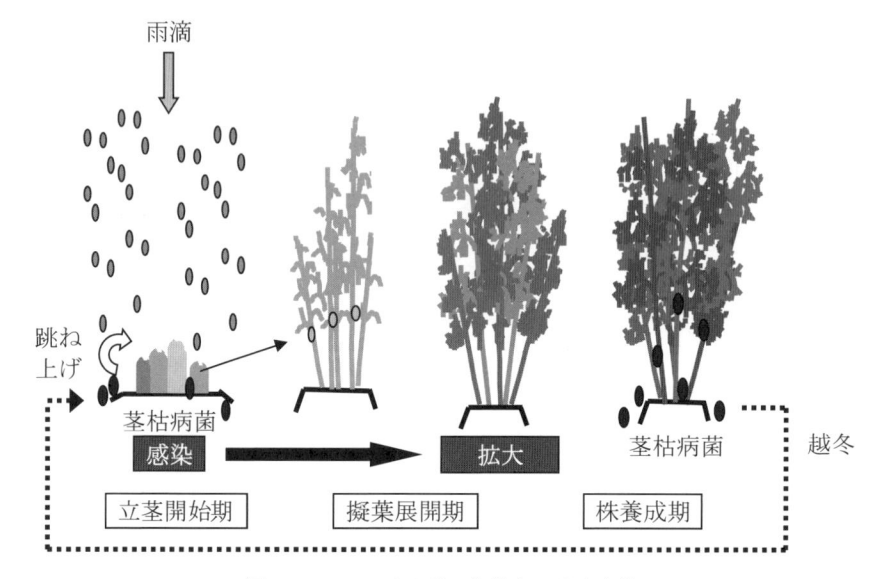

図19-1 アスパラガス茎枯病の発生生態
園田作図.

らフザリウム属菌であると推察される（写真19-4）. そのような罹病茎を縦に切断すると導管部分が上下方向に褐変し，鱗芽まで達している（写真19-5）. また，自然条件下で本病を発生させた株の鱗芽部からは，病原性を有するフザリウム属菌が多数分離される. 福富ら（1990）は，フザリウム属菌による立枯病と茎枯病により茎が枯死することを報告している.

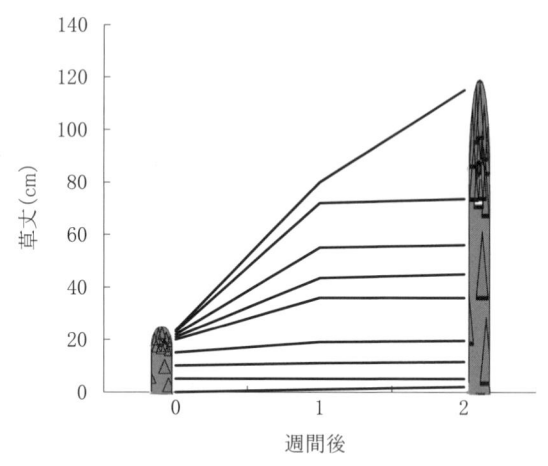

図19-2 アスパラガスの伸長に伴う若茎部位の位置の変化
園田作図.

そのことから，本病は，フザリウム属菌による株腐病を引き起こす要因にな

第 19 章 世界および日本各地で問題となる茎枯病と連作障害対策　277

写真 19-3　アスパラガス茎枯病の若茎（夏秋芽）への感染と病斑形成（園田撮影）

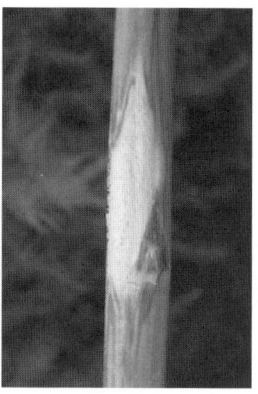

写真 19-4　アスパラガス茎枯病の病斑を覆うフザリウム属菌の菌糸の主茎への感染と病斑形成（園田撮影）

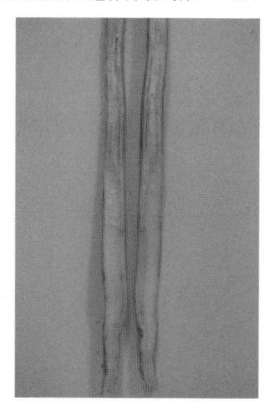

写真 19-5　主茎の茎枯病の病斑から侵入したフザリウム属菌による導管褐変状況（園田撮影）

っていると推測され，本病の発生圃場において欠株が年々増加することの一因にもなっていると考えられる．

(3) 茎枯病の防除法
①施設化
　本病は，おもに雨滴の跳ね上げにより若茎頭部に感染するため，施設化することが最も有効な対策である（新須・小林 1984）．その場合でも，散水チューブによるかん水やハウス開口部からの雨滴の吹き付けにより，本病が発生する場合もあるため注意が必要である．なお，かん水による本病の発生は，露地栽培でも散見されるため，栽培圃場の水質や水量，土質などを考慮してかん水方法を選択する必要がある．

②敷きワラや堆肥マルチによる病原菌の跳ね上がり防止
　農薬との併用を前提にすれば，バーク堆肥や稲ワラなどで土壌表面を覆うことにより雨滴を直接土壌表面に触れさせない方法も対策としては有効である（酒井ら 1992b）．熱帯地域のタイでも，りん芽から 8cm の厚さで全面もみ殻マルチを実施している（写真 11-13；元木 2012，第 11 章）．もみ殻をマルチとして使用する場合には，風によりもみ殻が吹き飛ばされ，若茎に傷をつけて曲

がり茎の原因になることを十分に注意する必要がある．

③罹病茎の圃場外処分

本病に罹病した茎は，柄子殻が形成されて当年および翌年の伝染源となるため，必ず圃場外に持ち出して処分する．タイでは収穫が毎日行われ，収穫の都度，圃場で茎枯病の発病株を見つけ次第，抜き取って圃場外に持ち出している（写真11-11；元木 2012，第11章）．立茎中に本病の病斑が確認された場合，晴天時に罹病茎の抜き取りを行うことも有効である（図 19-3）．抜き取った罹病茎は放置せず，直ちにビニル袋などに入れ，圃場外で処分する．罹病茎の抜き取りに伴って追加立茎をする場合には，薬剤防除を行うことが必須である．地表面に残った茎葉残渣も伝染源と

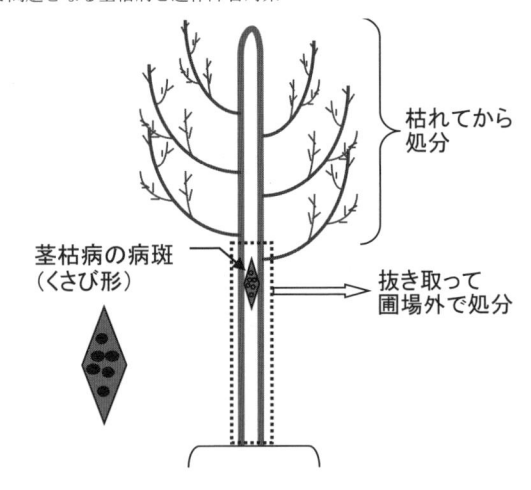

図 19-3　アスパラガス茎枯病の病斑が形成された茎の除去方法
園田作図．

写真 19-6　バーナーによる焼却（井上撮影）

なるため，茎葉刈り取り後にバーナーによる焼却（写真 19-6）を実施し，圃場衛生に努めることも必要である．

④立茎のタイミング

立茎は降雨の少ない時期を選ぶことが重要である．立茎の方法は，立茎期間が短い一斉立茎が順次立茎に比べて本病の感染リスクを減らせるため，有効な方法である．

⑤農薬による適期防除

薬剤散布は，立茎直後から側枝が展開するまでの期間に集中して行うことが重要である．新留・小芦（1967）は本病が萌芽間もない春期から発生すること，中野・平良木（1976）は収穫終了後に直ちに防除を開始する必要があること，芦沢ら（1983）は本病に対する感受性が萌芽直後ほど高いこと，福富（1994）は主茎の直接感染は若い茎のみで起こることを報告しており，立茎直後からの防除がきわめて有効である．また，春どり期間が短い若年株は，立茎時期の気温が比較的低いため，若茎の伸長が緩慢であり，本病に感染しやすい期間が長くなることから，特に注意が必要である．

⑥定植年の防除

定植年の株は7～8月にかけて萌芽が連続して起こるため，本病に感染するリスクが高くなる．しかし，生育が旺盛であることや栽培者が管理をする機会が少ないことから，本病の発生に気付かない場合が多く，定植2年目の立茎後に本病が多発する事例が多く見受けられる．それを防ぐには，定植年から定期的な整枝などの茎葉管理を行うとともに，萌芽が連続する7～8月にかけての薬剤防除を実施することが不可欠である（園田 2012）．そのような定植年の防除は，本病の発生を抑える最も有効な方法である．

⑦品種の選定

全雄品種を栽培することは，2次的な伝染源となる実生苗の発生がないことから本病の発生を間接的に抑制するが，2013年現在，本病に対して実用的な抵抗性を有する品種は育成されていない（園田ら 2001）．2013年現在，九州大学では野生種との種間雑種に本病に対する抵抗性を見出していることから，今後の研究が期待される（岩戸ら 2012）．

(4) 茎枯病の防除対策の事例

①盛り土と初期防除

長野県野菜花き試験場では，茎枯病対策としてうね面に土を5cm以上盛り，若茎が2～5cm程度に萌芽した段階から薬剤防除を行うことにより本病の発生を抑えた（日本農業新聞 2012）．その方法は，前年の罹病残渣を土中に埋め込むことにより，雨滴による病原菌の跳ね上がりの感染リスク（図19-1）を少なくする．一方，前年の罹病茎が株元に残っている場合には，地際部からの発病

280　第19章　世界および国内各地で問題となる茎枯病と連作障害対策

が考えられるため，本方法だけでなく，罹病茎の抜き取り（図19-3）やバーナー焼却（写真19-6）などの圃場衛生の徹底を組合せると有効である．

②罹病茎の抜き取りと初期防除，秋冬圃場管理の徹底

　福島県会津地方の生産者は，罹病茎を抜き取り，立茎本数を確保するため，通常に比べて早めに一斉立茎して初期防除を徹底したところ，本病の発生を低

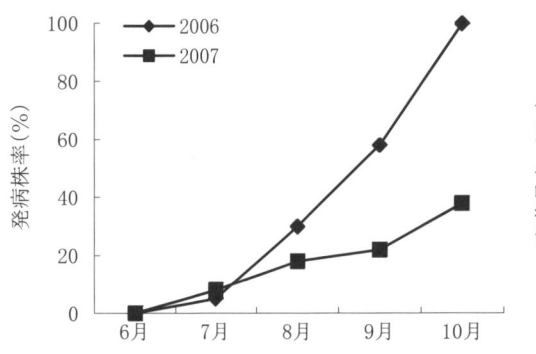

図19-4　アスパラガスの罹病茎の抜き取りと初期防除が茎枯病の発生に及ぼす影響
　　　　園田作図．福島県会津地方の露地圃場．

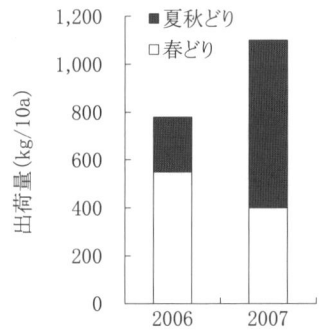

図19-6　茎枯病の罹病茎の抜き取りと初期防除が出荷量に及ぼす影響
　　　　園田作図．福島県会津地方の露地圃場．

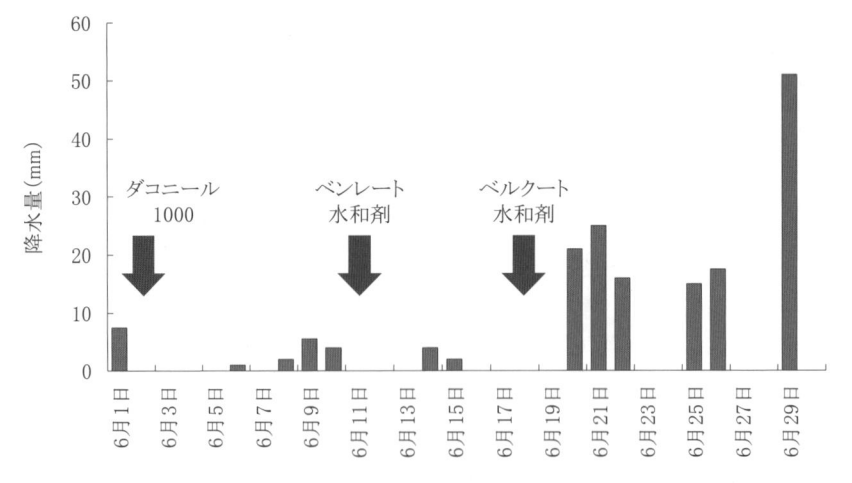

図19-5　アスパラガスの立茎時の降水量と薬剤の適期防除
　　　　気象庁気象統計情報より園田作図．観測地点：会津若松．

く抑えることができ（図 19-4，図 19-5），立茎本数が確保され，夏芽の収量が増えた（図 19-6）．また，前年に本病が多発した北海道空知地方の圃場において，立茎本数を通常に比べて多くし，罹病茎を抜き取りながら栽培した圃場では，本病の発生が低く抑えられた（表 19-1）．長野県の生産者は，立茎中も茎枯病を見つけ次第，病巣部だけを切り取り，上部は枯れてから持ち出している（図 19-3）．加えて，黄化完了後

表 19-1 アスパラガスの罹病茎の抜き取りが茎枯病の発生に及ぼす影響

処理	発病茎率（％）
罹病茎の抜き取り	1.7±0.9^Z
無処理	19.7±4.5
t 検定	**^{Y}

園田作表．
調査日：2012 年 9 月 26 日．
^{Z} 平均値±標準偏差．
^{Y} 1％水準で有意差あり．

の茎葉刈り取りは，通常深さ 5cm で切断しているが，罹病茎を予め地上 50cm で切断し，残茎を手で抜き取っている（瀧澤 2012）．さらに，降雪前の茎葉刈り取り後に残茎をすべて抜くとともに，収穫残茎も刈払い機で培土ごと削り取り，その後は圃場全体をバーナーで焼却して施肥後に培土している（瀧澤 2012）．広島県の露地立茎栽培では，収穫終了後に予め基部 10cm を残した親茎の残茎を手で抜き取り，晴天日にバーナーでうね表面を焼却し，萌芽前にバーク堆肥を 10a 当たり 3t 施用して堆肥マルチし，農薬による適期防除を行っている（Kohmura 2002，元木ら 2008）．それらのように，圃場衛生管理を徹底することにより，本病の菌密度を低減して発生をきわめて低く抑えることができる．

(5) 今後の方向性

本病は，一度発生するとアスパラガス産地を壊滅させる危険性が高い病害である．そのため，それぞれの栽培地域の状況に適した複数の防除法を組合せた総合防除を講じることが重要である．本病の発生生態とそれを踏まえた防除対策，そして国内外における防除対策の事例が参考となり，アスパラガスの安定生産が行われていることを心より願っている．

3. 連作障害の歴史と要因，その対策および今後の方向性

(1) 連作障害の実際

アスパラガスは多年生作物であり，栽培開始後一定の年次が経過すると，株

の老化に伴って萌芽する若茎が細くなり，収量が減少して経済性が悪くなるため，株を更新する必要が出てくる（写真 19-7）．その際，改植では，アスパラガスを栽培していなかった圃場に定植した場合(以下，新植)に比べて，しばしば連作障害（いや地）のために生育や収量が劣ることが知られている．

アスパラガスは通常，定植後 3～6 年目で収量のピークを迎え，その後は徐々に収量や品質が低下するため，10 年程度で株を更新することが安定多収技術として推奨されてきた（元木 2003，2007b，2007c，元木ら 2008）．しかし，アスパラガス栽培には，細やかな株管理と，長期どりであれば 10 か月に及ぶ連日の収穫が必要とされることから，圃場は利便性や排水性および水源などの条件の良いところに設置されており，栽培圃場を替えることは簡単なことではない．そのため，連作障害の不安を抱えながらも，株更新時には，それまでアスパラガスを栽培していた圃場に改植することが多いのが実情である．

写真 19-7 アスパラガスの欠株が多く見られる改植圃場（長野県東御市，元木撮影）
写真の圃場では数回改植し，40 年以上にわたってアスパラガスを連作していた．

（2）アスパラガスにおける連作障害研究の歴史とその要因

①おもな要因はフサリウム属菌

アスパラガスの改植時に起きる連作障害は，ヨーロッパや北アメリカの古い産地でよく知られ，大きな問題として数多くの報告がなされてきた(浦上 2010)．典型的な症状としては，立茎数や茎径の減少，欠株の増加などがあり，おもな要因は立枯病を引き起こす *F. oxysporum* f. sp. *asparagi* や株腐病を引き起こす *F. moniliforme* による病害である（Block・Bollen 1996）．改植圃場の土壌ではフザリウム属菌の密度が高くなる事例が多い．菌糸や胞子などの感染源が，アスパラガスの栽培期間中に土壌に集積され，改植時に定植された苗に感染すると考

えられている．フザリウム属菌と，アレロパシー物質やウイルスとの相互作用により，アスパラガス苗の生育が悪化するという報告があり（Peirce・Miller 1990），複数の要因が組合わさって連作障害と呼ばれる生育阻害現象が引き起こされていることが分かっている．そのほかの要因としては，アレロパシーを引き起こす物質（以下，アレロパシー物質）による自家中毒作用やウイルス病，除草剤の残留，土壌の排水性の悪化，フィトフトラ属菌（*Phytophtora* spp.）による疫病などがあげられる．

②アレロパシー物質の蓄積による連作障害

連作障害の化学的要因としてあげられるのは，アレロパシー物質の蓄積である．日本国内では，アスパラガスのアレロパシー作用に関する研究が特に進んでおり，根圏土壌のアレロパシー活性の検定法や活性炭によるアレロパシー物質の吸着によってアスパラガスの生育抑制を阻止する手法などが開発されている（元木 2007b，2007c，元木ら 2006a，2006b，2006c，2007）．

アスパラガスの根からは，レタス幼苗やアスパラガス幼苗の根の伸長を抑制する物質が滲出されており，貯蔵根をすき込んだ土壌でも生育抑制現象が起きることが報告されている（元木ら 2006c，2008）．アレロパシー物質による症状は根の伸長抑制であるが，症状が生育中の株の外観からすぐには判別できないことが問題である．アスパラガスの幼苗を用いた検定では，アレロパシー物質単独の作用でもアスパラガスの根の伸長を阻害する（図 19-7）．アレロパシー物質は，連作圃場において，アスパラガスの地下部の生育抑制を引き起こすとともに，株の弱体化を通じて土壌病害の進行を助長することにより，連作障害の症状を誘起すると考えられている（西原・元木 2009）．

アレロパシー物質は過去に，アスパラガスの植物体やアスパラガス栽培土壌の土壌溶液からいくつか単離されており，それらの物質は，共通して，水に溶けやすく熱に強いという性質を持っている（元木 2007c）．ただし，単離された特定の化合物が強い生育抑制を示した例はなかった．それらの結果から，2013年現在，多数の比較的弱い生育抑制を示す化合物の相互作用により，強い抑制作用が引き起こされると考えられている．生育抑制のおもな原因となる物質が明らかでないため，アスパラガスのアレロパシー現象の詳細，例えば，単位貯蔵根当たりのアレロパシー物質の滲出量や，貯蔵根の腐敗に伴うアレロパシー

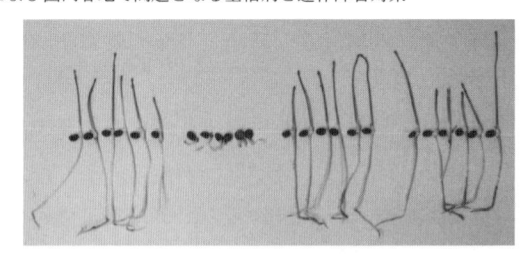

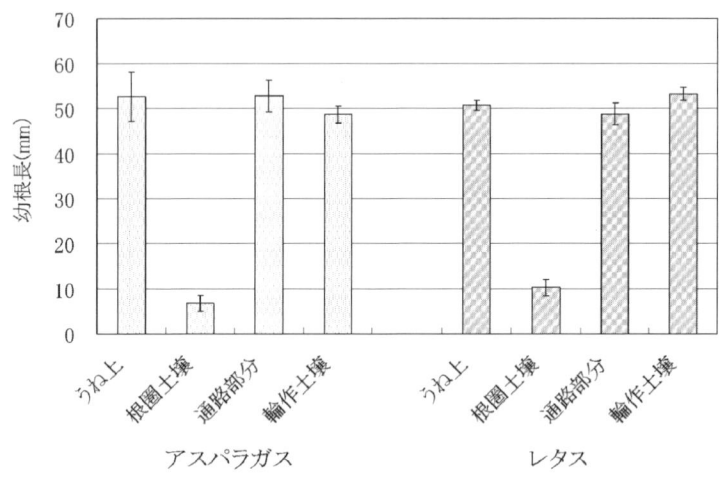

284　第19章　世界および国内各地で問題となる茎枯病と連作障害対策

図 19-7　アスパラガスの連作土壌におけるアスパラガスおよびレタスの地下部の生育阻害（元木ら 2006c）
　　　　　図中の縦線は標準誤差（n=3）を表す．
　　　　　アスパラガスを 10 年間にわたって栽培した圃場のうね上の土壌（深さ 5～10cm），貯蔵根付着部の土壌を刷毛で払い落とした土壌（根圏土壌），通路部分の土壌（深さ 5～10cm）および対照土壌として過去にアスパラガスを全く作付していない隣接圃場の畑作土壌（輪作土壌，深さ 5～10cm）から土壌を採取し，60℃の恒温器で通風乾燥させたあと，アスパラガスおよびレタスでバイオアッセイした．いずれも催芽させて移植し，人工気象器（25℃明所）で，それぞれ 140 時間および 68 時間培養後の地下部の伸長量を測定した．

物質の量の変化などは分かっていない．そのため，アレロパシー物質の消長は，生物検定で判定される（写真 19-8；西原・元木 2009）．

　アレロパシー物質は，アスパラガスの生育中を通じて根から滲出されるとともに，栽培終了後の土壌中の根株の分解により，大量に土壌中に放出されると考えられる．アスパラガスの根系は大きいことから，放出されるアレロパシー物質の量も非常に大きいと考えられる．圃場内におけるアレロパシー物質の分

布は，根株のあった位置に多く，根の分布の少ない通路部分には少ないため（図19-7；元木ら 2006c），そのことを利用した対策もとられている．

③排水不良による連作障害

立地および基盤上の要因として，地下水位が高いことや，作土直下に排水を妨げる硬い耕盤があること，土壌構造の発達が不十分な粘質土壌のため透水性が低いことなどによる排水不良があげられる．排水不良の圃場では，土壌中に蓄積されたアレロパシー物質やフザリウム属菌が，停滞した水とともにアスパラガスの地下茎や貯蔵根付近に長時間存在することにより，感染や株の生育抑制の原因となると考えられる．柳井ら（2013）は，アスパラガスの伏せ込み促成栽培用の養成株育成圃場における2回目の作付時に，降雨後の土壌の乾きにくさとアスパラガスの生育不良との間に関連があることを明らかにした．水田転作によるアスパラガス栽培の多い日本では，作土層内の水の動きが，非常に重要である．

写真19-8 「プラントボックス法」を利用したアスパラガスアレロパシーの生物検定（元木撮影）

④ウイルスや疫病による連作障害

ウイルスや疫病も改植時のアスパラガスの生育に影響を与える（Tomassoliら 2012）．アスパラガスに感染して生育抑制を引き起こすウイルス病はいくつか知られているが，そのうちのおもなものは，アスパラガスウイルス1（以下，AV1）およびアスパラガスウイルス2（以下，AV2）である．それらのウイルスに感染したアスパラガスは，モザイクのような明らかな症状を現さないことがほとんどであるため，外見からは感染の有無を判定できない．AV1およびAV2は重複感染すると，若い株に著しい生育抑制を引き起こすことが知られている．AV1はモモアカアブラムシが吸汁伝搬する．AV2は種子伝染性のウイルスであり，アスパラガスの種子で比較的高率に伝染し，ナイフによる収穫作業などにより機械的に伝染するが，アブラムシでは伝搬されない．AV1およびAV2の日

本国内における感染率は，2013年現在，調査が行われているところであるが，特にAV2は，地域を超えて広く蔓延していることが明らかになりつつある．

一方，フィトフトラ属菌によるアスパラガス疫病は，富山県（山崎・守川 1998）や福島県，ニュージーランドなどで報告されている．いずれも地下茎，りん芽群および貯蔵根に侵入した菌により，維管束を中心に褐変し，腐敗する．

(3) 連作障害対策

多年生のアスパラガスは，1年生の作物とは異なり，定植後に連作障害によって生育抑制が生じた場合，すぐに株を廃棄することが難しい．労力やコスト，対策などにかかる時間を考えて，自分のとる対策を決定する必要がある．その際には圃場の土性や配置，周辺環境，作付体系などを考慮して判断する．まず，第一に考えるべきは排水不良対策である．具体的には，暗きょや明きょの設置，心土破砕，客土，高うね栽培などが考えられる．コストはかかるが，ほかの要因への関与も非常に大きいため，優先度の高い対策となる．

①フザリウム属菌

土壌病害対策としては，まず土壌病原菌の密度を下げる必要がある．発病株を廃棄するとともに，イネ科緑肥作物などの輪作や還元消毒，薬剤の利用などの対策から選んで行うことになる．フザリウム属菌に強度の抵抗性を持つ品種はないが，可能であれば，比較的強いとされる品種を選ぶとよい．

②アレロパシー物質

アレロパシー物質はアスパラガスの新植圃場の土壌中にも存在する．貯蔵根からの滲出物と枯死・腐敗した根株の分解物であると考えられる．栽培中はアレロパシー物質の蓄積が進む一方で，その物質は水溶性とされ，雨水やかん水によって徐々に作土層から排除される．改植時には，土壌中に根株が残っているため，そのままの状態であれば，地下茎や貯蔵根のゆっくりとした分解によりアレロパシー物質が長期にわたり土壌中に放出され，生育抑制要因となる．

作土層に存在するアレロパシー物質の濃度を減らすことが一番の対策である．アレロパシー物質のもととなる残存根の株量を減らす目的で，根株や貯蔵根を掘り上げて取り除くことは，労力やコストが許せば効果的である．根株を残す場合には，根株残さから出るアレロパシー物質の定植時の苗への悪影響を排除する方策が必要となる．定植まで一定期間の休閑ができるのであれば，定植ま

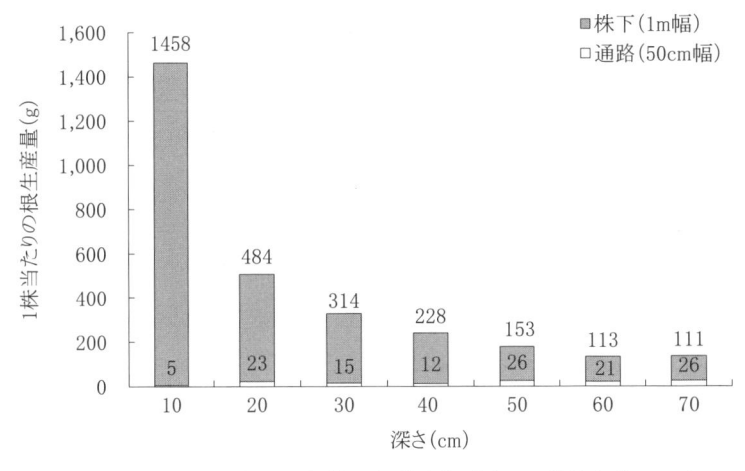

第 19 章　世界および日本各地で問題となる茎枯病と連作障害対策　287

図 19-8　アスパラガス 13 年株の根群分布（長野野菜花き試 1991）
灰色低地土，腐植含量 3.1%．

写真 19-9　アレロパシーの見られる圃場では，改植する株を元のうね間に植え付ける（長野市，元木撮影）

でにできるだけ土壌中の根株残さを分解させ，抑制物質を作土から下層へ排出させることを目的として，根株が小さくなるよう十分耕起後，雨よけを外して雨天にさらすとよい．土壌の含水率や地温を上げることができれば，根株の分解は早まると考えられる．具体的には以下のような手法がある（元木 2003，元木ら 2008）．

a. 圃場では，根の分布がうね中央とうね間とで大きく異なるため（図 19-8），根から滲出されるアレロパシー物質も局在していると考えられる．そのため，改植時の定植位置を前回のうね間に移す（写真 19-9）．
b. 改植時に根株をロータリー耕ですき込まず，抜根してできるだけ圃場の外に

288　第19章　世界および国内各地で問題となる茎枯病と連作障害対策

写真 19-10　抜根機を利用したアスパラガスの根株の持ち出し（長野市，元木撮影）

写真 19-11　バックホーを利用したアスパラガスの根株の持ち出し（長野県中野市，元木撮影）

持ち出す（写真 19-10，写真 19-11）．

c. アレロパシーの軽減には，水のかけ流しによる除去が有効である．そのため，定植前に一度水田化する．湛水やかけ流しの期間など，不明な点は多いが，水田転換畑は復田することが最良と思われる．水利の便の良い圃場では，かん水チューブなどによる散水もあるが，水利の悪い圃場では，梅雨や秋雨などの降雨や降雪に期待したい．

c. 抜根後，すぐに改植する必要がなければ，数年間，ほかの作物を栽培するか休耕する．水利の悪い畑作地帯では 8 年程度の休耕が必要という報告もある．

③品種選定

連作障害による生育阻害の定義には二つある．一つは，栽培する品種に関係なく，栽培する品目が連作により生育阻害を引き起こす現象であり，アレロパシー（allelopathy）と呼ばれ，さらに品目の連作から発生するアレロパシーを varietal allelopathy と細分化される．もう一つは，前作と同じ品目で同じ品種を改植した場合であり，その新しい株の生育が阻害される場合は，同じアレロパシー現象でも自家中毒（autotoxicity）と呼ばれ，同じ品目と品種の連作から発生する自家中毒を varietal autotoxicity と定義される（Wu ら 2007）．アスパラガスのアレロパシーにおいても，varietal allelopathy と varietal autotoxicity の両方の概念が当てはまる可能性があるが，明らかになっていなかった．

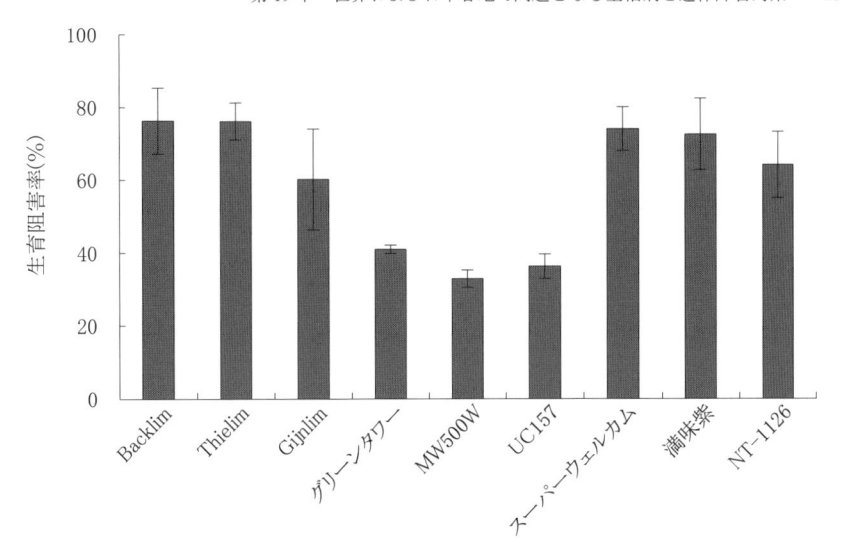

図 19-9 アスパラガスの品種における土壌のアレロパシー活性の品種間差異（元木ら 2008，西原・元木 2009）
図中の縦線は標準誤差（n=3）を表す．

そこで，アスパラガスの品種において栽培土壌のアレロパシー活性に差があるか調べたところ，アレロパシー活性は有意な品種間差が認められ，「Backlim」，「Thielim」および「Gijnlim」のようなヨーロッパ系統や「スーパーウェルカム」のようなアメリカ系統の一部の品種のアレロパシー活性（生育阻害率）が強く，一方，「MW500W」および「MW500W」から育種された「UC157」および「グリーンタワー」のような比較的古いアメリカ系統の品種のアレロパシー活性が低い傾向を示した（図 19-9；元木ら 2008，西原・元木 2009）．

次に，アスパラガスに varietal autotoxicity があるかどうかを検討するため，品種の組合せによるモデル試験を作成し，アスパラガスの初期生育を調査した（表 19-2；Yeasmin ら 2013）．アレロパシー活性が比較的強い品種「Gijnlim（略号，G）」と弱い品種「UC157（略号，U）」（元木ら 2008，西原・元木 2009）の 2 品種の組合せで 3 連作行い，処理の組合せは，G，U（1 作目），GU，UG，GG，UU（2 作目），GUG，GGU，UGU，UUG，UGG，GGG，UUU（3 作目）の 13 組合せであった．なお，各アスパラガス品種の組合せによるアレロパシー現象を最大限に発揮させるため，供試土壌として，粘土鉱物が少なく，土壌中

表 19-2 「UC157」と「Gijnlim」の組合せによる 1 および 2 回の連作栽培におけるその時の各品種の生育阻害率（％）（Yeasmin ら 2013）

		組合せ	長さ		乾物重	
			根長	草丈	根	地上部
1 回目の連作	Autotoxicity	UU	49±2.1 a	45±1.8 a	48±4.6 a	46±2.6 a
		GG	29±2.6 b	25±1.5 b	29±7.3 b	26±4.9 b
	Allelopathy	UG	18±0.6 b	14±1.6 b	26±2.1 b	21±1.4 b
		GU	10±1.3 c	8±0.8 c	17±1.5 c	14±4.2 c
2 回目の連作	Autotoxicity	UUU	83±0.3 a	72±3.6 a	91±0.7 a	78±1.6 a
		GGG	53±2.1 b	49±1.4 b	54±0.9 b	52±1.9 b
	Allelopathy	UUG	49±1.0 c	46±1.2 c	52±0.6 c	47±1.1 c
		GUU	45±2.1 c	37±1.8 c	49±0.6 c	41±0.7 c
		UGG	43±0.3 c	36±8.3 c	43±0.7 c	38±1.0 c
		GGU	38±0.3 c	32±5.3 c	38±1.8 c	35±1.6 c
		UGU	34±0.8 c	29±6.2 c	36±2.5 c	31±0.6 c
		GUG	31±4.2 d	24±1.4 d	31±1.3 d	28±1.9 d

U は UC157，G は Gijnlim を示す．±は標準誤差を示す（n=3）．
各連作回数内の組合せにおける異なるアルファベットは，各生育に有意差があることを示す（Tukey's protected multiple-comparison test，P≦0.05）．各数字は阻害率（(阻害率（％）＝（1－Xt/Xc）×100）；Xc は各栽培時期に栽培した連作をしていない各品種の長さおよび乾物重，Xt は各連作における各品種の長さおよび乾物重）を示す．

へのアレロパシー物質の吸着が少ない砂壌土を用いた．各連作時には，前々作あるいは前作の残根が同量（砂壌土 1kg 当たり 2g DW 残根）土壌中に入っているという前提であり，さらに各品種の組合せによる生育を比較するために，1作目の G および U を毎作栽培した．栽培方法は育苗を 20 日間行い，その後 13組合せの各処理区で 50 日間栽培した後，生育調査を行った．その結果，品種を変えない連作の組合せである varietal autotoxicity の各品種の生育（GG，UU，GGG および UUU）は，品種を変える連作の組合せである varietal allelopathy に比べて明らかに阻害されており，特に生育が劣る組合せは G よりも U であり，U の組合せが多くなればなるほど生育の阻害率は高い傾向を示した．アレロパシー活性が弱い品種「UC157」の連続栽培である UUU における 3 作目 U の地上部および地下部乾物重は 1 作目 U に比べてそれぞれ 78 および 91％程度阻害されるという結果になった．一方，アレロパシー活性が強い品種「Gijnlim」の連続栽培である GGG の地上部および地下部乾物重は 1 作目の G に比べて U と同様に阻害されたが，その阻害率は低く，それぞれ 54 および 52％程度であった．varietal allelopathy の組合せで最も生育が良好であったのは GUG でそれぞ

れの阻害が 28 および 31％程度であったが，UGU の組合せでは 31 および 36％の阻害率を示し，同じ品種の組合せでも 1 作目にどの品種を栽培したかによって 3 作目の品種の阻害率が多少異なる傾向を示した．その結果は，生産現場の改植時に現れる現象（元木ら 2008，西原・元木 2009）に類似していた．

アスパラガスにはアレロパシーが明らかに存在し，連作障害に対して対策を何もせずに同じ圃場にアスパラガスを改植すると，多かれ少なかれ生育は阻害

写真 19-12　アスパラガスのアレロパシーに対する品種間差異（長野市，元木撮影）
「UC157」を数回改植し，さらに活性炭処理後にそれぞれの品種を改植して 4 年後の状況．左から「MW500W」，「スーパーウェルカム」，「UC157」．アレロパシー活性の強い「スーパーウェルカム」の生育が明らかに良いのが分かる．

されることが推察された．また，品種間の varietal autotoxicity には差が認められ，アレロパシー活性が弱い品種の「UC157」は強い品種の「Gijnlim」に比べて改植時に利用する品種として向かないことが明らかになった．そのように，アレロパシー活性が強い品種「Gijnlim」は，弱い品種「UC157」に比べて改植時のアレロパシーが関与する連作障害に対して耐性，すなわち varietal autotoxicity に対して抵抗力があることを示した．しかし，それら 2 つの関係に関する生理学的解明はなされておらず．2013 年現在，その原因を解明中である．

近年，日本全国のアスパラガス圃場の多くで改植が進められる時期に入っている（元木 2003，元木ら 2008）．改植に当たっては，最低限品種を検討し，なるべく同じ品種あるいは同じ系統の品種を使わない連作栽培を行っていくべきである．沖積土壌におけるアレロパシー回避技術は，「UC157」栽培後に「UC157」を改植する前提で検討してきたが（元木 2007b，2007c，元木ら 2006a，2006b，2006c，2007），今後は「Gijnlim」や「スーパーウェルカム」などのアレロパシー活性が強い品種の導入も検討する必要がある（写真 19-12）．

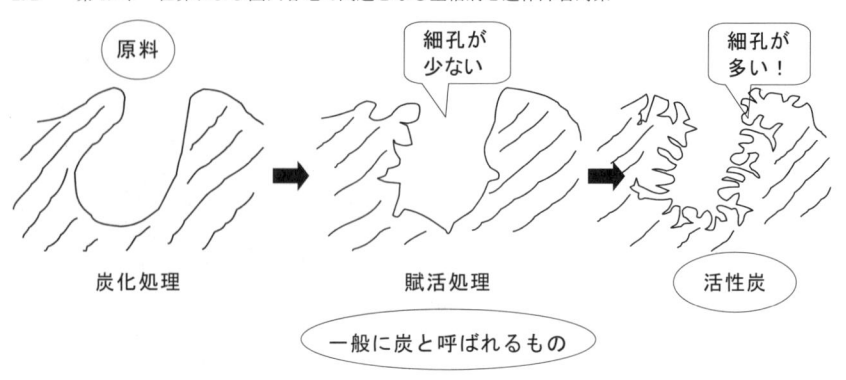

図 19-10　炭から活性炭へ移行する模式図（味の素ファインテクノ株式会社提供）

サイズ（nm） （mm）	1 10^{-6}	10 10^{-5}	10^2 10^{-4}	10^3 10^{-3}	10^4 10^{-2}	10^5 10^{-1}	10^6 1
細孔	マイクロ孔		メソ孔		マクロ孔		
活性炭分類	❀ ☆ ✚		凡例）❀ ヤシガラ系，☆ 石炭系，✚ 木質系（オガクズ）				
機能	分子ふるい	調湿					
		低分子の吸着	高分子の吸着				
		触媒や薬剤の担持	細菌や微生物の担持				
		イオン交換		断熱・防音			
		電気の充放電		研磨			

図 19-11　多孔性炭素の細孔の大きさと機能の関係（安部 2000，元木一部加筆）

④活性炭

　活性炭資材にアレロパシー物質を吸着させることも，アレロパシー物質の濃度の低下に効果がある（西原・元木 2009）．活性炭とは，炭化物（炭）の細孔構造を発達させた物質であり，強い吸着能力を持つ（図 19-10）．細孔の大きさ（径）は活性炭の素材や製造工程によって異なり，吸着能力に大きく影響する（図 19-11）．活性炭の形状は，固体の粒状活性炭および粉末状活性炭と，液体の液状活性炭に分けられる．粒状と粉末状の活性炭は粒の大きさで区別されており，粉末状活性炭を液化したものが液状活性炭である（西原・元木 2009）．活性炭がアスパラガスのアレロパシー物質を吸着して生育阻害を抑制することは，寒天培地を用いた試験で明らかにされた（元木 2007c，元木ら 2006a, 2008,

第 19 章　世界および日本各地で問題となる茎枯病と連作障害対策　293

写真 19-13　「活性炭フロアブル剤」の定植苗への浸漬処理（元木撮影）

写真 19-15　「活性炭フロアブル剤」のかん水処理（長野県中野市，元木撮影）

写真 19-14　「活性炭フロアブル剤」の原液を水と混合して希釈し（左），土壌かん注する（長野市，いずれも元木撮影）

西原・元木 2009）．活性炭施用によるアスパラガスの改植圃場におけるいや地現象抑制については，褐色低地土や灰色低地土で多くの効果が認められているが（元木 2007b，2007c，元木ら 2006b，2006c，2008，元木・西原 2009），黒ボク土などの土壌の種類によっては活性炭の吸着効果が十分に認められないこともあるため注意する（山本ら 2012）．

　粒状活性炭および粉末状活性炭は，播種および定植前に土壌（うね部分）へ混和して施用する．液状活性炭である「活性炭フロアブル剤」は，育苗培養土に散水または底面かん水で処理する．定植苗への浸漬処理も有効である（写真 19-13）．また，アスパラガスの生育期においては，「活性炭フロアブル剤」の土壌かん注（写真 19-14，写真 19-15）や深層処理（写真 19-16）を行う．炭化物

294　第19章　世界および国内各地で問題となる茎枯病と連作障害対策

写真 19-16　土壌かん注機を使った「活性炭フロアブル剤」の深層処理（長野市，服部俊雄撮影）

表 19-3　農業資材用の活性炭と木炭の特性（味の素ファインテクノ株式会社提供）

炭素系資材名	メチレンブルー[w]脱色力（mL/g）	ヨウ素吸着性能[v]（mg/g）	強熱残分[u]（灰分，%）	pH値	水分（%）
<木炭>					
備長炭	10 以下	130	3.2	9.5	10.7
タケ炭	10 以下	120	3.2	10.2	8.8
間伐材の炭化物	10 以下	90	3.3	8.7	8.5
もみ殻くん炭	10 以下	80	27.8	8.2	8.0
チップの炭化物	10 以下	250	2.6	9.6	11.8
流木の炭化物	10〜15	520	2.0	9.3	12.5
木炭の市販品 A[z]	20	130	33.7	10.6	20.6
木炭の市販品 B[y]	10 以下	140	1.3	9.1	9.8
木炭の市販品 C[x]	10 以下	70	1.6	5.9	44.5
<活性炭>					
「改植出番・粒状」	170	1,050	2.5	10.0	7.7
「改植出番・粉末」	190	1,180	2.6	9.8	40.0

物質の吸着性能は，メチレンブルー脱色力およびヨウ素吸着性能の数値で読みとることができる．日本水道協会による水道用粉末活性炭の規格値は，メチレンブルー脱色力が 150mL/g 以上，ヨウ素吸着性能が 900mg/g 以上となっている．本表のメチレンブルー吸着性能およびヨウ素吸着性能は，すべての供試品ともドライ品を使用した．
[z] 木炭の市販品 A：農業用に販売されているもの（S炭素，原料：不明）．
[y] 木炭の市販品 B：農業用に販売されているもの（Bチャコール，原料：ヤシガラ）．
[x] 木炭の市販品 C：畜産用として販売されているもの（原料：不明）．
[w] メチレンブルー脱色力：吸着性能と相関が大きい．メチレンブルーの分子量は 794．
[v] ヨウ素吸着性能：表面積と相関が大きい．ヨウ素の分子量は 253.8．
[u] 強熱残分（灰分）：空気雰囲気の高温下（800℃）で燃焼させた残りの固形分．灰分の含有量と組成は，原料の種類や製造方法によって大きく異なる．通常は，NaやKなどのアルカリ金属類，ケイ素（Si），アルミニウム（Al）などが多いが，Ca，Mgなどのアルカリ土類金属や鉄，亜鉛，銅，ニッケル，マンガンなどの金属類もある．

や有機物も，活性炭資材に比べれば吸着性は劣るものの，アレロパシー物質を少しは吸着すると考えられる（表 19-3）．客土によってもアレロパシー物質の密度は下がる．改植にあたっては，活性炭を使ったアレロパシー回避技術（元木 2008，西原・元木 2009）と合わせて，耕種的技術（元木 2003，元木ら 2008）も積極的に取り入れたい．

⑤不耕起客土法

図 19-12 は，旧香川県農業試験場三木分場（香川県農業試験場三木試験地）に 1994 年 4 月に定植した「UC157」の収量推移を 2012 年まで年次別に示したものである．夏秋どりは定植 2 年目の 1995 年から，春どりは 4 年目の 1997 年から年次間差はあるものの，20 年近く高い収量性を確保し続けている．残念ながら，本株は試験場移転のため大半は処分されたが，雌雄数株を新試験場に移植し，2013 年現在も良好に生育している．

図 19-12 の結果からは，一概にアスパラガスには収量寿命があるとは考えられない．また，若茎の萌芽は，約 65cm 幅内のうね上から外れることなく継続的に行われていたことや，立茎と地下茎の関係を把握するため，砂耕栽培した

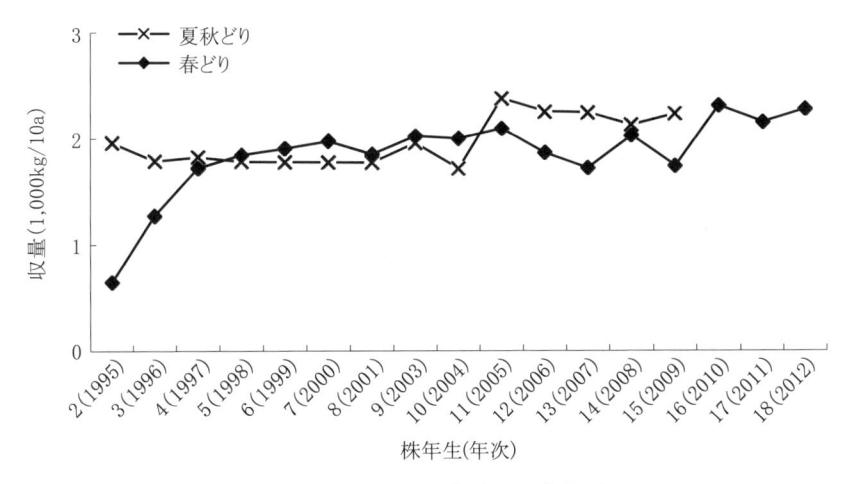

図 19-12 アスパラガスの収量の推移（香川農試三木試験地）
　　　　池内作図．供試株は品種「UC157」，1993 年 10 月 1 日播種，1994 年 4 月 1 日定植した．栽培は雨除けのみの長期どり栽培とした．春どり収穫開始と立茎開始は，年次により異なるが，3 月下旬～4 月上旬と 5 月中下旬．ただし，2010～2012 年は春どりのみの作型とし，収穫を 6 月上旬まで行った．

株を調査した際，立茎した地下茎から離れた地下茎は，次第に衰弱枯死し，カスカスの抜け殻になり，新たなりん芽群の生育場所となっていたことを考慮すれば，地下茎や貯蔵根は，経年劣化によって枯死した株跡地においても順調に生育するものと推察される．

ところで，アスパラガスの施設栽培は栽培地の変更が難しく，改植は連作障害のリスクがさらに高い．香川県においても，過去にいくつかの改植法が試みられてきたが，いずれも良好な結果を示さなかった．特に，既存の古株を耕起する改植法では，改植した株の生育が極めて不良であった．そこで，香川県農業試験場では，既存株のうねは不耕起とし，既存のうねの側上面に客土により新たなうねを配置して幼苗を定植し，苗の生育に応じて既存株を縮小していく新しい改植法（以下，不耕起客土法）を考案した（図 19-13，池内 2012a）．

不耕起客土法は，定植 2 年目の夏秋どりから収穫を開始し，定植 3 年目には収量が順調に増加し，費用や作業時間も少なく，既存株を利用すれば連続収穫が可能であった（図 19-14；池内 2012a）．また，改植株の生育状況は，欠株がほとんど無く順調であり，アスパラガス種子を用いた根圏土壌のアレロパシー

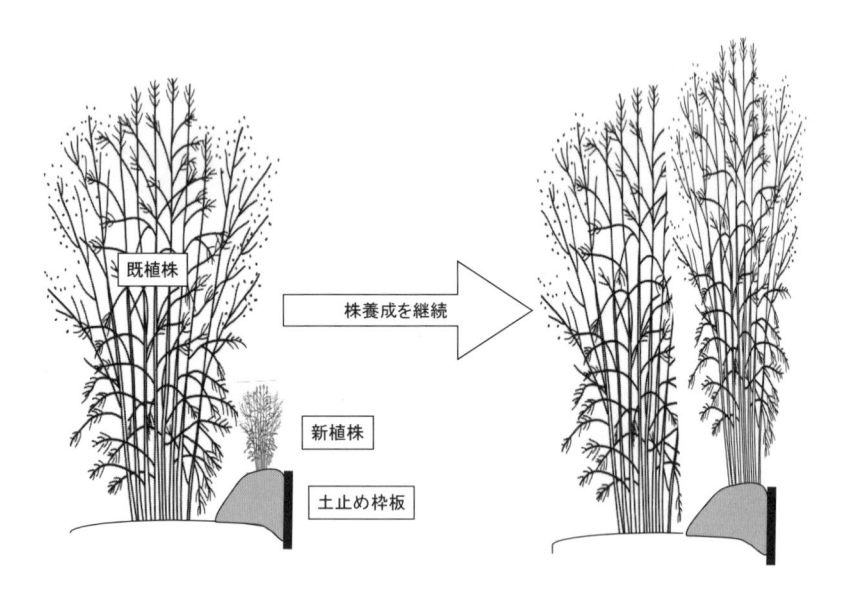

図 19-13　不耕起客土法
池内作図.

活性の程度も，うね位置に関わらず次第に緩和した（池内 2012b）．香川県は，不耕起客土法をアスパラガスの連作障害の回避技術として有効であると位置づけ，農家ニーズに合わせた方法に改良しながら実証を進めている．

⑥湛水太陽熱処理

佐賀県農業試験研究センターでは，太陽熱処理と湛水灌漑の反復処理を組合せた湛水太陽熱処理を考案した（田川ら 2012）．太陽熱処理によってフザリウム属菌を始めとする土壌病原菌の密度を低下させた後，湛水灌漑によって，アスパラガス残さの分解により土壌中に放出されたアレロパシー物質と土壌中に蓄積した肥料成分を除去する方法であり，今後の普及が期待される．

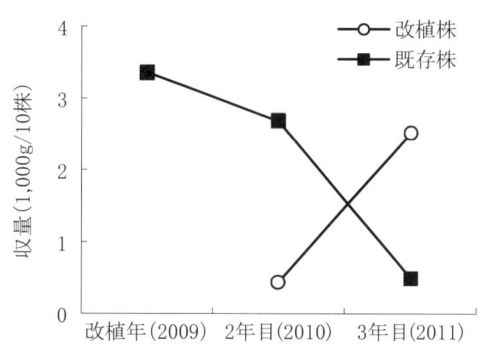

図19-14 アスパラガス改植圃場における収量の推移
池内作図．

(4) 今後の方向性

改植は，アスパラガスの初期生育に数年にわたって大なり小なりストレスを与える．その時期を乗り越えるためにも，連作障害要因の排除はもちろん，茎葉病害の防除をきちんと行うことが基本となる．また，本章で紹介した連作障害対策のほとんどは，新植のアスパラガスの生育にもよい影響を与える．多年生のアスパラガスでは，新植圃場であっても，連作障害の原因となる生物的，物理的および化学的要因がアスパラガスの生育に大きな影響を与える．収穫を長期にわたって続けるには，それらの負の要因をできるだけ排除するように，経営や圃場条件を考慮しつつ，自分の圃場に合った方策をできるだけ早い時期から取り入れることが望ましい．新たな技術の実用化によるアスパラガスの連作障害の回避および克服が望まれる．

第20章　国際競争に対応した日本のアスパラガス生産の戦略と展開

1. 日本産のアスパラガスの生産および消費拡大に向けて

(1) 海外の動き

　アスパラガスの生産拡大および安定供給のための技術開発については，消費拡大と国際的な輸出入の双方の視点から見ていく必要がある．2013年現在，世界第1位のアスパラガス生産国は中国であり，特に1990年代以降，中国のアスパラガス生産量は急激に伸び（表1-2, 図1-2；第1章），2005年の推定ではおよそ60万tであり，日本の約20倍である（第8章）．中国国内の経済発展に伴う富裕層の増大により，中国国内向けの生鮮グリーンの消費量は年々増加しているが，缶詰アスパラガス限って言えば，中国の輸出量は2012年現在もなお世界第1位であり（図1-7, 写真8-4；第1章），おもにヨーロッパに輸出されている．一方，急激に輸出量を伸ばしているのがペルーである．大規模な灌漑設備を設置してアンデス山脈から水を引き，海岸砂漠で栽培を行っている．グリーンをおもにアメリカへ，ホワイトをおもにヨーロッパへ輸出している（第3章）．アスパラガスでは，かつての日本（第15章）や台湾（第10章）のように，新興国が換金作物として生産量を増やしながら先進国へ輸出し，国力が上がると今度は自国で食べ始めるという歴史が今も続いている．

(2) 食文化とアスパラガス生産および消費

　アスパラガス栽培は，その地域の食文化と大きく関わっている．アスパラガスは2013年現在，世界60か国以上の国々で食べられているが，グリーンかホワイトか，その栽培動向は国によって大きく異なる．伝統的にホワイトを食べる食文化がある国では，ホワイト栽培が盛んである．一方，アスパラガスを食する歴史が比較的浅い国では，グリーンを食べることが多く，そのような地域ではグリーンの栽培が盛んである．食用の歴史が長いヨーロッパのなかで，イギリス以外の諸国では，大部分が生鮮のホワイトを食べている．しかも，春の短期間に年間消費量の大部分を食べる傾向にある．一方，食用の歴史が比較的浅い北アメリカや日本，オーストラリア，ニュージーランドなどでは，グリーンを中心に食べている（元木ら 2008）．

ホワイトの旬の時期に，ヨーロッパのホワイトの生産地を旅したことがある旅行者は，ホワイトをふんだんに使った料理を食べたがるだろうし，ヨーロッパで修行したシェフはより太いホワイトを探すだろう．日本はアスパラガス栽培の歴史がヨーロッパに比べて浅く，アスパラガスの消費は，春の旬の時期に短期集中で味わうヨーロッパに比べると，多様な栽培方法を駆使して国産が長期間出回っているわりには，まだまだ消費が少ないのが実状である（元木ら 2008, 第1章）．日本国内におけるアスパラガスの消費を伸ばすには，グリーンだけでなく，ホワイトやムラサキと一緒に，消費者に訴えかけていくことも必要である（第16，17章）．アスパラガスは子供から大人まで味わえる食材であり，ゆでてサラダに，グラタンやピザ，シチューやカレーの具，肉やベーコンで巻いたり，炒めたりする食べ方など，多彩な料理に使える．彩りが鮮やかであり，調理も簡単な人気野菜である．また，アスパラガスはアスパラギン酸やルチンなどを多く含むなど健康野菜の代表格でもある．日本独特の和洋折衷な食文化と健康志向のなかでアスパラガス料理が花開き，消費拡大につながることを期待したい（元木ら 2008）．

(3) アスパラガスは収益性の高い野菜

アスパラガスは，数ある野菜のなかでも収益性の高い野菜である．2009年の長野県農業経営指標によると，長野県で栽培されている野菜のなかでは，1kg当たりの単価が最も高いのがイチゴ，次いでアスパラガスであり，アスパラガスの1kg当たり単価は，ハウス半促成普通栽培，露地普通栽培およびハウス半促成長期どり栽培の順に1,244円，989円および1,049円である（表20-1）．長期間収穫可能な半促成栽培は，収穫期間が短い露地栽培に比べて1kg当たり単価が高い．アスパラガスは長期間収穫が可能であり，上手に栽培すれば確実に収益を上げることができる野菜である．全国的に，多くの野菜の生産量や生産者が減少しているなかで，小面積でも安定的に利益が上がるアスパラガスに活路を見出し，栽培に取り組む生産者が増えている．

一方，アスパラガスの消費拡大も，生産を拡大するための大きな要素である．アスパラガスの生産を拡大するためには，同時にアスパラガス消費を拡大するための戦略を打ち立てていく必要がある．

表 20-1 長野県における主要野菜の栽培品目および作型別の生産量とkg当たり単価（2009）

栽培品目	作型	生産量（kg/10a）	単価（円/kg）
イチゴ	促成（高設）	4,000	1,020
	夏秋（高設）	2,700	2,000
アスパラガス	ハウス半促成普通	900	1,244
	露地普通	700	989
	ハウス半促成長期	1,500	1,049
パセリ		2,500	984
ホウレンソウ	雨よけ	1,380	483
ブロッコリー	初夏播き	1,200	436
セルリー	半促成加温	5,500	328
	露地	5,000	223
ネギ		3,500	284
レタス		4,000	136
キャベツ		5,600	87
ダイコン		4,000	77
ハクサイ		9,000	74

2009年長野県農業経営指標から元木作表．

2. 日本産のアスパラガスの今後のカギを握るのは端境期の生産態勢

　日本におけるアスパラガスの輸入量は，1990年代に1万t程度から最大でおよそ2万5千tまで急速に増加した（図15-4；第15章）．アスパラガスの日本国内の流通量は，2000年に5万3千tを超え，輸入品の割合も46.3％に達したが，2008～2010年は国産品の生産量が1万～1万2千tでほぼ横ばいにも関わらず，輸入品の割合も25～30％と少なく，結果的に国内流通量は4万t前後で推移している（図20-1）．2000年以降のアスパラガスの輸入品の減少要因の一つは，アメリカからの輸入量が大きく減少していることにある．1990年におけるアスパラガスの輸入相手国の上位は，アメリカ，オーストラリア，メキシコ，タイの順であり，アメリカが40％近くを占めていたが，2000年には，オーストラリア，アメリカ，メキシコ，フィリピン，タイの順となった．さらに2009年には，メキシコ，オーストラリア，タイ，ペルー，アメリカの順となり（表20-2），アメリカからの輸入量は大きく減少した．まだ総量は少ないものの，世界最大の生鮮アスパラガスの輸出国であるペルー（第1，3章）が日本への輸出量を急速に増やしつつある．ところで，国内流通量に対する輸入品の割合は，

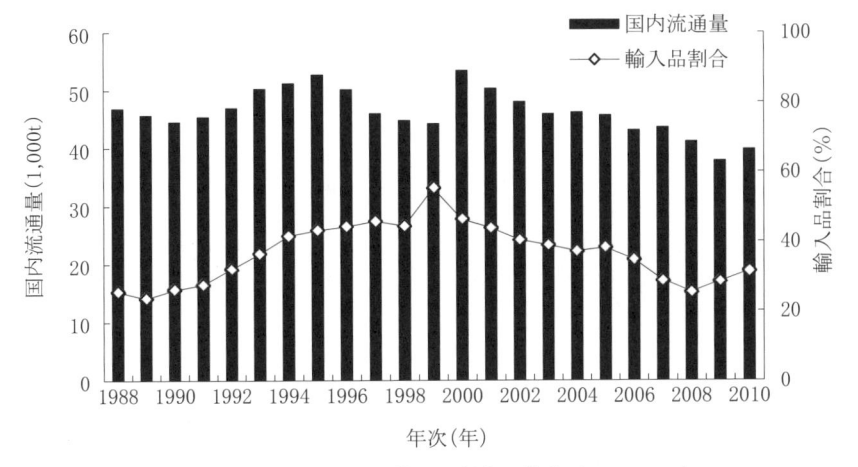

図 20-1 アスパラガスの国内流通量と輸入品割合の推移（1988-2010）
野菜生産出荷統計および財務省貿易統計のデータ（図 15-4）から元木作図.

2000 年前後には 50％程度であったが，2008 年には 25％程度まで減少した（図 20-1）．しかし，ここ数年のドル安円高傾向と，高齢化などによる国内生産量の低下のため，2008 年以降，2009 年，2010 年と輸入品の割合は再び上昇に転じており，2011 年には 35％程度まで回復した（図 20-1）．そのように，日本産のアスパラガスの生産拡大には，長期的な視点でアスパラガスの輸入品の今後の動きに注目していく必要がある．

2011 年の東京卸売市場におけるアスパラガスの輸入国別の取扱量の月別変化をみると，メキシコ産は 11〜4 月，アメリカ産は 4〜5 月，オーストラリア産は 9〜12 月と限られた時期に集中している（図 20-2）．同じく東京卸売市場におけるアスパラガスの国産品と輸入品の取扱量の月別変化を見ると，国産品が潤沢にある 5〜8 月の輸入量は少なく，国産品が品薄になる 9〜4 月の端境期に輸入量が多くなる傾向にある（図 20-3）．しかし，国産品と輸入品を合わせても 12〜2 月は数量が少なく（図 20-3），その時期の日本産のアスパラガスの国内市場価格は高い（図 20-4）．

日本では，その時期に生産する作型として「伏せ込み促成栽培」がある（第 18 章）．群馬県発祥の本作型（小泉 2010）は，休眠打破に低温を必要とすることから寒冷地に適しており，北海道や東北地域で普及してきている（山口 2015）．

第20章　国際競争に対応した日本のアスパラガス生産の戦略と展開

表20-2　おもな国からのアスパラガスの輸入量の推移（1990-2009）

	輸　入　国　（t）					
	タイ	フィリピン	メキシコ	オーストラリア	ペルー	アメリカ
1990	1,596	206	1,943	2,411	36	3,989
1991	1,646	909	2,323	2,909	40	3,132
1992	1,837	1,713	2,518	3,047	43	4,631
1993	2,030	2,875	2,830	3,458	135	5,620
1994	1,826	3,309	4,157	3,147	464	6,899
1995	1,450	4,957	3,781	4,536	385	5,682
1996	998	6,817	2,925	4,435	182	5,234
1997	864	6,251	3,122	4,522	123	4,699
1998	1,193	4,166	3,819	5,445	65	3,588
1999	1,539	5,243	4,472	5,926	95	5,148
2000	1,895	4,294	4,914	6,086	215	5,454
2001	2,149	4,362	4,056	6,022	91	3,622
2002	3,103	4,024	2,326	5,692	105	2,797
2003	2,847	3,636	3,430	3,864	137	2,656
2004	3,932	2,392	2,643	4,698	404	2,020
2005	3,919	2,999	3,546	3,828	575	1,580
2006	3,725	3,339	2,931	2,925	733	628
2007	3,103	1,978	2,165	2,928	695	1,051
2008	2,212	824	2,635	2,543	934	809
2009	1,769	316	3,553	2,296	1,427	889

財務省貿易統計データから前田作表．

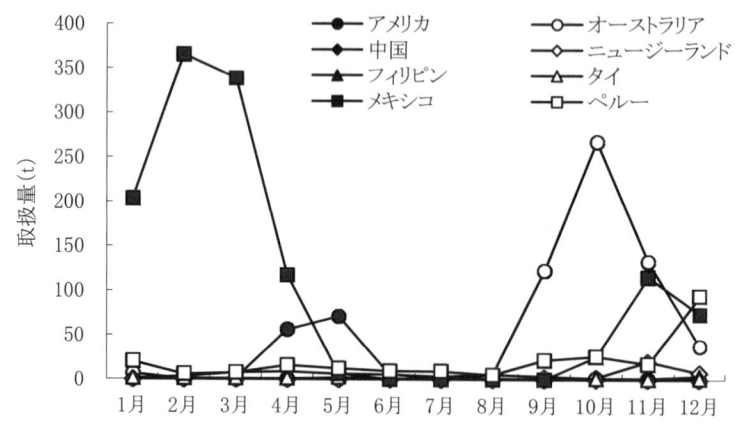

図20-2　東京卸売市場におけるアスパラガスの輸入国別の取扱量の月別変化（2011）
農林水産省野菜生産出荷統計および財務省貿易統計から前田作図．

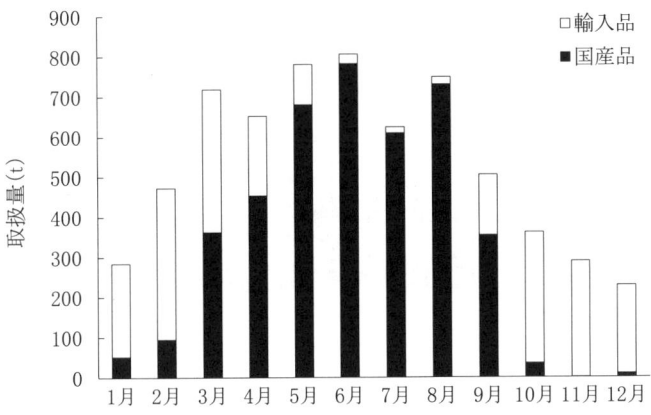

第 20 章 国際競争に対応した日本のアスパラガス生産の戦略と展開　303

図 20-3　東京卸売市場におけるアスパラガスの国産品と輸入品の取扱量の月別変化（2011）
前田作図．

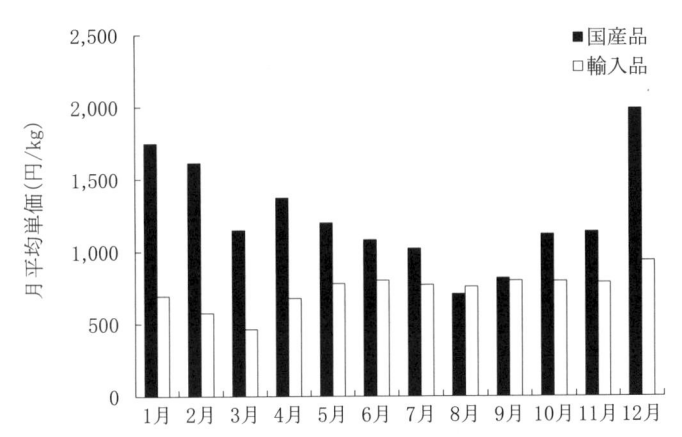

図 20-4　東京卸売市場におけるアスパラガスの国産品と輸入品の平均単価の月別変化（2011）
前田作図．

1 年程度の短期間で養成した株を掘り取り，ハウス内に設置した伏せ込み床で集約的な管理を行うことにより 12〜3 月に収穫できる（写真 15-4，写真 18-1，写真 20-1；第 18 章）．しかし，近年の秋期の高温傾向のため，年により休眠打破に必要な低温が得られず，収量が安定しない（山口・高橋 2011）．また，低温の訪れの遅れに伴い，収穫期も遅くなりつつある．2013 年現在，安定的な休

写真20-1 アスパラガスの周年安定供給体制の実現に向けた寒冷地の「伏せ込み促成栽培」の取り組み（左は岩手県岩手町のグリーン，山口撮影，右は青森県藤崎町のホワイト，元木撮影）

写真20-2 九州地域を始めとする暖地の「ハウス半促成長期どり栽培」もアスパラガスの周年安定供給体制の実現のために重要な位置付けである（佐賀県みやき町，いずれも元木撮影）
アスパラガスのハウス群（左）と株元から第1次側枝まで揃った養成茎．

眠打破と早期出荷を図る技術開発が進められているが，その時期の需要を満たすほどの充分な生産量は，まだ得られていない．

　九州地域を始めとする暖地の「ハウス半促成長期どり栽培」（写真15-2，写真20-2；第17章）は，収穫期が最も長い作型であるが（図15-3），現状では11～1月の生産量がほとんどない．休眠が浅い定植当年株を年末から保温し，年明けすぐの1月から収穫を行う栽培も行われているが，その栽培面積は限られる．暖地のハウス半促成長期どり栽培において国内生産量の少ない11～2月の生産量を補強する方向性としては，計画的な新植や改植による定植当年株の栽培面積の確保や，春どりの早期収量を重視する栽培法の開発によって1～2月の生産を担うことが，温暖な気候条件の活用や収益性の点からは合理的であると考える．また，アスパラガスの露地栽培における新栽培法として，明治大学で

は，栽培1年目に養成した株について翌春に萌芽する若茎をすべて収穫し，その株の収穫を終了させる作型（仮称：「採りっきり栽培」）を提案した（蕪野ら 2015）．「採りっきり栽培」では，ハウス半促成長期どり栽培が立茎中に減収する時期（4月）に収量が増えることから，長期どり栽培との組合せによって春どりから夏秋どり期間を通した安定出荷が可能であると考えられる．伏せ込み促成栽培も含め，端境期の国内生産量を増加させるには，日本の北から南にわたる各地域の気象条件を活用した重層的な生産体系の構築が必要である．

一方，今後の世界におけるアスパラガス生産を予測すると，大きな流れとして11～2月に生産可能な国々が生産量を伸ばしてくると考えられる（元木ら 2008）．11～2月は北半球が真冬，南半球が真夏で，アスパラガス栽培にとって不利な環境であり，2012年現在，その時期に安定して生産できる国は，アスパラガスが休眠しない東南アジア（第11,12章）や，北半球のオフシーズンをターゲットとする南半球のオーストラリア（第6章），砂漠気候でかん水によりアスパラガスの収穫時期を自由に設定できるペルー（第3章）などがあげられ，今後もそれらの国々は，アスパラガスの生産や輸出を積極的に進めていくことが予想される．また中国は，2014年現在も缶詰用ホワイトの生産が主体であるが，今後は価格のよい生鮮市場を視野に入れてくるものと推測される（第8,9章）．

3. 日本国内の消費拡大対策も国産アスパラガスの生産拡大戦略の一つ

日本国内のアスパラガス流通の最盛期に当たる春期に目を向けると，かつてその時期において強力な競合相手であったアメリカ産の流通量は産地の衰退により激減し（第5章），2012年現在，春期の国産品に対して品質と価格の両面で勝負できる海外産地はメキシコだけとなった（第7章）．そのことは，国産アスパラガスの生産拡大の好機と捉えるべきである．しかし，日本における国民1人当たりのアスパラガスの消費量は年間350g程度に過ぎず（図1-9；第1章），日本国内の市場はまだ成熟していないと考えられる．アスパラガスの生産拡大には，日本国内におけるアスパラガス消費を拡大するための戦略を同時に打ち立てていく必要がある．外観や機能性においてユニークな特徴を有し，話題性

の高いホワイトやムラサキの活用（第16章）もその戦略の一つになる．

4. 日本産アスパラガスを世界へ

日本では，官民共同の「農林水産物等輸出促進全国協議会」が2005年4月に設立されて以降，農林水産物の輸出促進が推し進められてきたが，2011年3月11日に発生した東日本大震災に起因する，東京電力福島第一原子力発電所事故の影響により，国産農林水産物に対する輸入規制措置が2012年3月現在も40を超える国または地域において実施されており，日本産品の買い控えが続いている．また，2011年10月にはニューヨーク外国為替市場で円が対ドルで史上最高値（1ドル＝75.78円）を記録した円高の影響なども加わり，2011年の輸出額は4,511億円（対前年比8.3％減）へと微減状況で推移している．そのように，国産農産物の輸出は苦戦を強いられているものの，政府は国産農林水産物および食品の輸出規模を2017年までに1兆円水準とすることを目標に掲げており（農林水産省大臣官房国際部 2011），また，農業に関わる国際情勢を勘案すれば，国産農産物の輸出を拡大し，国際競争力を高めていくことは不可避であると考える．「日本産」の人気が高く，経済成長が著しい中国や台湾，香港，シンガポールなどのアジア諸国，アラブ首長国連邦（ドバイ首長国）などの中東諸国（近鉄エクスプレス販売 2011）を軸に，国産農産物の販売を回復・増大させるといった展開を今後に期待したい．

アスパラガスの消費は，世界的に見れば，好調な経済成長に伴い，中国やインド，ブラジルなどの新興国での消費量が今後増える可能性がある（Chen 2009）．アスパラガスを取り巻く近隣アジア諸国と日本との関係をみると，それらの地域では太ものに人気があるが，日本においては高品質な太もののアスパラガスの安定多収栽培技術がすでに確立されており（元木ら 2008），太ものに特化した品種も育成されてきている（元木 2007a，元木ら 2008，清水ら 2009，2013，園田ら 2005，第14章）．また，近年栽培が拡大しつつあるムラサキ（甲村・渡邊 2005，元木 2011b，元木ら 2008，2011a）やホワイト（北條 2007，地子・田中 2009，地子ら 2008，皆川 2007b，元木 2008，元木ら 2008）などの栽培技術（第16，17章）は，近隣諸国に比べてきわめて高い．さらに，世界屈指の

農産物市場である中国が数年後にはアスパラガスの世界最大の輸入国に転じる可能性が高いことが想定されている（第8，9章）．それらの点を踏まえると，アスパラガスは，国産農産物の輸出拡大の一角を担う品目となる価値を充分に有しているものと考える．

5. 日本産アスパラガスの生産拡大に向けて

今までの論点をまとめると，アスパラガスにおける生産拡大および安定供給のための技術開発においては，日本国内における需要拡大と輸出対応の双方をその目標に据える必要があると言える．

2007～2010年にかけて実施された，農林水産省の「新たな農林水産政策を推進する実用技術開発事業」（2007年度までは「先端技術を活用した農林水産研究高度化事業」）では，日本産果実および野菜の輸出拡大を視野に入れた課題が，それぞれ独立行政法人農業・食品産業技術総合研究機構果樹研究所および同野菜茶業研究所を中核機関として実施された．それらの課題では，近隣諸国でニーズの高い大玉果実生産のための植物生育調節剤の利用方法の確立（板井 2011）や，輸送中における果実の損傷を大幅に軽減できる新型包装容器の開発（曽根 2011），国内初となるポストハーベスト農薬の登録達成（Tarang・榊原 2011），低コストおよび長距離輸送に資するフィルム包装方法の開発（宮崎ら 2010，鈴木ら 2010）など，日本産の農産物の輸出拡大に貢献しうる生産および流通技術が多く得られている．それらの技術は，日本国内向けの果実および野菜生産と流通技術にも充分応用可能であると同時に，アスパラガスの生産および流通の最適化技術の開発へ示唆を与えるものであると考える．それらを応用もしくは発展させることによって，アスパラガスの生産拡大と国内外への安定供給の達成を大幅に早めることができるものと期待される．

今後，生産から流通，消費までの研究を含め，日本国内のアスパラガス関係者が一丸となって，日本産のアスパラガスの安定生産技術および流通システムを構築していく必要があると考える．引き続き，世界および日本におけるアスパラガスの生産と消費の動きにも注目していきたい．

引用文献　　（　）内は文献を引用している章

安部郁夫 2000. 活性炭の応用技術. 立本英機・安部郁夫監修. p.664. テクノシステム. (19章)
Abe, T. and T. Kameya 1986. Promotion of flower formation by atrazine and diuron in seedlings of asparagus. Planta 169: 289-291. (14章)
Altar produce. http://www.altarproduce.com/#!vstc0=welcome-b. (7章)
Anido, F. L. and E. Cointry 2007. Asparagus, in: Handbook of plant breeding. Vegetables II: 87-119. (14章)
荒木　肇・地子　立 2010. ペルーでの大規模潅漑によるアスパラガス生産. 特に生産体系と FTA による市場拡大について. 北海道園研談 43. (5章)
芦沢俊行・浅利　覚・内田　勉 1983. アスパラガス茎枯病の発生生態と防除に関する研究. 山梨農試研報 23：99-115. (19章)
Australian Asparagus Council. http://asparagus.com.au/ index.php/about_us/ (6章)
Australian Natural Resources Atlas. Agric.-Natl. Hortic. Industry Profiles-Asparagus. http://www.anra.gov. au/topics/Agric./pubs/national/asparagus.html (6章)
Behr, H. C. 2005. International asparagus production and markets. XIth Intl. Asparagus Symp. Program and Abstracts. 53. (1・3・8章)
Benson, B. L. 1994. Second international asparagus cultivar trial. Asparagus Res. Newsletter 11: 9-15. (14章)
Benson, B. L. 2002a. Update of the World's asparagus production areas, spear utilization and production periods. Acta Hortic. 589: 33-39. (4・6・7・10章)
Benson, B. L. 2002b. Second international asparagus cultivar trial final report. Acta Hortic. 589: 159 -166. (14章)
Benson, B. L. 2008. 2005 update of the world's asparagus production areas, spear utilization, yields and production periods. Acta Hortic. 776: 495-507. (4・6・7・10章)
Benson, B. L. 2012. 2009 update of the world's asparagus production areas, spear utilization and production periods. Acta Hortic. 950: 87-100. (1・4・6・7・10・11・12・13・15・17章).
Benson, B. L., R. J. Mullen and B. B. Dean 1996. Three new green asparagus cultivars; Apollo, Atlas and Grande and one purple cultivar; Purple passion. Acta Hortic. 415: 59-66. (14章)
Benson, B. L. and F. H. Takatori 1978. Meet U.C.157. Am. Veg. Grow. 26(5): 8-9. (7・14章)
Block, W. J. and G. J. Bollen 1996. Etiology of asparagus replant-bound early decline. Euro. J. Plant Path. 102: 87-98. (19章)
Boonen, P. 1987. The breeding and choice of asparagus in the Netherlands. Asparagus Res. Newsletter 5(2): 37-42. (14章)
Boonen, P. 2001. Asperge, van medicinaal tot delicatesse. pp.53-59. (14章)
Broom, F. 1990. The economics of growing asparagus. The New Zealand asparagus manual. Chapter 11: 1-12. The N. Z. Asparagus Council. (6章)
Brother Inc. Seed and Plants. Our varieties. http://www.walkerseed.com/varieties.html (7章)
Brueckner, B., A. Schwarzbach and R. Schroter 2010. Correlation between sugar and saponin contents and sensory attributes of white asparagus. J. Verbr. Lebensm. (J. Consumer Protection and Food Safety) 5: 305-311. (16章)
Bubák, F. 1906. Zwiter beitrag zur pilzfiora von Montenegro. *Phomopsis asparagi* (Sacc.) Bubák-Phoma Asparagi Sacc., Bill. De l'Herbier Boissier 2: 393-408. (19章)
Bussel, W. T., C. Robinson, J. D. Bright and J. K. Olsen 2002. Asparagus in tropical Australia. Queensland government. http://www2.dpi.qld.gov.au/business/10364.html (6章)

California Asparagus Seed and Transplants. http://www. calif- asparagus-seed.com/index.html/2011/11/（7章）
Castagnino, A. M., K. E. Díaz, M. B. Rosini and A. Falavigna. 2012. Evaluation of some critical points of the asparagus food chain in Argentina. Acta Hortic. 950: 37-51.（4章）
Castella, J. C., P. Saridnirun and G. Trebuil 1995. Development and small farmer organization of asparagus production in Central Thailand. Asparagus Res. Newsletter 12 (1-2): 1-16.（11章）
Chen, G. 2002. Production and development of asparagus in China. Acta Hortic. 589: 21-26.（8章）
Chen, G. 2009. Development of asparagus industry in China. XIIth Intl. Asparagus Symp. Abstracts. 21.（1・3・8・9・20章）
Chen, Y. W. and R. T. Jean 1964. An experiment on the methods of maintaining and renewing the mother stalks in green asparagus. Bull. of Taiwan District Agric. Improvement Sta. 9: 8-12.（10章）
千葉　典 1990. メキシコの資本主義的輸出農業とアグリビジネスによる契約生産．アスパラガスとイチゴの生産を中心に．土地制度史 129：1-17.（7章）
Corriols, L., C. Dore and C. Rameau 1990. Commercial release in France of 'Andreas', the first asparagus all-male hybrid. Acta Hortic. 271: 249-252.（14章）
チャチャリー　ナリトゥム・鈴木　俊 2000. タイ国ナコーン・パトム県における輸出用アスパラガス生産の普及と発展．キャンペンセン郡トゥン・クワン地区の事例を中心として．農業普及研究 5（1）：38-47.（11章）
Davis, R. D. 2002. Management of three newly recorded asparagus disease in Queensland will require adoption of new production strategies. Acta Hortic. 589: 365-371.（19章）
Delica Company Profile. Delicaasparagus. http://sites.google. com/site/delicaasparagus/ profile（6章）
Drost, D. T. 1997. Irrigation effects on asparagus root distribution. Acta Hortic. 479: 283-288.（18章）
Ellison, J. H. and J. K. John 1985. 'Jersey Giant', an all-male asparagus hybrid. HortSci. 20(6): 1141.（14章）
Falavigna, A., P. Alberti, P. E. Casali, L. Toppino, W. Huaisong and G. Mennella 2008. Interspecific hybridization for asparagus breeding in Italy. Acta Hortic. 776: 291-297.（14章）
Falavigna, A., P. E. Casali and A. Battaglia 1999. Achievement of asparagus breeding in Italy. Acta Hortic. 479: 67-74.（14章）
Fallon, P. G. and A. M. Andersen 1997. Breeding purple asparagus from tetraploid "Violetto di' Albenga". Acta Hortic. 479: 109-113.（6・14章）
Fallon, P. G., L. M. Fallon and A. M. Andersen 2002. Breeding asparagus varieties resistant to *phytophthora*. Acta Hortic. 589: 185-191.（6・14章）
Flores, D. 1995. Asparagus. GAIN Report. http://www.fas.usda.gov/scriptsw/AttacheRep/display_gedes_report.asp?Rep_ID=10001962.（7章）
Franklin, B. 2010. Mexico, first in value of production of asparagus among NAFTA countries. http://www.siap.gob.mx/index.php?option=com_content&view=article&id=318:mexico-primer-lugar-en-valor-de-la-produccion-de-esparragos-entre-paises-del-tlcan&catid=72:infogramas&Itemid=422（7章）
福富雅夫 1994. アスパラガス茎の老若と茎枯病感受性との関係．日植病報 60（3）：256.（19章）
福富雅夫・松代平治・立知本正夫・森川千春 1990. アスパラガス立枯病および茎枯病の併発症状組織の走査電子顕微鏡観察．日植病報 56：362.（19章）
福富雅夫・田地本正夫・森川千春・中谷内修・野村央文・松代平治 1992. アスパラガス茎枯病に関する研究．第2報．総合防除法．北陸病虫研報 40：63-70.（10章）
古市崇雄・池内隆夫・大矢啓三 2003. アスパラガス新品種「さぬきのめざめ」の育成．香川農試研報 56：43-49.（14章）
GAIN Report. United States Department of Agriculture. Foreign Agricultural Service. http://gain.fas.usda.gov/Pages/Default.aspx.（7章）

Gal' Lino, J. J. 2009. Canned asparagus world industry. Past, present and future. Presentation on XIIth Intl. Asparagus Symp. (Unpublished data)（**1 章**）

Garrison, S. A. and C. Chin 2005. Perspectives in asparagus breeding. The 11th Intl. Asparagus Symp. http://www.ias2005.com/（現在は閉鎖）（**14 章**）

呉　継志・原田禹雄 1837．訳注　質問本草．p.347．榕樹書林．（**15 章**）

Greiner H. D. 1990. Asparagus breeding at the "Sudwestdeutsche Saatzucht", Dr. Spath", W. Germany. Acta Hortic. 271: 63-67.（**14 章**）

Guerrero, C., E. L. Nigh Jr. and M. E. Stanghellini 1997. Incidence of *Fusarium* spp. in asparagus fields in Mexico and Southern California. Acta Hortic. 479: 231-236.（**14 章**）

群馬県そ菜技術研究会 1992．群馬の野菜産地．pp.178-179．群馬そ菜技術研究会．（**18 章**）

芳賀紀之 2010．アスパラガス伏せ込み促成栽培における伏せ込み資材が若茎収量および地温に及ぼす影響．園学研 9（別 2）：462．（**18 章**）

芳賀紀之 2011．アスパラガス伏せ込み促成栽培における地温管理が若茎収量に及ぼす影響．園学研 10（別 2）：463．（**18 章**）

芳賀紀之・元木　悟・北澤裕明・浦上敦子・山崎　篤・山口貴之・松永邦則・新里仁克・渡辺慎一・瀧澤民雄・二木　仁・酒井浩晃・植野玲一郎・池内隆夫・常盤秀夫・田村　綾・山田文典・小泉丈晴 2013．アスパラガス 1 年養成株を用いたトンネル内伏せ込み促成栽培試験における収量と吸収根との関係．園学研 12（別 1）：141．（**18 章**）

Halstead, B. D. 1896. Asparagus rust reported in New Jersey. Gard. For. 9: 394.（**14 章**）

春山　実 1981．ほう芽性からみたアスパラガスの休眠現象．農耕と園芸 36（1）：83-85．（**18 章**）

春山　実・大塚猛行・池田　洋・村松洋一 1985．グリーンアスパラガスの年内出荷．群馬農業研究 D 園芸 1：1-15．（**18 章**）

長谷川繁樹・谷口義彦・沖森　當・筧　三男 1987．倍数性アスパラガスの育成に関する研究．第 2 報．三倍体の育成とその特性．広島農試報 50：75-80．（**14 章**）

橋下　愛 2013．アスパラガス茎枯病に対する効果的な耕種的防除法の開発．pp.1-55．酪農学園大学修士論文．（**19 章**）

林　英明・平岡達也 1983．アスパラガスのほう芽性に関する研究．2．低温処理ならびに各種生長調節物質処理が根株のほう芽と若茎の生長に及ぼす影響．神奈川農総研報 124：15-21．（**18 章**）

Hernandez, G. 2000. Asparagus. GAIN Report. http://www.fas.usda.gov/gainfiles/200007/ 25698204.pdf（**7 章**）

Hernandez, G. 2002. Asparagus. GAIN Report. http://www.fas.usda.gov/gainfiles/200206/ 145683821.pdf（**7 章**）

Hernandez, G. 2003. Asparagus. GAIN Report. http://www.fas.usda.gov/gainfiles/200306/ 145985178.pdf（**7 章**）

Hernandez, G. 2006. Asparagus. GAIN Report. http://www.fas.usda.gov/gainfiles/200607/ 146208230.pdf（**7 章**）

日笠裕冶 2000．アスパラガスにおける生育特性と根部の糖類集積特性に基づく生産の持続性に関する研究．北海道立農試報 94：37-57．（**18 章**）

北條雅也 2007．ホワイトアスパラガスの筒状簡易軟白器具栽培．農業技術体系野菜編 8（2）．タマネギ・アスパラガス．pp.基 293-298．農文協．（**11・16・20 章**）

本多藤雄 1977．施設・資材とイチゴ栽培における環境制御．生理・生態からみたイチゴの栽培技術．pp.317-318．誠文堂新光社．（**17 章**）

本川　裕 2013．主要国の農薬使用量推移．社会実情データ図録．http://www2.ttcn.ne.jp/honkawa/ 0540.html（**10 章**）

Horticulture New Zealand. Product Groups: Asparagus. http://www.symbioagency.com/dev/hortnz/productgroups/asparagus.html（6 章）
Huang, C. H. 1985. Current asparagus research in Taiwan. Proc. of the Sixth Intl. Asparagus Symp. pp.345-354.（10 章）
Hung, L. and Y. W. Chen 1993. Outstanding cultivars of asparagus for Taiwan. Acta Hortic. 415: 115-118.（10 章）
池内隆夫 1998．暖地での作型と生かし方．農業技術体系野菜編 8（2）．タマネギ・アスパラガス．pp.基 249-252．農文協.（17 章）
池内隆夫 2012a．アスパラガス改植法の検討．園学研 11（別1）: 119．（19 章）
池内隆夫 2012b．アスパラガス改植法の検討．第2報．園学研 11（別2）: 214．（19 章）
稲垣 昇・津田和久・前川 進・寺分元一 1989．アスパラガスの光合成に及ぼす光強度．CO_2 濃度及び温度の影響．園学雑 58：369-376．（17 章）
井上勝広 2009．西南暖地におけるアスパラガスの栽培技術確立に関する研究．pp.1-206．九州大学学位論文．（15 章）
井上勝広 2010a．Ⅳ．生長と栽培管理．3．西南暖地．アスパラガスの生理生態と生産事例．pp.50-61．誠文堂新光社．（15・17 章）
井上勝広 2010b．アスパラガスの現地生産事例．アスパラガスの販売方法の工夫による単価アップ．アスパラガスの生理生態と生産事例．pp.150-159．誠文堂新光社．（15・17 章）
井上勝広 2010c．ハウスの夏期昇温抑制技術．農業技術体系野菜編 8（2）．タマネギ・アスパラガス．pp.基 155-156 の 9．農文協．（15・17 章）
井上勝広 2010d．親茎管理のための整枝・摘心．農業技術体系野菜編 8（2）．タマネギ・アスパラガス．pp.基 185-188．農文協．（17 章）
井上勝広 2011a．夏芽収穫終了後の栽培管理．株養成，茎葉刈取り，春どり準備．農業技術体系野菜編 8（2）．タマネギ・アスパラガス．pp.基 195-196 の 7．農文協．（17 章）
井上勝広 2011b．収量に影響を及ぼす気象要因と収量予測．農業技術体系野菜編 8（2）．タマネギ・アスパラガス．pp.基 201-206．農文協．（17 章）
井上勝広 2011c．1年生株の補植による欠株対策．農業技術体系野菜編 8（2）．タマネギ・アスパラガス．pp.基 220 の 2-220 の 6．農文協．（19 章）
井上勝広・居村正博・尾崎行生 2008a．アスパラガスの半促成長期どり栽培の収量に及ぼす摘心と下枝除去の位置の影響．園学研 7（1）: 87-90．（17 章）
井上勝広・小川恭弘・尾崎行生 2008b．半促成長期どり栽培のアスパラガスに寄生するアザミウマ類の発生消長と近紫外線除去フィルムの効果．園学研 7（3）: 413-418．（15・17 章）
井上勝広・小川恭弘・尾崎行生 2008c．アスパラガスの半促成長期どり栽培における生育と収量に及ぼす近紫外線除去フィルムの影響．園学研 7（3）: 419-423．（15 章）
井上勝広・重松 武・尾崎行生 2007．アスパラガスの半促成長期どり栽培の収量に及ぼす立茎開始時期と親茎の太さの影響．園学研 6（4）: 547-551．（17 章）
井上勝広・重松 武・尾崎行生 2008d．アスパラガスの半促成長期どり栽培の収量に及ぼす地上茎の誘引と二次分枝の除去期間の影響．園学研 7（1）: 91-95．（17 章）
IPM 西本（株）．メキシコ産アスパラガス 産地状況及び流通経路について．http://www.ipm.co.jp/data/news/vegetable/1001AS.htm（7 章）
IPM 西本（株）．オーストラリア産 アスパラガス．http://www.ipm.co.jp/products/vegetable/as_asparagus.html（6 章）
板井章浩 2011．植物生育調節剤を利用した果実肥大制御技術の開発．pp.7-10．新たな農林水産政策を推進する実用技術開発事業研究成果集．果樹研究所編．独立行政法人農業・食品産業技術総

合研究機構果樹研究所．（**20章**）
伊藤悌右・今中義彦・長谷川繁樹・船越建明 1994．西南暖地におけるグリーンアスパラガスの栽培に関する研究．第 1 報．収穫と株養成を平行させる母茎留茎栽培の収量性について．広島農技セ研報 60：35-45．（**11・15章**）
Ito, T., T. Ochiai, T. Fukuda, H. Ashizawa, A. Kanno, T. Kameya and T. Sonoda 2008. Potential of interspecific hybrids in the genus asparagus. Acta Hortic. 776: 279-284.（**14章**）
岩戸美由紀・松元　賢・小佐々雅子・竹内陽子・稲田　稔・尾崎行生・大久保敬 2012．アスパラガス（*Asparagus officinalis*）×ハマタマボウキ（*A. kiusianus*）種間雑種の茎枯病抵抗性．園学研 11（別 2）：460．（**19章**）
Jensen, P. D. 1996. Commercial production of asparagus in the Philippines. Acta Hortic. 415: 25-28.（**11章**）
地子　立・午来　博・門傳千賀子・荒木　肇 2012．北海道オホーツク地域のグリーンアスパラガス伏せ込み促成栽培における 10 月掘り 1 年生株の若茎収量．園学研 11（4）：491-495．（**18章**）
Jishi, T., T. Maeda and H. Araki 2012. Comparison of external quality and hardness of white asparagus spears produced by two different blanching methods. J. Japan. Soc. Hort. Sci. 81(1): 54-59.（**16章**）
地子　立・志賀義彦・今野一男・田中静幸 2008．伏せ込み促成栽培における遮光フィルム資材を用いたホワイトアスパラガス生産．園学研 7（2）：241-247．（**12・16・18・20章**）
地子　立・田中静幸 2009．半促成春どり栽培における遮光フィルム被覆によるホワイトアスパラガス生産．園学研 8（1）：67-72．（**16・20章**）
Jones, H. A. and G. C. Hanna 1939. A comparison of some asparagus varieties in California. Canner (April 15).（**14章**）
蕪野有貴・津田渓子・石井葉菜子・今井峻平・松永邦則・元木　悟 2015．ムラサキアスパラガスの新栽培法（仮称：採りっきり栽培）の提案．園学研 14（別 2）：466．（**20章**）
Kanno, A. and J. Yokoyama 2011. Chapter 3. Asparagus in wild crop relatives: genomic and breeding resources: Vegetables. Kole, C. ed. pp.23-42.（**14章**）
笠井　登 1994．アスパラガスにおける雄性系統の利用とその有用性に関する研究．北大農技術部研究・技術報 1：11-15．（**14章**）
片倉佳史 2005．観光コースでない台湾．歩いて見る歴史と風土．p.282．高文研．（**10章**）
河原　壽 2011．ラオスの野菜事情．野菜情報 89：44-59．（**11章**）
河原　壽・菅原麻美 2008a．台湾における野菜生産・輸出の動向と日本産野菜の現状（その 1）．野菜情報 48：13-31．（**10章**）
河原　壽・菅原麻美 2008b．台湾における野菜生産・輸出の動向と日本産野菜の現状（その 2）．野菜情報 49：15-26．（**10章**）
紀　瑞卿 1986．台湾の農業．p.80．大洋旅行社．（**10章**）
木村武雄 2009．EU におけるポーランド経済．pp.321-322．創成社．（**13章**）
金　永植・崎山亮三 1989．アスパラガス貯蔵根における発芽前後の糖の変化．園学雑 58(2)：383-390．（**18章**）
近鉄エクスプレス販売 2011．ドバイの中東ハブ機能を活用した中東湾岸諸国（GCC）向けコールド・チェーン物流システムの構築．実施報告書．http://www.kwesales.co.jp/oishii/past/pdf/H22_GCC_report.pdf（**20章**）
Knaflewski, M. 1996. Genealogy of asparagus cultivars. Acta Hortic. 415: 87-91.（**13・14章**）
Knaflewski, M. and A. Zurawicz 2003. Yielding of 15 asparagus cultivars grown for white spears. Asparagus. Res. Newsletter 19: 6-9.（**13章**）
小林雅昭・新須利則 1992．アスパラガスの雨除け栽培技術の確立．長崎総農試研報 18：117-145．（**15・17章**）

引用文献 313

小林彰一 2009. 今年の市場相場を読む. 農業経営者. p.157. 農業技術通信社. (**15**章)

Koch, T., H. M. Poehling and K.Wydra 2012. Incidence of *Fusarium* spp. in asparagus in Northern Germany. Species diversity, virulence and the relation of fungus spread and asparagus fly (*Platyparea poeciloptera*). Acta Hortic. 950: 271-277. (**14**章)

Kohmura, H. 2002. Asparagus cultivation in Japan, focusing on Hiroshima. Acta Hortic. 589: 91-96. (**15**・**19**章)

甲村浩之・伊藤悌右・吉田隆徳・井本征史・酒井泰文・重本直樹・大友譲二・西田和男・岡田牧恵 2002. アスパラガス新品種'グリーンフレッチェ'の育成. 広島農技セ研報 72 : 35-45. (**14**章)

甲村浩之・渡邊弥生 2005. 紫アスパラガス'パープルパッション'の全期立茎栽培における生育・収量特性と食味・ポリフェノール含量評価. 近中四農研 6 : 50-56. (**16**・**20**章)

Kohmura, H., Y. Watanabe and N. Muto. 2008. Polyphenol content, antioxidant activity and surface colour of asparagus spears cultivated under different conditions of sunlight. Acta. Hortic. 776: 255-260. (**17**・**20**章)

小泉丈晴 2010. Ⅳ. 生長と栽培管理. 4. 伏せ込み促成栽培. アスパラガスの生理生態と生産事例. pp.62-74. 誠文堂新光社. (**20**章)

小泉丈晴・剣持伊佐男・町田安雄 2003. アスパラガス 1 年生株の生育と促成栽培での収量・品質の雌雄間差. 園学研 2(4): 275-278. (**18**章)

小泉丈晴・中條博也 2008. 伏せ込み促成アスパラガス栽培における 1 年半株養成法が茎枯病発生, 根株および若茎の生育に及ぼす影響. 群馬農技セ研報 5 : 44-45. (**18**章)

小泉丈晴・山崎博子・大和陽一・濱野 恵・高橋邦芳・三浦周行 2002. アスパラガス促成栽培における若茎の生育に及ぼす品種, 低温遭遇量, 株養成年数および性別の影響. 園学研 1(3): 205-208. (**18**章)

国際マイナー葉菜データベースのパスポートデータ 2011. http://documents.plant.wur.nl/cgn/pgr/minorlv/download.htm (**13**章)

小餅昭二 1982. アスパラガス新品種「北海 100」の特性と栽培. 野菜園芸技術 9(1): 21-23. (**14**章)

久保深雪・鈴木美穂子・佐藤達雄・高柳りか 2006. 神奈川県におけるアスパラガス露地長期どり用品種の選定と栽培法の確立. 農及園 81(12): 1309-1314. (**14**章)

Lagos, J. E. and Z. Lei 2009. China-Peoples Republic of asparagus annual 2009. GAIN Report, USDA Foreign Agric. Service. http://gain.fas.usda.gov/Recent%20GAIN%20Publications/Asparagus%20Annual%202009_Beijing_China%20-%20Peoples%20Republic%20of_12-7-2009.pdf (**8**章)

Landry, E. J. and D. J. Wolyn 2012. Analysis of cold acclimatization in two asparagus cultivars with varying patterns of fall senescence. Acta Hortic. 950: 229-234. (**18**章)

Lao PDR Ministry of Agriculture and Forestry 2010. Agricultural master plan 2011 to 2015. p.114. Lao PDR Ministry of Agric. and Forestry. (**12**章)

Lao PDR Ministry of Agriculture and Forestry, Department of Planning and Investment, Rural Livelihoods Improvement Project, International Fund for Agricultural Development and PROCASUR Corporation 2012. Public-private- partnership for sustainable rural development: the experience of the organic asparagus producers group. p.16. Lao PDR Ministry of Agric. and Forestry. (**12**章)

Lavrijsen 2005. Cultivation of white asparagus in Western Europe with a focus on the Netherlands. Presentation on XIth Intl. Asparagus Symp. (Unpublished data) (**2**章)

Maeda, T., K. Honda, T. Sonoda, S. Motoki, K. Inoue, T. Suzuki, K. Oosawa and M. Suzuki 2010. Light condition influences rutin and polyphenol contents in asparagus spears in the mother-fern culture system during the summer-autumn harvest. J. Japan. Soc. Hort. Sci. 79(2): 161-167. (**17**章)

Maeda, T., T. Jishi, K. Honda, H. Araki, T. Suzuki and M. Suzuki 2012a. Effects of blanching method on sugar and protodioscin contents of white asparagus spears. J. Japan. Soc. Hort. Sci. 81(2): 166-170.（**16章**）

Maeda, T., T. Jishi, A. Komura, H. Hasegawa, K. Narita, K. Honda and T. Yamaguchi 2012b. Methyl jasmonate treatment enhanced protodioscin biosynthesis in white asparagus (*Asparagus officinalis* L.) spears. J. Japan. Soc. Hort. Sci. 81(4): 337-342.（**16章**）

三原朋之・甲村浩之 2010. 母茎押し倒し誘引によるホワイトアスパラガスの長期収穫. 農業電化 63(8): 17-20.（**16章**）

皆川裕一 1993. アスパラガスの品種に関する諸問題（3）. 農及園 68（9）: 1011-1015. 養賢堂.（**1章**）

皆川裕一 2007a. アスパラガスの草型に関連する茎形質. 北農 74: 135-142.（**17章**）

皆川祐一 2007b. ホワイトアスパラガスの栽培. 農業技術体系野菜編8（2）. タマネギ・アスパラガス. pp.基285-291. 農文協.（**20章**）

宮浦理恵・藤本彰三 2001.フィリピン・ミンダナオ島におけるアスパラガス生産の技術と経済性. 多国籍企業による契約栽培の調査研究. 熱帯農業 45: 15-16.（**11章**）

宮崎清宏・政岡由紀・鈴木芳孝・永田雅靖・石川 豊・今堀義洋 2010. 輸出におけるメロンおよび高糖度トマトのスーパー・パーシャルシール包装による鮮度保持. 園学研 9（別1）: 470.（**20章**）

三好かやの 2012. 図鑑アスパラガス. アスパラガス.「旬」がまるごと. 19: 12-19.（**16章**）

守川俊幸 1991. アスパラガス茎枯病，病原菌と防除法. 農薬グラフ 119: 2-5.（**19章**）

守川俊幸・佐藤豊三・寺中理明・山本孝希・児玉不二雄・稲垣佳世子 1990. アスパラガス茎枯病の病原菌. 日植病報 56: 126-127.（**10章**）

元木 悟 2001a. フラッシュニュース. 第10回国際アスパラガスシンポジウム報告. その1. 信州のそ菜 555: 62-65.（**1章**）

元木 悟 2001b. フラッシュニュース. 第10回国際アスパラガスシンポジウム報告. その2. 信州のそ菜 556: 62-66.（**1章**）

元木 悟 2003. アスパラガスの作業便利帳. p.155. 農文協.（**1・2・4・9・10・11・12・15・16・17・18・19章**）

元木 悟 2007a. どっとデルチェ. 農業技術体系野菜編8（2）. タマネギ・アスパラガス. pp.基54の8-11. 農文協.（**14・20章**）

元木 悟 2007b. 連作障害，アレロパシーの原因と対策. 農業技術体系野菜編8（2）. タマネギ・アスパラガス. pp.基221-226の7. 農文協.（**10・17・19章**）

元木 悟 2007c. アスパラガス連作障害における活性炭を利用したアレロパシー回避技術の確立. 長野県菜花き試特報 2: 52-146.（**10・17・19章**）

元木 悟 2008. トンネルを利用した生食用ホワイトアスパラガス栽培. 農業技術体系野菜編8（2）. タマネギ・アスパラガス. pp.長野・坂城町1-10. 農文協.（**2・16・20章**）

元木 悟 2010. 南アメリカにおける農業の現状とアスパラガス生産. 長野園芸研究 41: 70-71.（**4・10章**）

元木 悟 2011a. 若茎の収穫. 農業技術体系野菜編8（2）. タマネギ・アスパラガス. pp.基43-47. 農文協.（**10・16章**）

元木 悟 2011b. ムラサキアスパラガスの栽培. 農業技術体系野菜編8（2）. タマネギ・アスパラガス. pp.基299-306. 農文協.（**16・20章**）

元木 悟 2012. アスパラ茎枯病を防ぐ. タイでは抜き取り収穫・マスキングで防いでいた. 現代農業 91（11）: 178-181.（**9・10・12・19章**）

元木　悟　2015．加工利用と流通および販売戦略．農業技術体系野菜編 8（2）．タマネギ・アスパラガス．pp.基 48 の 22-48 の 44．農文協．（**1・16・17 章**）
元木　悟・井上勝広・前田智雄 2008．アスパラガスの高品質多収技術．p.213．農文協．（**1・2・3・4・5・8・9・10・11・12・14・15・16・17・18・19・20 章**）
元木　悟・北澤裕明・前田智雄・久徳康史 2011a．密植栽培がムラサキアスパラガス'パープルパッション'の収量および生育に及ぼす影響．園学研 10（1）：81-86．（**14・16・20 章**）
Motoki, S., H. Kitazawa, T. Kawabata, H. Sakai, K. Matsushima and Y. Hamauzu 2012a. Rapid rutin accumulation during spear elongation in asparagus. HortSci. 47(5): 599-602.（**17 章**）
Motoki, S., H. Kitazawa, T. Maeda, T. Suzuki, H. Chiji, E. Nishihara and Y. Shinohara 2012b. Effects of various asparagus production methods on rutin and protodioscin contents in spears and cladophylls. Biosci. Biotechnol. Biochem. 76(5): 1047-1050.（**16・17 章**）
元木　悟・前田智雄 2007．世界における生食用ホワイトアスパラガス生産．第 11 回国際アスパラガスシンポジウム（オランダ）参加報告．長野園芸研究 38：98-99．（**2・4 章**）
元木　悟・松永邦則・前田智雄 2010．ペルーにおけるアスパラガス生産．第 12 回国際アスパラガスシンポジウム（ペルー）参加報告．長野園芸研究 41：68-69．（**1・3・4・9・10 章**）
Motoki,S., K. Matsunaga, T. Maeda and T. Kutsuzawa 2008. Selection of asparagus cultivars for cold areas of Japan. Acta Hortic. 776: 357-366.（**3・9・14 章**）
元木　悟・西原英治・平舘俊太郎・藤井義晴・篠原　温 2006a．新規に開発した手法を利用したアスパラガス根圏土壌のアレロパシー活性測定法．園学研 5：443-446．（**19 章**）
元木　悟・西原英治・北澤裕明・平舘俊太郎・藤井義晴・篠原　温 2006b．アスパラガス連作障害におけるアレロパシー回避のための活性炭の利用．園学研 5：437-442．（**19 章**）
元木　悟・西原英治・北澤裕明・平舘俊太郎・篠原　温 2006c．沖積土壌におけるアスパラガスの連作障害に対するアレロパシーの関与．園学研 5：431-436．（**19 章**）
元木　悟・西原英治・高橋直志・Hermann Limbers・篠原　温 2007．育苗時の活性炭添加によるアレロパシー軽減効果．園学研 6：603-609．（**19 章**）
元木　悟・Yang-Gyu Ku・松永邦則・竹下心平 2011b．韓国におけるアスパラガス生産．長野園芸研究 42：28．（**9・10 章**）
村野恵子・矢野麻美子 2006．韓国における野菜の生産・流通および加工の現状．野菜情報 27：44-67．（**10 章**）
永井　信　1985．品種．北海道のアスパラガスの栽培技術．小餅昭二編．pp.11-24．農業技術普及協会．（**14 章**）
中野武夫・平良木武 1976．アスパラガス斑点性病害の発生経過と防除．東北農業研究 18：211-213．（**19 章**）
Naritoom, C. 2000. Contract farming in central plain: A case study of asparagus grower groups in Nakhon Pathom Province. Proceeding of the International Conference on the Chao Phraya Delta: Historical Development, Dynamic and Challenges of Thailand's Rice Bowl. 2: 97-117. Kasetsart Univ., Bangkok.（**11 章**）
Nichols, M. A. 1986. International asparagus cultivar trial (IACT). Asparagus. Res. Newsletter 3(2): 31-32.（**14 章**）
Nigh, E. L. Jr. 1995. Asparagus production in Mexico. Acta Hortic. 415: 35-39.（**7 章**）
日本貿易振興機構 2008．平成 19 年度食品規制実態調査．タイの農業政策，農業の現状と周辺国を巡る動き．p.171．（**11 章**）
日本貿易振興機構 2013．ジェトロ世界貿易投資報告．2013 年版．国際ビジネスを通じて日本再興を．p.471．（**12 章**）

日本農業新聞 2012. アスパラ茎枯病盛り土で封じ込め. 2012.7.12. (**19 章**)
仁井智巳・園田高広・金山貴明・林　有子・佐久間秀明 2011. アスパラガス新品種「はるむらさきエフ」の育成. 福島農総セ研報 3：1-13. (**14・16 章**)
西原英治・元木　悟 2009. 活性炭の農業利用. p.244. 農文協. (**19 章**)
農林水産省大臣官房国際部　2011. 農林水産物・食品の輸出促進対策の概要. http://www.maff.go.jp/j/shokusan/export/e_intro/pdf/taisaku_201106.pdf (**20 章**)
Norton, J. B. 1913. Methods used in breeding asparagus for rust resistance. U.S. Dep. Agric. Bureau. Plant Industry. Bull. 263. (**14 章**)
Norton, J. B. 1919. Washington asparagus: Information and suggestions for growers of new pedigreed rust resistant strains. U.S. Dept. Agric. Bureau. Plant Industry., C., T., and F. C. D. Circ. 7. (**14 章**)
小川恭弘 2008. 施設アスパラガス害虫の総合管理. 農業技術体系野菜編 8 (2). タマネギ・アスパラガス. pp.基 241-242 の 3. 農文協. (**17・19 章**)
岡本理一 1963. 農産製品の製品計画. 北海道アスパラガスの缶詰を中心として. 商学討究 14 (2)：31-48. (**14 章**)
沖　大幹 2012. チャオプラヤ川における 2011 年の大洪水とタイの水害. そんぽ予防時報 250：18-23. (**12 章**)
沖森　當・筧　三男・長谷川繁樹・谷口義彦 1984. 倍数性アスパラガスの育成に関する研究. 第 1 報. コルヒチン処理による四倍体の育成. 広島農試報 48：75-81. (**14 章**)
Onggo, T. M. 2001. Influence of harvest method and schedule on yield and spear size of green asparagus in Indonesia. Acta Hortic. 589: 33-40. (**1・11・18 章**)
Onggo, T. M. 2008. Seedling quality and yield potential of nine introduced asparagus cultivars in Lembang, West Java. J. Agrikultura. 19: 37-41. (**18 章**)
Onggo, T. M. 2009. The effect of ratio of tice-hulls and compost for seedling medium and net-shading on the growth of asparagus seedlings planted in polygbags. 12th Intl. Asparagus Symp. Abstracts. 26. (**1・11 章**)
大賀圭治（監訳）2009. 食料の世界地図. p.213. 丸善. (**4 章**)
尾崎行生 2010. 遺伝・育種と品種. アスパラガスの生理生態と生産事例. pp.110-115. 誠文堂新光社. (**14 章**)
パラグアイ日本人会連合会編 2007. パラグアイ日本人移住 70 年誌. 新たな日系社会の創造. 1936-2006. p.246. パラグアイ日本人会連合会. (**4 章**)
Peirce, L. C. and H. G. Miller 1990. Interaction of asparagus autotoxin with *Fusarium*. Acta Hortic. 271: 305-313. (**19 章**)
Phupaibil, P., C. Chitbuntanorm, N. Chinoim, P. Kangyawongha and T. Motoh 2004. Phosphorus accumulaton in soils and nitrate contamination in underground water under export-oriented asparagus farming in Nong Ngu Lauem Village, Nakhon Pathom Province, Thailand. Soil Sci. Plant Nutr. 50(3): 85-393. (**11 章**)
Rick, C. M. and G. C. Hanna 1943. Determination of sex in *Asparagus officinalis* L. Am. J. Bot. 30: 711-714. (**14 章**)
梁　训义 2010. 大棚芦笋. 高效栽培技术. p.74. 浙江科学技术出版社. （中国語）(**9 章**)
Saccard, P. 1884. Phoma asparagi Sacc. Mich, I 257, Syll. Fung. 3: 162. (**19 章**)
酒井泰文・伊藤悌右・田中昭夫 1992a. アスパラガス茎枯病の発生生態. 広島農技セ研報 55：97-107. (**11 章**)
酒井泰文・伊藤悌右・田中昭夫 1992b. アスパラガス茎枯病の耕種的防除法. 広島農技セ研報 55：109-119. (**10・19 章**)

坂本衣里・藤田　泉　2011．国際農業交渉の課題と食糧安全保障に関する研究．アメリカとメキシコにおける農産物貿易を事例として．生命環境学 3：1-17．（**7 章**）
佐藤達雄　2007．3．流通と販売状況，海外動向．アスパラガスの生理生態と栽培技術．農耕と園芸 62：132-136．（**5 章**）
澤田栄吉・田村　勉・八鍬利郎・原田　隆・今河　茂　1983．アスパラガスにおける雄性系統の育成に関する研究．第 1 報．超雄株（MM）の選抜と雄性系統の試作について．北大農研報 23：41-49．（**14 章**）
沢田健吉　1922．アスパラガス茎枯病．台菌調 1：582-531．（**10・19 章**）
Scholten, C. T. J. and P. H. G. Boonen 1996. Asparagus breeding in the Netherlands. Acta Hortic. 415: 67-70. （**14 章**）
Schwarzbach, A., M. Schreiner and D. Knorr 2006. Effect of cultivars and deep freeze storage on saponin content of white asparagus spears (*Asparagus officinalis* L.). Eur. Food Res. Technol. 222: 32-35. （**16 章**）
重松　武　1998a．春芽収穫期の温度管理．農業技術体系野菜編 8（2）．タマネギ・アスパラガス．pp. 基 151-153．農文協．（**10・17 章**）
重松　武　1998b．長期どり栽培，立茎のねらいとポイント．農業技術体系野菜編 8（2）．タマネギ・アスパラガス．pp. 基 161-163．農文協．（**15 章**）
清水　佑・松永邦則・浦上敦子・柘植一希・山口貴之・元木　悟　2016．新たに開発したホーラーがアスパラガスの定植における作業性に及ぼす影響．農作業研究 51（1）：11-21．（**18 章**）
清水達也　2006．第 3 章．生鮮物の輸出．ペルーのアスパラガス．星野妙子編．ラテンアメリカ新一次産品輸出産業．資料集．調査研究報告書．pp.93-115．アジア経済研究所．（**3・10 章**）
清水達也　2007．企業による生鮮農産物輸出の拡大．ペルー．アスパラガスの事例．ラテンアメリカレポート 24（2）：20-27．（**3・4 章**）
清水時哉・元木　悟・宮坂幸弘・酒井浩晃・松本悦夫・上杉壽和・臼井富太　2009．アスパラガス新品種‘どっとデルチェ’の育成経過とその特性．長野野菜花き試報 14：16-21．（**14・20 章**）
清水時哉・元木　悟・酒井浩晃　2013．アスパラガス新品種‘ずっとデルチェ’の育成経過とその特性．長野野菜花き試報 15：39-48．（**14・20 章**）
新留伊俊・小芦健良　1967．暖地におけるアスパラガス茎枯病の被害と薬剤防除．九州農業研究 29：102-103．（**19 章**）
新須利則・小林雅昭　1984．アスパラガス茎枯病の雨よけと薬剤による防除．九州病虫研報 30：59-61．（**19 章**）
Sneep, J. 1953. The significance of andromonoecy for the breeding of *Asparagus officinalis* L. Euphytica 2: 89-95. （**14 章**）
曾田陽久　2005．韓国の野菜生産，流通，消費の動向．野菜情報 20：39-41．（**10 章**）
曾田陽久　2007．韓国の野菜需給，貿易動向．2006 年を中心に．野菜情報 37：49-53．（**10 章**）
曽根一純　2011．イチゴの輸出に適した低コストパッケージ技術の開発．pp.67-71．新たな農林水産政策を推進する実用技術開発事業研究成果集．果樹研究所編．独立行政法人農業・食品産業技術総合研究機構果樹研究所．（**20 章**）
園田高広　2010．病害と防除．茎枯病を中心に．アスパラガスの生理生態と生産事例．pp.75-81．誠文堂新光社．（**10・19 章**）
園田高広　2012．定植一年目の管理がカギ．現代農業 91（8）：172-173．（**19 章**）
園田高広・金山貴明・鈴木誉子　2005．アスパラガス新品種「ハルキタル」および「春まちグリーン」の育成．福島農試研報 37：11-18．（**14・20 章**）
Sonoda, T., K. Tairako and A. Uragami 2002. Comparative evaluation of resistance of *Asparagus officinalis* L. Cultivars and breeding lines to Fusarium stem and crown rot. Acta Hortic. 589: 387-390. （**10・14 章**）

園田高広・浦上敦子・伊藤喜三男・甲村浩之・大和田正幸・梶　和彦 2001．アスパラガス属植物における茎枯病抵抗性とその雌雄間差異．園学雑 70（2）：244-250．（**10・1 章**）
Sun M. H. 1979. A quarter century of asparagus development in Taiwan. Proc. of the Fifth Intl. Asparagus Symp. pp.280-293.（**10 章**）
鈴木芳孝・宮崎清宏・政岡由紀・永вый雅靖・石川　豊・今堀義洋 2010．輸出におけるニラおよびネギのスーパー・パーシャルシール包装による鮮度保持．園学研 9（別 1）：471．（**20 章**）
叶　勁松 2012．芦笋　営养与食谱．p.134．科学技术文献出版社．（中国語）（**9 章**）
多賀辰義 1989．アスパラガス畑の肥培管理の合理化に関する研究．北海道農試報 71：1-67．（**14 章**）
田川　愛・中山裕介・中島寿亀・浦上敦子 2012．アスパラガス長期栽培圃場における湛水太陽熱処理の現地実証．第 1 報．湛水太陽熱処理中の地温と処理前後における土壌の変化について．園学研 11（別 1）：399．（**19 章**）
台湾光華雑誌 HP．環境と生態・農業．http://www.sinorama.com.tw/jp/mag_list.php?h1=55Kw5aKD44Go55Sf5oWL&h2=6L6y5qWt（**10 章**）
高井隆次 1977．アスパラガス．各論．柔菜類．野菜園芸大事典．清水　茂監修．pp.1347-1354．養賢堂．（**1 章**）
瀧澤民雄 2012．6 年でトップに上り詰めたアスパラ農家．現代農業 91（8）：180-185．（**19 章**）
玉田芳史・星川圭介・船津鶴代 2013．タイ 2011 年大洪水．その記録と教訓．p.207．アジア経済研究所．（**12 章**）
玉井哲也 2009．行政対応特別研究「二国間農業交渉の戦略的対応に資するための国際的な農業・農政動向の分析」．平成 21 年度カントリーレポート．第 1 章．オーストラリア．pp.1-51．農林水産政策研究所．（**6 章**）
田村　晃・林　浩之・本庄　求 2002．播種期が促成アスパラガス用の根株養成に及ぼす影響．東北農業研究 55：189-190．（**18 章**）
田中欽二・土田清二・野中福次 1987．佐賀県におけるアスパラガス茎枯病の発生について．九州病虫研報 33：66-70．（**19 章**）
Tarang Srivastaba・榊原啓高 2011．スマートフレッシュ TM の紹介．開発の経緯と海外での使用を中心として．植調 45（6）：204-210．（**20 章**）
Tomassoli, L., A. Tiberini and H. J. Vetten 2012. Viruses of asparagus. Adv. Virus Res. 84: 345-365.（**19 章**）
内川敬介・小川恭弘・髙田祐司・松尾和敏 2009．アスパラガス半促成長期どり栽培における褐斑病の発生生態と防除．長崎総農林試報（農業部門）35：71-98．（**12 章**）
浦上敦子 1987．各国におけるアスパラガス研究の現状．第 6 回国際アスパラガスシンポジウム報告．農及園 64（4）：485-489．（**1・6・10 章**）
浦上敦子 2010．連作障害．アスパラガスの生理生態と生産事例．pp.123-127．誠文堂新光社．（**19 章**）
浦上敦子・伊藤喜三男・永井　信・吉川宏昭・佐藤　裕・小餅昭二・田中征勝・室　崇人・森下昌三 2011．アスパラガス全雄性新品種「ズイユウ」の育成とその特性．北海道農研セ研報 193：1-10．（**14 章**）
浦上敦子・元木　悟・山口貴之・松永邦則・國久美由紀・植野玲一郎・山崎　篤・芳賀紀之・常盤秀夫・山田文典・酒井浩晃・瀧澤民雄・池内隆夫・渡辺慎一・新里仁克・遠山智之・鈴木　卓・小泉丈晴・北澤裕明 2011．アスパラガス 1 年養成株を用いたトンネル内伏せ込み促成栽培試験と生育・収量の雌雄間差．園学研 10（別 2）：212．（**18 章**）
浦上敦子・吉川宏昭・永井　信 1993．主要国育成のアスパラガス品種の特性．北海道農試研報 158：57-65．（**14 章**）
USDA Foreign Agricultural Service OGA/ISA/SCFB. 2007. The U.S. and World Situation: Fresh and

Processed Asparagus. http://usda.mannlib.cornell.edu/usda/current/as par/aspar-01-14- 2009.pdf（**5 章**）
United States International Trade Commission: USITC 2011．野菜類関税表．http://www.usitc.gov/publications/docs/tata/hts/bychapter/1100C07.pdf（**7 章**）
Van Treuren, R., P. Coquin and U. Lohwasser 2011. Genetic resources collections of leafy vegetables (lettuce, spinach, chicory, artichoke, asparagus, lamb's lettuce, rhubarb and rocket salad): composition and gaps. Genet. Resour. Crop Evol. Published online.（**13 章**）
渡辺慎一・古谷茂貴・大和陽一 2010．暖地のアスパラガス伏せ込み促成栽培における萌芽性回復に有効な低温上限の推定．園学研 9（別 1）：170．（**18 章**）
Wilson, D. R., S. M. Sinton, R. C. Butler, D. T. Drost, P. J. Paschold, G. van Kruistum, J. T. K. Poll, C. Garcin, R. Pertierra, I. Vidal and K. R. Green 2008. Carbohydrates and yield physiology of asparagus - A global overview. Acta. Hortic. 776: 413-427.（**17 章**）
Wu, H., J. Pratley, D. Lemerle, M. An and D. L. Liu 2007. Autotoxicity of wheat (*Triticum aestivum* L.) as determined by laboratory bioassays. Plant and Soil. 296: 85-93.（**19 章**）
Yakuwa, T., T. Harada, N. Kasai, Y. Minagawa, H. Tamura, H. Araki, N. Inoue, K. Yamabuki and T. Maeda 2008. Breeding of all male cultivar 'Yujiro' in Hokkaido, cool and snow cover region in Japan. Acta Hortic. 776: 403-410.（**14 章**）
山口貴之 2015．伏せ込み促成栽培．農業技術体系野菜編 8（2）．タマネギ・アスパラガス．pp.基275-279．農文協．（**12・20 章**）
山口貴之・藤尾拓也 2012．11 月生産を目指したアスパラガス伏せ込み促成栽培新生産体系．園学研 11（別 1）：120．（**18 章**）
山口貴之・元木　悟・浦上敦子・松永邦則・國久美由紀・植野玲一郎・山崎　篤・芳賀紀之・常盤秀夫・山田文典・酒井浩晃・瀧澤民雄・池内隆夫・渡辺慎一・新里仁克・遠山智之・鈴木　卓・小泉大晴・北澤裕明 2011．アスパラガス 1 年養成株における根株重および貯蔵根 Brix 糖度の地域間差．園学研 10（別 2）：212．（**18 章**）
山口貴之・高橋拓也 2011．高温が休眠中のアスパラガスの萌芽に及ぼす影響．園学研 10（別 2）：214．（**20 章**）
山口貴之・高橋拓也・漆原昌二 2009．秋期の低温処理が伏せ込み促成栽培のアスパラガス萌芽に及ぼす影響．園学研 8（別 2）：249．（**18 章**）
山口貴之・高橋拓也・漆原昌二 2010. 低温及び茎葉部の黄化がアスパラガスの休眠性に及ぼす影響．園学研 9（別 1）：173．（**18 章**）
山口貴之・山田　修 2010．年内どりを目指すアスパラガス伏せ込み促成栽培の最適な根株掘り取り時期．農耕と園芸 65（10）：116-119．（**18 章**）
山口貴之・山田　修・及川一也 2008．根株養成期間の違いが伏せ込み栽培のアスパラガス萌芽に与える影響．園学研 7（別 1）：156．（**18 章**）
山本玄棋・元木　悟・西原英治 2012．土壌特性の違いによるアスパラガスの実際のアレロパシー活性評価と活性炭の施用効果．園学研 11（別 2）：216．（**19 章**）
山本紀夫 2007．世界の食文化．13．中南米．p.297．農文協．（**4 章**）
山崎永尋・尾崎紘子・谷　耕一・橋本直樹 2012．アスパラガスを加害するツマグロアオカスミカメの生態と防除対策．北農 79（4）：32-37．（**19 章**）
山崎陽子・守川俊幸 1998．富山県で発生したアスパラガス疫病（新称）．日植病報 64：629．（**19 章**）
柳　京熙・姜　求泰 2010．韓国の農業政策の転換と野菜生産・流通の新たな展開（3）．種子産業の変貌と親環境農業の進展．野菜情報 71：31-46．（**10 章**）
柳井洋介・芳賀紀之・浦上敦子 2013．アスパラガス露地栽培における生育不良要因としての土壌水分状態．園学研 12：75-82．（**19 章**）

Yeasmin, Y., F. Kalemelawa, S. Motoki, H. Matsumoto, S. Yamamoto, K. Nakamatsu and E. Nishihara 2013. Amendment on varietal allelopathy and autotoxicity of replanted asparagus (*Asparagus officinalis* L.). Exp. Agric. and Hortic. 2: 31-36.（**19 章**）

Yin J., C. Chin, J. Ye, W. Zhao and G. Li 2012. An effective asparagus stem blight management program. Acta Hortic. 950: 293-298（**14・19 章**）

Young, C. C. 1986. Autointoxication of *Asparagus officinalis* L. In "The Science of Allelopathy" (Putnam, A. R. and C. S. Tang Ed). pp.101-110. John Wiley and Sons, Inc. Publishers. New York.（**10 章**）

ユニオン（株）．アスパラガス（メキシコ）．http://www.union-will.jp/product/meisai.php?id=24.（**7 章**）

Zhou, J. S., F. X. Zhan, Y. P. Tang, S. C. Luo, W. T. Sheng and G. Y. Chen 2009. Interspecific hybridization between *Asparagus. officinalis* L. and *A. dauricus* Fisch. Acta Hortic. http://www.ias2009peru.com/presentations/023ChenGuangyu-InterspecifichybridizationBetweenA.officinalisL.andAsparagusdauricusFi.pdf（現在は閉鎖）（**14 章**）

著者一覧

編著者　元木　悟　　　　明治大学農学部（元　長野県野菜花き試験場）

著　者　山口貴之　　　　岩手県農業研究センター
　　　　前田智雄　　　　弘前大学農学生命科学部
　　　　尾崎行生　　　　九州大学大学院農学研究院
　　　　浦上敦子　　　　農研機構　野菜茶業研究所
　　　　甲村浩之　　　　県立広島大学生命環境学部
　　　　井上勝広　　　　長崎県農林技術開発センター（元　長崎県島原振興局）
　　　　園田高広　　　　酪農学園大学農食環境学群循環農学類
　　　　佐藤達雄　　　　茨城大学農学部
　　　　皆川裕一　　　　元　美瑛町農業技術研修センター
　　　　渡辺慎一　　　　農研機構　九州沖縄農業研究センター
　　　　松永邦則　　　　パイオニアエコサイエンス株式会社
　　　　荒木　肇　　　　北海道大学北方生物圏フィールド科学センター
　　　　池内隆夫　　　　香川県農業試験場
　　　　竹内陽子　　　　元　九州大学大学院生物資源環境科学府
　　　　地子　立　　　　北海道立総合研究機構　上川農業試験場
　　　　菅野　明　　　　東北大学大学院生命科学研究科
　　　　小川恭弘　　　　長崎県農林部
　　　　鈴木　卓　　　　北海道大学大学院農学研究科
　　　　兼子まや　　　　元　千葉大学環境健康フィールド科学センター
　　　　三浦信一　　　　パイオニアエコサイエンス株式会社
　　　　二階堂華那　　　元　北海道大学農学部
　　　　西原英治　　　　鳥取大学農学部
　　　　柴田雅人　　　　元　岡山県農林水産総合センター農業大学校
　　　　瀧澤民雄　　　　ちくま農業協同組合アスパラガス部会
　　　　植野玲一郎　　　北海道立総合研究機構　道南農業試験場
　　　　頼富亮典　　　　元　九州大学大学院生物資源環境科学府

（雑誌連載時の所属を示し，所属が2つの場合は発行時点の所属を元で示しています）

| JCOPY | <（社）出版者著作権管理機構 委託出版物＞ |

| 2016 | 2016年3月25日　第1版第1刷発行 |

世界と日本の
アスパラガス

著者との申
し合せによ
り検印省略

著作代表者　元木　悟

ⓒ著作権所有　　発　行　者　株式会社　養賢堂
　　　　　　　　　　　　　　代　表　者　及川　清

定価（本体3600円＋税）　印　刷　者　株式会社　精興社
　　　　　　　　　　　　　　責任者　青木利充

　　　　　　〒113-0033 東京都文京区本郷5丁目30番15号
発　行　所　株式　養賢堂　TEL 東京(03)3814-0911　振替00120
　　　　　　会社　　　　　FAX 東京(03)3812-2615　7-25700
　　　　　　　　　URL http://www.yokendo.co.jp/
　　　　　　　　　ISBN978-4-8425-0546-6　C3061

PRINTED IN JAPAN　　　　　　　製本所　株式会社精興社

本書の無断複写は著作権法上での例外を除き禁じられています。
複写される場合は、そのつど事前に、（社）出版者著作権管理機構
（電話 03-3513-6969、FAX 03-3513-6979、e-mail: info@jcopy.or.jp）
の許諾を得てください。